KB235793

미셸 리,
잠든 교실을 깨워라

The Bee Eater

청림출판

미셸 리, 잠든 교실을 깨워라

리처드 위트마이어 지음 | 임현경 옮김

청림출판

한 그루의 나무가 모여 푸른 숲을 이루듯이
청림의 책들은 삶을 풍요롭게 합니다.

아이들 한 명 한 명을 믿어야 교육이 바뀐다

미셸 리(워싱턴 D.C. 전 교육감)

워싱턴 D.C. 교육감 재임 시절, 나는 최소한 일주일에 한 번은 한국의 학생이나 교육자, 학부모와 공무원, 언론인 등이 보낸 이메일을 받았다. 그들은 나에 대한 지지를 표명하기도 했고, 한국 교육제도 개혁에 대한 내 생각을 듣고 싶어 하기도 했으며, 미국 교육제도에서 학생들이 겪고 있는 여러 가지 문제에 대해 질문을 하거나 우려를 표하기도 했다.

워싱턴 D.C. 공립학교 8학년 학생들 중 읽기에서 평균 수준에 도달한 아이들이 12퍼센트밖에 되지 않고 수학에서는 8퍼센트밖에 되지 않는 이유를 그들이 이해하기 쉽게 이메일로 설명하는 것은 어려운 일이었다. 리처드 위트마이어가 이 책에서 그에 관해 자세히 언급하고 있기 때문에 이 책을 읽어보면 그 이유를 이해하는 데 도움이 될 것이다. 물론 교육 개혁에 관심 있는 모든 사람들에게도 나는 이 책을 권한다.

하지만 이 책에서 얻을 수 있는 것은 미국의 도심 지역 공립학교 개혁에 관한 교훈뿐 만이 아니다. 한국 공무원들과의 만남이나 걱정 많은 한국의 교육자들과 학부모들에게 내가 받았던 모든 개인적인 이메일들을 통해 나는 한국의 교육제도가 직면하고 있는 문제가 미국 교육제도의 문제와는 많이 다르다는 것을 알게 되었다.

하지만 두 나라 모두에 적용되는 한 가지 명확한 사실이 있다. 바로 모든 아이들은 우수한 교육을 받을 권리가 있으며, 지금 이 순간 아이들에게 그 기회를 박탈하는 여러 가지 문제는 틀림없이 해결 가능한 문제라는 것이다. 부모의 수입이나, 지역, 가족 구성원이 누구인지에 상관없이 모든 학생들 개개인에게 자유롭고 우수한 교육을 제공하는 것이 우리 성인들의 책임이라고 나는 늘 믿어왔다.

나는 미국의 독자들에게 한국의 교육제도에서 많은 것을 배울 수 있다고 자주 말했다. 내가 그렇게 말할 수 있었던 이유는 서울 용산구 청담 초등학교에서 4학년을 다니면서 직접 경험했기 때문이다. 그해 나는 학교 공부를 따라가는 데 있어서도, 친구들과의 관계에 있어서도 무척 힘든 한 해를 보냈다. 부모님, 오빠와 남동생, 친구들과 멀리 떨어져 혼자만 뒤처지는 학생이 되는 것이 어떤 느낌인지 고스란히 느낄 수 있었다.

그때 한국에서 배운 교훈은 내가 어린 시절 배웠던 모든 교훈 중에서 단연 가장 중요한 교훈이라고 할 수 있으며, 내 아이들에게 물려주고 싶은 교훈이기도 하다. 한국에서의 경험을 통해 배운 것과 미국으로 돌아온 후에도 부모님이 늘 강조하셨던 것은 바로 굳은 결심, 성실한 노력, 확고한 믿음이었으며 내가 삶에서 이룬 모든 것은 전부 내가 어렸을 때 받았던 질 높은 교육의 덕분이었다.

내가 한국에서 배웠던 그 교훈들에 얼마나 자주 의지하게 될지 그때는 전혀 알지 못했다. 한국에서 교육은 중대한 국가적 이슈이며 한국 사람들이 아이들에게 거는 기대 역시 매우 높다. 사실 위트마이어가 이 책에서도 언급했듯이 한국의 독자들은 워싱턴 D.C. 공교육 개혁에 반대하는 몇몇 사람들의 주장에 놀랄지도 모른다. 예를 들면 학생들의 학업성적과 사회에서의 성공 여부를 결정하는 것은 성실한 노력이 아니라 사회·경제적 배경일 수밖에 없으며, 학교와 교사들은 아이들의 성공 여부에 거의 영향을 끼치지 못한다는 주장 말이다. 나는 그러한 사고방식이 옳지 않을 뿐만이 아니라 우리 학생들과 경제를 위해서도 위험한 사고방식이라고 생각한다. 왜냐하면 그 위험한 사고방식의 결과로 미국은 지금 한국과 같은 나라들과 경쟁하기 위해 몸부림치고 있으며 국내 소득 격차 또한 날로 커져가고 있기 때문이다.

물론 한국의 많은 학부모들이 한국의 교육제도 역시 미국의 교육제도에서 배울 점이 많다고 이야기한다. 한국의 아이들에 비해 미국의 아이들은 여전히 창의력을 발휘하며 놀 수 있고 방과 후 활동이나 특별활동을 시간을 보장받고 있으니 말이다. 결국 아이들의 성공 여부에 긍정적인 영향을 미치는 것은 바로 그런 활동이기 때문에 이 역시 틀린 말은 아닐 것이다.

두 나라 모두 각자의 교육제도가 어디서부터 잘못되었는지 파악하기 위해 노력하고 있는 지금 이 시점에 나는 독자들이 위트마이어의 책에서 이것만은 반드시 얻어가길 바란다. 바로 아이들 한 명 한 명을 믿지 못한다면 교육제도에 뿌리박힌 여러 가지 문제를 결코 해결할 수 없다는 것이다. 학생들에게 무엇이 부족한지 밝혀내고 이를 해결하기 위해 시간과 자원을 투자해야 한다. 그리고 모든 아이들이 성인이 되어 어떤 직업을 선택하든 최대한의 성과를 얻을 수 있도록 돕는 것이 성인들의 책임이라는 의식이 널리 확산되어야 한다.

한국의 독자들이 보낸 지지와, 두 나라 모두에서 학생들을 제대로 가르치기 위해 무엇이 필요한가에 대한 훌륭하고 깊이 있는 문제제기에 감사드린다. 마지막으로 엄청난 시간과 재능을 바쳐 워싱턴 D.C. 공립학교 학생들이 처한 열악한 상태를 널리 알려준 리처드 위트마이어에게 감사한다. 워싱턴 D.C. 공립학교 학생들의 능력과 태도에 대해 고정관념을 갖고 있는 독자들도 있겠지만 워싱턴 D.C. 학생들은 누구보다도 더 똑똑하고 창의로우며 통찰력이 있다. 워싱턴

D.C. 공립학교를 개혁하기 위한 우리의 노력이나 내가 추진했던 교육 개혁에 반대하는 사람들이 무슨 말을 하든 나는 워싱턴 D.C. 학생들과 그들이 이룬 성과가 무척 자랑스럽다. 그들과 함께 일하고 그들로부터 배울 수 있었던 것은 내게 큰 행운이자 축복이었다.

미셸 리 교육 혁신은 아이들에게 꿈의 기회를 제공하기 위한 것

워싱턴 D.C. 북동쪽의 슬로웨 초등학교 복도에는 어른들이 자칫 놓치기 쉬운 표지판이 붙어 있다. 그런데 그 표지판은 어른들을 위한 것이 아니라 아이들을 위한 것으로 복도를 지나다니는 초등학생의 눈높이에 맞게 걸려 있었다. 아이들은 매일 그 표지판을 보며 되새겼다.

'학부모와 학생이 극복할 수 없는 문제는 교사도 결코 극복하지 못한다.'

그 표지판은 학생들의 실력 부족에 대한 책임이 교사에게 있는 것이 아니라는 경고인 셈이었다.

'슬로웨 초등학교 학생들의 성적이 나쁜 것은 우리 때문이 아니다. 워싱턴 D.C. 공립학교 순위가 전국에서 가장 낮은 것은 우리 때문이 아니다. 네 자신을 보고, 네 부모를 보아라. 책임져야 할 사람은 바로 너다.'

미셸 리 Michelle Rhee 는 워싱턴 D.C. 교육감으로 임명된 직후 슬로웨 초등학교를 방문했다. 여러 학교를 연달아 방문하면서 예고 없이 찾아간 곳 중 하나였다. 슬로웨 초등학교에 도착하자 교장이 직접 문을 열어주었다. 교장은 어리둥절한 표정을 지었다. 미셸 리가 누구인지 전혀 모르는 눈치였다. 서로 어색하게 소개를 한 그들은 학교를 둘러보기 시작했다. 하지만 텅 빈 교실들을 지나면서 안 그래도 갑작스러웠던 방문은 더욱 어색해졌다.

슬로웨 초등학교는 수백 명을 수용할 수 있을 만큼 규모가 컸지만 당시 전교생은 83명이었다. 그런데도 용케 문을 닫지 않고 유지되고 있었다. 이는 지금까지 워싱턴 D.C. 교육감들이 얼마나 무책임했는지, 혹은 얼마나 무기력했는지 여실히 드러내는 증거였다(미셸 리는 1988년 이후 열 번째 교육감이었다).

미셸 리 이전의 교육감들은 어떤 변화도 달가워하지 않는 교육위원회와 시의회, 여러 이익집단에 맞서 학교 문을 닫으려는 시도조차 하지 않았다. 그 결과 수년 동안 슬로웨 초등학교 같은 다수의 공립학교들이 불필요한 유지 보수와 다른 쓸데없는 일들에 수백만 달러를 낭비하고 있었다. 사실 상식적으로 생각하면 전교생이 83명밖에 되지 않는다는 것은 우수한 학교로 거듭날 수 있는 절호의 기회인 셈이었다. 하지만 슬로웨 초등학교 학생들 역시 워싱턴 D.C.의 텅 빈 다른 공립학교 학생들처럼 또래에 비해 학업성취도가 훨씬 뒤처졌다. 미셸 리가 슬로웨 초등학교를 방문했을 당시, 읽기에 '능숙'한 학생은 35퍼센트였고, 수학에 '능숙'한 학생은 15퍼센트밖에 되지 않았다.

미셸 리의 뉴 티처 프로젝트The New Teacher Project, TNTP 동료이자 그녀와 함께 슬로웨 초등학교를 방문했던 팀 데일리Tim Daly는 이렇게 말했다. "슬로웨 초등학교 학생들의 시험 성적은 형편없었습니다."

복도에 걸려 있던 그 표지판도 데일리가 발견한 것이었다. 데일리는 교육감 임기 첫날부터 괜한 소동을 일으키고 싶지 않아 슬로웨 초등학교를 나온 다음에야 미셸 리에게 그 표지판에 대해 이야기했다.

"워싱턴 D.C.는 그런 곳이었습니다. 누가 교육감으로 임명되었는지 관심조차 없는 곳이었죠. 600명을 수용할 수 있는 학교에 90명만 다니는 것도 가능하고, 수년 동안 열악한 상태에서 벗어나지 못해도 여전히 문을 닫지 않을 수 있고, 그런 표지판이 내걸려도 아무도 뭐라 하지 않는 곳 말입니다."

미셸 리도 곧 알아챘듯이 위에서 언급한 마지막 문제, 즉 아무도 그 표지판을 떼어내라고 요구하지 않았던 이유는 간단하다. 바로 학교는 학생들에게 거의 영향을 미치지 않기 때문에 학생들이 학업에 실패해도 책임질 필요가 없다는 믿음 때문이다. 이 믿음은 비단 교사 한 사람이나 교장 한 사람만 갖고 있는 것은 아니었다. 수백 명의 교사와 학교 관리자들이 그와 똑같은 믿음을 갖고 있었다.

그들은 워싱턴 D.C. 학생들은 가난한 아프리카계 미국인이므로 학업능력이 떨어질 수밖에 없다고 생각했다. 또한 가족 구성원이나 인종, 가난이 결국 개인의 운명을 좌우한다고 믿었다. 물론 워싱턴 D.C.의 교사, 교장, 고위 학교 관리자들이 대부분 아프리카계 미국인인 점을 고려하면 인종 차별주의에서 나온 생각도 아니었다. 워싱턴 교육청에, 심지어 교육감 집무실에 그 표지판을 내건다 해도 아무 일도 일어나지 않을 터였다. 미셸 리 이전 교육감들은 공식 석상에서 그런 의견을 밝히기도 했다. 워싱턴 D.C.는 그런 곳이었다. 아니, 적어도 모두들 그렇게 생각했다.

역사적으로 살펴보면 워싱턴 D.C. 주민들은 학생들의 낮은 학업 성취도에 대한 책임이 학교가 아니라 가족에게 있다고 생각할 수밖에 없었다. 거주 지역, 가족의 수입, 부모의 교육 정도와 같은 가정환경이 개인의 운명을 당황스러울 만큼 정확하게 판가름했기 때문이다. 하지만 그 개인의 운명도 지역에 따라 몹시 상대적이란 걸 이 책을 쓰기 위한 자료조사 과정에서 알 수 있었다. 워싱턴 D.C.와 인종 구성이 거의 비슷한 다른 도심 지역 교육구들은 학생들에게 더 높은 기준을 제시했고 실제로 결과도 더 좋았던 것이다.

워싱턴 D.C.교육을 바꾸기 위해 뛴 3년

워싱턴 D.C.의 교육제도는 본질적으로 교육과 학습이 아니라 성인들의 고용 창출을 위해 고안된 제도였다. 공공사업부의 업무가 어쩌다 보니 공립학교와 관련되었다고 생각하면 될 것이다. 미셸 리의 임무는 몇 년 안에 그러한 공립학교들을 완전히 바꿔놓는 것이었다. 학교 개혁가들은 그 몇 년을 '하룻밤 사이'라고 표현한다. 이 책은 그 하룻밤 사이나 마찬가지인 4년 동안 워싱턴 D.C. 공립학교를 바꿔보겠다고 뛰어든 미셸 리의 모험에 관한 이야기다. 드라마보다 극적인 학교 개혁을 위해 맨땅에 헤딩했던 이야기, 그리고 그로부터 3년 반 후 있었던 워싱턴 D.C. 시장 선거에 얽힌 이야기를 담았다.

학교 개혁만큼이나 극적이었던 그 선거는 미셸 리를 교육감으로 임명했던 애드리언 펜티Adrian Fenty 시장은 물론 미셸 리까지 자리에서 물러나게 만들었다. 선거 이야기는 이 책을 시작할 때까지만 해도 전혀 기대하지 못했다. 미셸 리가 워싱턴 D.C. 교육감으로 일할 당시의 이야기는 한마디로 그녀와 교원노조의 대립이라고 요약할 수 있다. 사실 공립학교 개혁 과정에서 미셸 리는 놀라울 정도로 많은 사람들과 대립각을 세웠다. 〈워싱턴 포스트The Washington Post〉는 물론, 미셸 리가 추진했던 학교 개혁의 원칙에는 동의했지만 그녀의 결코 타협하지 않는 방식에는 동의하지 못했던 동료 학교 개혁가들도 포함되었다.

또 빼놓을 수 없는 사람은 바로 교육부장관 아른 던컨_{Arne Duncan}이다. 던컨은 미셸 리가 취임 직후 제안했던 성과 중심의 정교한 교사 평가시스템을 각 주에 전파하기 위해 수백만 달러의 보조금을 지급했다. 하지만 미셸 리가 워싱턴 D.C.에서 힘든 싸움을 하고 있는 동안 결코 그녀의 편에 서거나 그녀를 지지하지 않았다. 교원노조와 대립하면서도 눈 하나 깜짝하지 않았던 미셸 리는 노조와의 단결을 추구하는 던컨에게는 정말 '뜨거운' 상대였다.

과연 누구의 방식이 더 효과적이었을까? 얼핏 보면 던컨의 방식이 더 효과적이었다고 할 수 있다. 미셸 리와 달리 던컨은 아직도 자리를 지키고 있으니 말이다. 하지만 교사들과의 협력을 통해 개혁을 추구하고자 했던 던컨의 방식, 다시 말하면 단체교섭의 긍정적인 면을 강조하며 모든 사람들의 원만한 합의를 바탕으로 한 개혁이 미셸 리의 개혁만큼 놀라운 결과를 얻을 수 있을지는, 심지어 보통의 결과를 얻을 수 있을지는 미지수다. 도심 지역 공립학교의 열악한 상태를 개선하는 과정은 필연적으로 많은 사람들을 불편하게 만들 수밖에 없다. 물론 던컨도 예외는 아니다. 하지만 미셸 리는 그 많은 사람들의 불편함에도 아랑곳하지 않고 결국 원하는 바를 이루었다.

마지막으로 언론 매체는 미셸 리 개인에게 초점을 맞추었지만 워싱턴 D.C. 공립학교 개혁은 보기 드문 팀워크의 결과였다. 학교 운영 경험이라고는 전혀 없는 '티치 포 아메리카_{Teach for America, TFA}(미국 전역에서 우수한 대학 졸업생들을 선발해 2년 동안 도심 빈민 지역 공립학교 교사로 활동할 수 있도록 지원하는 사회적 기업─옮긴이)'의 반항아들이 학교 운영을 맡게 될 때 어떤 일이 일어날지 상상해본 적이 있는가? 그것이 바로 이 책의 이야기다.

TFA 반항아들은 도심 지역 공립학교를 개선하기 위해 기존의 '빅맨_{big man}' 접근법과는 전혀 다른 새로운 방법을 선택했다. 지금까지는 퇴역장군(혹은 그와 비슷한 수준의 민간인)을 임명해 특유의 엄한 사랑으로 공립학교를 옥죄었다. 하지만 열악한 도심 지역 공립학교에 필요한 것은 엄한 사랑이 아니었다. 그보다는 하나하나 떼어내어 부드럽게 쓰다듬고 조심스럽게 다시 맞추는 과정이 필요했다. TFA 반항아들이 감히 아무도 나서지 못했던 그 일을 하겠다고 나선 것이다. TFA 교사들은 도심 지역 학교 운영 경험은 없었을지 몰라도 그들이 맡게 될 도심 지역 학생들을 데리고 성공했던 개인적인 경험은 갖고 있었다. 이는 그 어떤 장군도 결코 해보지 못한 경험이었다.

미셸 리와 함께 워싱턴 D.C. 공립학교를 개선하기 위해 힘을 모았던 숨은 주인공들이 바로 내가 이 책을 시작하게 된 계기였다. 하지만 그 숨은 주인공들에 관한 이야기는 워싱턴 D.C.에서 그들을 기다리고 있던 것이나 학교 개혁 과정에서 나중에 겪게 될 사건에 비하면 아무것도 아니었다. 워싱턴 D.C. 교육제도가 전국에서 최악은 아니라 해도 최악의 그룹에 속한다는 건 모두 다 아는 사실이었다. 하지만 그 이유까지 알고 있는 사람은 드물었다. 미셸 리는 교육감으로서의 첫날 워싱턴 D.C. 공립학교들을 방문하면서 그 이유를 확실히 알게 되었다.

미셸 리의 운명을 가른 인종 문제

남북전쟁 후 노예 신분에서 벗어난 수천 명의 흑인이 정착했던 곳이자, 그 후로 계속 인종 차별적인 성향의 남부 상원의원들이 장악해 왔던 워싱턴 D.C.에서는 그 어떤 것도 인종 문제에서 자유로울 수 없다. 인종 차별의 역사에서부터 워싱턴 D.C. 정치인들이 지금까지도 즐겨 사용하는 상대 후보 비방까지, 인종 문제는 곧 워싱턴 D.C.를 규정하는 특징이었다. 불명예스럽게 물러난 '내 인생의 시장' 마리온 배리Marion Barry에 대한 인기가 흑인이 대부분인 애너코스티아의 가난한 8구역에서 여전한 이유 역시 인종 문제로밖에 설명할 수 없다. 배리는 자기 지역구 유권자들이 겪는 곤경을 '찰리(백인)' 탓으로 돌린다. 유권자들도 대부분 그렇게 생각한다. 배리의 주장이 완전히 틀린 건 아니다. 8구역 주민들이 겪고 있는 어려움은 어느 정도 미국의 인종 차별 정책에서 기인했기 때문이다.

하지만 워싱턴 D.C. 흑인 학생들의 학업성취도가 형편없는 이유를 설명하는 것은 그보다 더 복잡한 문제다. 그 이유는 배리가 공들여 완성했던 정실주의, 즉 학생들의 학업능력보다는 성인들에게 일자리를 제공하는 데 더 관심을 기울였던 워싱턴 D.C. 교육제도를 빼놓고 설명할 수 없기 때문이다. 하지만 그런 관행에서도 가난한 학생들의 학업능력에 대한 합리화는 필요했다. 미셸 리가 교육감이 되기 전에 8구역 공립학교의 거의 모든 교사들과 학교 관리자들이 슬로웨 초등학교 표지판에 아무런 문제가 없다고 생각했던 것이 바로 그 합리화이다. 그런데 한 가지 재미있는 사실은 워싱턴 D.C.의 인종 문제에 얽혀들었던 미셸 리가 전통적인 흑백 대결구도를 아주 잠깐이나마 뒤흔들었다는 점이다.

애너코스티아의 수자 중학교 개혁을 예로 들어보자. 한국계 미국인 교육감이 흑인 교장을 임명했고, 그 교장은 또 흑인 교감들을 임명했다. 많은 흑인 교사들이 쫓겨나거나 해고당했지만 그 빈자리는 대부분 새로운 흑인 교사들로 채워졌다. 그들은 힘을 모아 학업이 뒤처졌던 수많은 흑인 학생들을 구했다. 그럼에도 워싱턴 교원노조는 수자 중학교의 대대적인 교사진 교체에 반대하면서 분노했다. 하지만 수자 중학교 개혁이 큰 성과를 거두었을 뿐만 아니라 흑백 대결의 전통적인 정치 구도에서 벗어난 대결이었던 까닭에 그들은 원하는 결과를 얻지 못했다. 그러나 워싱턴 교원노조는 2년 후 그 대결을 정치적으로 이용하기 수월한 용어로 결국 재구성해낸다. 2년 후 '미셸 리는 백인을 편애한다'는 주장이 먹혀들기 시작했고, 이에 따라 미셸 리의 운명이 정해지고 말았다.

오해와 편견을 넘어 진짜 미셸 리를 만나다

이 책을 쓰기 전에 나는 〈워싱턴 포스트〉와 교원노조 블로그 등에서 읽은 글을 통해 미셸 리가 사납고 무뚝뚝하며 심지어 무례한 사람일 거라고 생각했다. 그것이 바로 〈타임Time〉의 표지에서 미셸 리가 보이고 싶었던 모습이 아니던가? 허튼짓은 용납하지 않겠다는 눈빛으로 빗자루를 휘두르며 상대를 쏘아보는 그 유명한 모습 말이다. 이 책을 시작하기 전에 누군가 내게 다음과 같이 경고했다.

"미셸 리는 당신이 틀렸다고 말하면서 당신이 그 사실을 인정할 때까지 당신 눈앞에 겨눈 손가락을 치우지 않을 것입니다.”

오하이오 주 톨레도에 있는 샌드위치 가게 사장으로부터 해고에 관한 모든 것을 배웠다는 미셸 리의 이야기만 들어봐도 그녀와 함께 일하는 것이 쉽지는 않을 것 같았다(나는 톨레도에 가서 그 샌드위치 가게 사장 그럼피를 만나기도 했다). 하지만 내가 겪은 미셸 리는 그런 사람이 아니었다. 사나운 구석은 있었지만 결코 무례하지는 않았다.

미셸 리는 이 책을 위한 인터뷰에 선선히 응했다. 처음 몇 달 동안 우리는 규칙적으로 만나 인터뷰를 진행했다. 미셸 리는 수요일마다 직접 학교를 찾아가 교사들과 이야기를 나누며 불만 사항이나 필요한 도움 등 어떤 이야기라도 하게 했다. 물론 관리자들은 참석할 수 없었다. 나는 미셸 리가 학교로 출발하기 30분 전에 워싱턴 교육청에 도착해 그녀와 함께 차를 타고 가면서 인터뷰를 진행했다. 그것이 바로 ‘SUV 인터뷰’였다. 가는 동안 톨레도에서 보냈던 어린 시절에 대해 이야기하고, 오는 길에 고등학교 시절과 대학 시절 이야기를 듣는 식이었다. 학교가 멀고 차가 막히는 상황이 오히려 나한테는 최상의 조건이었다.

때는 4월 말, 미셸 리가 백악관 출입기자들과의 만찬에 초대받은 날이었다. 그날도 교사들과의 만남이 예정되어 있었고, 미셸 리는 그 모임 45분 전에 만나자고 연락을 해왔다. 나는 평소처럼 출발 시간이다 되어 도착했다. 그런데 미셸 리가 어깨에 드레스를 걸치고 워싱턴 교육청 엘리베이터에서 급히 뛰어나오며 이렇게 말했다. "드레스 숍에 들러야 해요. 같이 가요."

우리는 차를 타고 가다 몇 블록 떨어진 드레스 숍 앞에 멈췄다. 나는 그녀의 사생활 보호를 위해 차에서 기다려야 하는 건 아닌지 망설였다. 그러자 미셸 리가 시간 낭비할 필요 없다고 하면서 같이 들어가자고 했다. 나는 그녀를 뒤따라가서 사람들을 헤치며 녹음기를 최대한 그녀의 입에 가깝게 들이밀고 어린 시절에 대해 물었다. 워싱턴 D.C.였기 때문에 우리한테 신경 쓰는 사람은 아무도 없었다.

드레스 숍에 들어선 미셸 리는 주인과 한국어로 말하기 시작했다. 그리고 문에서 한 발짝 정도 떨어져 있는, 대나무 발이 쳐진 탈의실로 들어갔다. 드레스 숍은 무척 좁았고 나는 지금이야말로 그녀가 혼자 있고 싶어 할 것 같아서 밖으로 나왔다. 하지만 그녀는 계속해도 괜찮다고 말했다.

그래서 나는 엉성한 가림막 밖에 서서 대나무 발 사이로 녹음기를 들이밀고 그녀와 그녀의 오빠들에 대한 이야기를 나눴다. 옆에서 지켜보던 한국인 주인은 물론 나에게도 그 모든 상황이 너무나 우스꽝스러웠다. 하지만 그 덕분에 한 순간도 낭비하지 않을 수 있었고, 나는 그 점에 대해 미셸 리에게 무척 감사한다.

한 가지 더 있다. 그 멋진 드레스는 미셸 리에게 무척 잘 어울렸다. 미셸 리는 겉모습이 중요하다고 생각했다. 사람들은 멋진 여성이 들어오면 관심을 기울인다. 나는 미셸 리가 높은 구두를 신고 며칠 동안 고심해서 결정한 듯한 완벽한 옷차림으로 사람들 앞에서 연설할 때마다 그 사실을 확인했다. 하지만 이야기를 들어보면 전부 몇 초 만에 고른 옷들이었다. 어쨌든 겉모습이 곧 힘이었고 미셸 리는 그 힘을 활용하는 데 몹시 능숙했다.

모든 아이들에게 꿈의 기회를

이 책에는 내 선입견이 어느 정도 들어갔을 것이다. 미셸 리가 내 전작《왜 남학생들이 뒤떨어지는가 Why Boys Fail》의 서문을 써주었으니 말이다. 나는 실패한 공교육 개혁에 대해서는 미셸 리가 미국에서 최고일 거라는 직감으로 이 일을 시작했고, 그 직감은 이 일이 끝날 때까지 거의 틀리지 않았다.

11장에서 나는 미셸 리의 잘못과 실수에 대해 길게 논했다. 하지만 수많은 교사들과 교장들에게 정신적 충격을 안기면서까지 해고를 감행했던 미셸 리에게 우호적인 자세로 이야기를 진행했다는 비난에서는 자유로울 수 없을 것이다. 그 부분에 관해서는 또 다른 책을 쓸 생각이다. 이 책은 간신히 전기의 면모를 갖춘 책으로 무엇이 미셸 리를 워싱턴 D.C. 공교육 개혁이라는 불가능한 일에 뛰어들 수 있는 인물로 만들었는지, 그리고 그녀가 어떻게 그 불가능한 일을 성공으로 이끌었는지에 관한 책이다.

이 책을 쓰기 위해 자료를 조사하던 중 한 가지 깨달은 게 있다. 중요한 것은 미셸 리나 그녀와 함께하는 TFA 반항아들 자체가 아니라 도심 지역 공립학교의 실패에 대처하는 그들의 힘이었다. 자료조사 과정에서 내가 관찰한 모든 것은 '스냅snap'이라는 한 가지 원칙으로 수렴되었다. '스냅'은 수년 동안 교육 관련 글을 쓰면서, 그리고 대학을 갓 졸업한 새내기 교사로서 학생들을 가르쳤던 1년 동안의 경험과, 2009년 브로드 프라이즈 인 어번 에듀케이션 평가팀에서 몇 달 동안 일하며 전국에서 가장 우수한 도심 지역 교육구 다섯 곳을 방문했던 경험을 통해 내가 만들어낸 단어다.

캘리포니아의 롱비치, 텍사스의 알다인 등 가장 가난하지만 가장 우수한 도심 지역 교육구의 거의 모든 교사들은 '스냅'을 갖고 있었다. 재빠른 몸의 감각과 내면의 절박성, 측정 가능한 목표를 추구하기 위한 헌신이 바로 스냅이라고 할 수 있다. 나는 《왜 남학생들이 뒤떨어지는가》를 쓰기 위해 워싱턴 D.C.에서 가장 우수한 차터스쿨charter school(주정부의 예산으로 설립되지만 학교가 독자적 권한을 가지고 자율적으로 운영하는 공립학교. 자체 커리큘럼을 사용하는 등 사립학교의 장점을 살린 새로운 형태의 공립학교라고 할 수 있다—옮긴이) KIPP Knowledge is Power Program(아는 것이 힘이라는 뜻으로 뉴욕에 설립된 실험적인 고등학교—옮긴이)의 방과 후 학교인 키 아카데미에 다니는 한 남학생을 1년 동안 조사한 적이 있다. 그곳에서 내가 관찰한 교사들은 전부 스냅을 갖고 있었다. 스냅이 있는 교사들은 슬로웨 초등학교 표지판의 내용을 인정하지 않았다.

미셸 리 역시 오래전 볼티모어에서 신참 교사로 일할 당시 슬로웨 초등학교 표지판에 대해 들었지만 그 내용은 받아들이지 않았다. 지금까지와는 다른 스냅을 갖춘 새로운 교사들을 워싱턴 D.C.로 불러들이고자 했던 미셸 리의 계획은, 그녀가 가장 좋아하는 단어를 사용하자면 '말도 안 되는crazy' 계획이었다. 미셸 리는 거의 모든 상황을 묘사할 때 말도 안 된다는 표현을 사용했다. 하루 종일 교장실에 틀어박혀 있는, 그래서 해고당해 마땅한 교장에 대해서도 말도 안 된다고 했고, 무능하다는 이유로 전에 있던 학교에서 쫓겨난 교사들에게도 일자리를 보장해주어야 하는 노조의 임용 계약도 말도 안 된다고 했다. 한 인터뷰 도중 내가 말도 안 된다는 것이 정확히 무슨 뜻이냐고 묻자 미셸 리는 웃으며 이렇게 대답했다.

“제가 그 단어를 너무 자주 사용하긴 하죠.”

하지만 꼭 그런 것만은 아니었다. 미셸 리의 업적이 보여주듯, 워싱턴 D.C.는 물론 미국 전역에서 이와 같은 공교육 개혁을 이루기 위해서는 그 말도 안 되는 인물이 필요했다.

결국 이 책은 말도 안 되는 공립학교 개혁에 뛰어든 말도 안 되는 여성에 관한 이야기다. 나는 또한 이 책을 통해 협력을 중시하는 지도자 아른 던컨을 비롯한 거의 모든 사람들이 동의하는 바를 성취하기 위해 실제로 필요한 것은, 미래를 위해 반드시 필요한 목표이자 ‘올바른’ 목표라는 것을 말하고 싶었다. 바로 모든 아이들에게 꿈의 기회를 제공하는 것 말이다.

CONTENTS

1장 미셸 리의 변치 않은 질문

나는 좋은 선생님인가?

2장 미셸 리 교육 혁신의 일관된 원칙

이것이 아이를 위한 최선인가?

CHAPTER 1
THE BEE EATER

나는 좋은 선생님인가?

1992년 10월의 어느 날, 볼티모어의 날씨는 예년과 달리 무척 더웠다. 스물한 살의 신참 교사 미셸 리가 아이들을 가르치던 할렘파크 초등학교 콘크리트 교실은 특히 더했다. 할렘파크 초등학교가 있던 동네는 얼마나 지저분한지, 불법 마약 거래를 소탕하겠다고 동분서주하지만 딱히 성과는 내지 못하는 웨스트 볼티모어 경찰에 관한 HBO의 인기 드라마 〈와이어 *The Wire*〉의 배경이 되기도 했다(미셸 리가 할렘파크 초등학교를 떠나고 10년이 지난 뒤에도 방송팀은 학교 주차장에 방송 관련 차량을 세우고, 체육관에는 필요한 장비를 보관했으며, 마약 문화의 실상을 보여주기 위해 학생들이 살고 있던 거리를 그대로 담았다).

집들은 대부분 판잣집이었다. 길모퉁이마다 미래가 없는 젊은이들이 모여 시간을 때우고 있었다. 아직 코카인이 유행하던 때였다. 할렘파크 초등학교 학부모들도 대부분 마약을 달고 살았다. 학생들이 단정치 못한 차림새로 형이나 언니의 손을 잡고 등교하는 이유는 물어볼 필요도 없었다.

미셸 리가 그곳에서 이삼 년째 아이들을 가르치고 있을 때, 할렘파크 초등학교 교장이었던 린다 카터는 이렇게 말했다.

"이 아이들은 가정환경에 문제가 많습니다. 밖에서 들려오는 총소리 때문에 매일 밤 침대 밑에 들어가서 잠을 자야 하는 아이들도 있죠. 며칠 동안 얼굴도 못 본 엄마가 등굣길 길모퉁이에서 마약에 취해 있는 채로 발견되기도 하고요. 이곳은 그런 곳입니다. 수업이 끝나기 전에 남자 선생님들과 거리로 나가 하교 시간에 마약을 거래하지 못하도록 단속한 적도 있습니다."

카터는 마약 거래의 배후에 있는 그 지역 거물들과 '정상회담'을 개최한 적도 있었다. 정상회담의 목표는 마약 중개상들이 옆에 있는 중학교 하교 시간에 스쿠터를 타고 다니며 길거리에 마약을 뿌려놓지 못하게 하는 것이었다. 학생들을 유혹하기 위한 미끼를 던지지 못하도록 한 것이었다. 카터는 이렇게 말했다.

"학생들은 (마약을 찾아) 바퀴벌레처럼 재빨리 사방으로 흩어지곤 했습니다."

그날, 코넬 대학교라는 학문의 온실에서 막 빠져나와 '티치 포 아메리카Teach for America, TFA'를 통해 2년간의 교직 생활을 갓 시작한 미셸 리는 36명의 2학년 학생들과 전쟁을 치르고 있었다. 그 전쟁은 자존감을 지키기 위한 전쟁이기도 했다. 톨레도의 평화로운 동네에서 의사의 딸로 자라며 무슨 일을 하든 최고가 되라고 교육받은 미셸 리에게 빈민 지역 공립학교 교사생활은 그녀 인생에서 처음으로 실패할지도 모를 일이었다. 그해 미셸 리는 한동안 스트레스로 아침마다 배가 아프거나 온몸에 두드러기가 나기도 했다.

그날은 그중에서도 최악이었다. 어느 것 하나 제대로 되는 일이 없었다. 미셸 리는 전날 밤늦게까지 정성을 다해 학생들의 관심을 끌 만한 수업 자료를 준비했다. 두꺼운 종이를 작게 잘라 앞면에는 마시멜로를 붙이고 뒷면에는 조그만 자석을 붙였다. 마시멜로를 가지고 직접 더하고 빼면서 덧셈과 뺄셈을 익히게 할 생각이었다.

"수업이 끝나면 아이들에게 마시멜로를 나눠주려고 했어요. 제가 준비한 큰 뇌물이었죠."

하지만 마시멜로는 칠판에 붙지 않고 주르륵 미끄러져 내렸다. 다른 학교들과 달리 할렘파크 초등학교의 칠판에는 자석이 붙지 않았다. 아이들은 여전히 수업에 귀를 기울이지 않았고, 가만히 앉아 있지도 않았으며, 두꺼운 종이에 붙여 온 마시멜로 따위에는 신경도 쓰지 않았다. 정말 아무도 수학 따위에 관심을 보이지 않았다.

미셸 리는 교실의 뜨거운 열기와 통제할 수 없는 아이들에게서 벗어날 수 있는 무언가가 필요했다. 그래서 창문을 열었다. 바로 그때, 커다랗고 통통한 호박벌 한 마리가 교실로 날아 들어온 것이다. 미셸 리는 그때를 떠올리며 이렇게 말했다.

"아이들은 정말 미친 듯 날뛰기 시작했어요. '벌이다! 벌! 벌이다!' 이렇게 외치며 교실을 뛰어다니고 의자 위로 올라갔죠. 그야말로 통제 불가능한 상황이었어요. 아이들을 진정시키려고 무슨 짓이든 하려고 하는데 호박벌이 창문 바로 옆에 있는 환기구 옆에 앉는 거예요. 저는 이제 아무짝에도 쓸모없어진 수업지도안을 둘둘 말아 쥐고 호박벌을 내려친 다음 재빨리 움켜잡았어요. 그리고 그 벌을 먹어버렸죠. 그렇게 끔찍하진 않았어요. 씹어 먹진 않았으니까요. 입안에 든 호박벌이 움직이는 것도 못 느꼈고요. 그냥 꿀꺽 삼켜버렸거든요."

깜짝 놀란 아이들은 순식간에 조용해졌다. 그리고 거들떠보지도 않던 젊은 한국 여자가 어쩌면 존경할 만한 대단한 사람일지도 모른다는 사실을 처음으로 깨달았다. 그렇다고 벌을 삼킨 후부터 아이들이 말을 잘 들었던 것은 아니었다. 그렇게 되기까지는 몇 달이 더 지나야 했다. 하지만 그날 이후 아이들은 길모퉁이에서 미쳐가는 사람을 볼 때처럼 경의의 눈빛으로 미셸 리를 바라보기 시작했다.

그날 저녁, 근처의 또 다른 학교에서 아이들을 가르치던 TFA 출신 교사이자 룸메이트인 리즈 페터슨과 차를 타고 집에 가면서 미셸 리는 낮에 호박벌을 삼켰다고 말했다. 그녀 역시 말없이 수긍했다. 두 사람 모두 말도 안 되는 상황에서 말도 안 되는 행동을 하면서 아이들을 가르치느라 분투하고 있었기 때문이다. 볼티모어의 TFA 교사였던 로저 슐먼 역시 이렇게 말했다.

"처음 일 년 동안은 정말 모든 것이 제정신이 아니었습니다. 창밖으로 뛰쳐나가는 것 말고는 할 수 있는 게 아무것도 없었죠. 그래서 할 수 있는 일이라면 무엇이든 해야 했죠."

2007년 워싱턴 D.C. 시장으로 취임한 직후 미셸 리를 교육감으로 임명했던 애드리언 펜티는 6년 동안(2000~2006년) 워싱턴 D.C. 시의회에 몸담고 있으면서 수많은 사람들이 미국의 수도 워싱턴 D.C.의 교육감 자리를 거쳐가는 것을 지켜보았다. 잠깐 머무르다 떠나는 교육감들은 반대 의견을 무릅쓰고 변화를 일구어낼 시도조차 하지 않았다. 지역 교육위원회, 시의회, 시장, 워싱턴 교원노조, 특수교육 변호사들, 자칭 교육 전문가들과 그밖에도 많은 사람들이 의제를 휘둘렀다. 다른 지역으로 옮겨가기 전에 아주 잠깐 머물다 가는 교육감도 있었다. 워싱턴 D.C. 공립학교는 로스앤젤레스와 미국에서 최하위를 다투고 있었지만 이를 변화시키기 위해 노력하는 사람은 아무도 없었다.

한 가지 이상한 점은 워싱턴 D.C. 주민들 역시 워싱턴 D.C. 공립학교들의 상태에 대해 별다른 불만을 드러내지 않았다는 것이다. 워싱턴 D.C. 공립학교는 많은 지역 주민들에게 일자리를 제공했다. 교육청만 해도 수백 명의 불필요한 인원이 꼬박꼬박 월급을 받아가고 있었지만 학생들의 학업성취도에 대해 고민하는 사람은 단 한 명도 없었다.

사회적 통념에 따르면 부끄러울 정도로 낮은 워싱턴 D.C. 공립학교들의 학업성취도는 효과 없는 교육 때문이 아니라 인종과 가난 때문이었다. 〈워싱턴 포스트〉 역시 그 의견에 동의했다. 가끔 언론에서 보일러를 가동시킬 필요도 없는 워싱턴 D.C. 공립학교들의 텅 빈 교실이나 학생 수조차 정확히 파악하지 못하는 무능한 교육청, 특별 활동비를 횡령하는 교사들에 대한 기사를 볼 수는 있었다. 하지만 워싱턴 D.C. 공립학교 학생들의 학업성취도가 다른 지역의 비슷한 조건을 가진 학생들과 비교해 얼마나 뒤처지는지, 혹은 왜 그럴 수밖에 없는지에 관한 가장 중요한 문제에는 아무도 관심을 기울이지 않았다.

워싱턴 D.C. 공립학교에 대한 불만이 겉으로 크게 드러나지 않았던 또 다른 이유는 무능한 공립학교 대신 다른 학교를 선택하는 학부모들이 많았기 때문이다. 독립적인 차터스쿨에 아이를 보내는 가정의 비율이 빠른 속도로 증가하고 있었다. 또 더 부유한 '타 교육구' 학교에 지원하는 것도 가능했다.

학부모들은 만족스러워했지만 주변의 가난한 지역에서 학생들이 몰려드는 바람에 타 교육구의 좋은 학교들도 열악해지고 있다는 사실은 간과되고 있었다. 타 교육구 학교에 입학이 가능했기 때문에 열악한 워싱턴 D.C. 공립학교들의 상태가 비록 정치 문제로까지 비화되지는 않았지만 그로 인해 학업적인 측면에서 두 가지 부정적인 결과가 발생했다. 첫 번째는 학부모들이 너무 멀리 살기 때문에 학교 활동이나 각종 회의에 참여하기 힘들어졌다는 것이다.

두 번째는 첫 번째보다 훨씬 중요한 문제로 초등학교와 중학교를 각각 다른 교육구에서 다니고 또 고등학교는 어디서 다닐지 모르는 학생들이 한 지역의 K-12 커리큘럼(유치원에서부터 고등학교까지의 미국 교육과정―옮긴이)에 따라 일관성 있는 교육을 받지 못한다는 점이었다. 워싱턴 D.C. 공립학교들은 그야말로 개혁조차 할 수 없을 만큼 다 죽어가고 있었다. 워싱턴 D.C.에서 자라 하워드 대학교에서 공부하고 변호사가 되었던 펜티는 시의원으로서 이를 옆에서 쭉 지켜봐왔다.

"저는 훌륭한 인재들이 교육위원회에 들어와 어떤 긍정적인 영향도 끼치지 못하는 걸 수없이 보았습니다. 이유는 전부 마찬가지였습니다. 힘든 결정을 내리고 이를 추진할 능력이 없었기 때문입니다. 그 누가 어떤 새로운 제안을 해도 절대 다수의 지지를 받을 수 없었지요. 특별이익집단이 들고 일어나면 어떤 제안이든 순식간에 자취를 감추고 말았습니다."

그렇다고 펜티가 모든 답을 알고 있다고 생각한 것은 아니었다. 그보다 그는 워싱턴 D.C. 공립학교들이 어느 방향으로 가야 하는지 본능적으로 알고 있었고, 그래서 반드시 시장으로 선출되어야 했다. 그는 뉴욕 시장 마이클 블룸버그Michael Bloomberg가 뉴욕의 공립학교를 변화시키고 시카고 시장 리처드 데일리Richard Daley가 시카고 공립학교를 변화시키는 것을 지켜보았다. 2007년 1월 2일 시장에 취임한 펜티는 이렇게 말했다.

"그들의 업적에 대해 알게 될수록, 그리고 그들이 공립학교에서 일구어낸 실질적인 변화와 도시 전반에 끼친 긍정적인 효과에 대해 더 많이 알게 될수록 나는 워싱턴 D.C.에도 그와 같은 개혁이 필요하다고 확신하게 되었습니다."

이는 곧 공립학교에 대한 통제력을 장악하는 것뿐만 아니라 연방 검사 출신으로 블룸버그의 뜻에 따라 뉴욕의 공립학교들을 개혁했던 뉴욕 시 교육감 조엘 클레인Jeol Klein과 같은 '변혁의 주도자'가 필요하다는 뜻이기도 했다. 파격적인 인사로 뉴욕 시 교육감으로 임명되었던 클레인은 도심 지역 공립학교 운영에 관한 통념을 산산이 부수고 일반 학교를 차터스쿨로 전환했으며 시험 결과에 근거한 학교 평가시스템을 도입했다. 또한 교원노조가 신성하게 여기는 교사 취업 규정을 수정하고 실력 없는 교사를 해고하는 등의 방법으로 뉴욕 시 공립학교들의 학업성취도를 높였다.

워싱턴 D.C.를 세계 최고의 도시로 만들기 위해서는 펜티에게도 날마다, 어쩌면 매 시간마다 다른 사람들의 반대를 기꺼이 무릅쓰고 불평에도 아랑곳하지 않을 '변혁의 주도자'가 필요했다. 애드리언 펜티에게는 '벌도 삼킬 수 있는 인물'이 필요했던 것이다.

특별한 기질을
만들어준 시절

미셸 리. 많은 사람들이 이 걸출한 인물을 누가 길렀는지 궁금해한다. 사회적으로 결코 물의를 일으키고 싶어 하지 않는 한국 이민자들. 그들 이민 1세대의 자녀들은 대부분 일류 대학을 졸업하고 의사나 기술자가 되어 조용한 교외에 삶을 꾸린다.

하지만 미셸 리는 워싱턴 D.C. 공립학교 개혁에 뛰어들어 논란의 쟁점이 되었고, 〈타임〉지의 표지를 장식했을 뿐만 아니라 PBS는 3년에 걸쳐 그녀에 관한 12부작 다큐멘터리를 제작하기도 했다. 뉴스를 장식하는 한국계 미국인 미셸 리는 자기보다 훨씬 덩치가 큰 아프리카계 미국인들에게 둘러싸여 있으면서도 눈 하나 깜짝하지 않는다. 그렇다면 다시 한 번 궁금해진다. 과연 누가 그녀를 길렀을까?

미셸 리의 남다른 기질은 어디에서 왔는가

2010년 늦은 봄의 어느 날, 나는 미셸 리의 부모님(아버지 이상열, 어머니 이인자—옮긴이)과 작은 소파에 나란히 앉았다. 워싱턴 D.C. 16번가의 록 크릭 파크 테니스센터에서 약간 떨어진 미셸 리의 집이었다. 그들은 은퇴 후 여생을 보내고 있는 콜로라도에서 스타와 올리비아 두 손녀를 돌봐주기 위해 미셸 리의 집에 잠깐 들른 참이었다. 그런데 그 두 사람의 관계는 내가 듣던 것과는 약간 달라 보였다. 모든 사람들이 미셸 리의 어머니가 바로 사나운 선동가이며, 미셸 리가 정치적 분쟁에 휘말리면서도 눈 하나 깜짝하지 않는 것은 바로 그런 어머니의 기질을 물려받은 것이라고 했다.

하지만 내가 지금까지 어떻게 살아왔는지 물었을 때 미셸 리의 어머니는 그저 웃으며 전직 의사였던 남편이 말문을 열 때까지 기다렸다. 나중에 미셸 리는 그런 모습에 속지 말라고 하면서 인터뷰와 같은 특별한 상황에서 영어로 완벽하게 말할 자신이 없어서 그런 것뿐이라고 내게 귀띔해주었다. 사실 그날 미셸 리의 어머니는 혹시 실수하지 않을까 무척 조심스러워했다. 하지만 앞에 나서는 사람은 늘 미셸 리의 어머니라고 했다.

두 사람도 이에 동의했다. 인터뷰에 대한 대답은 거의 미셸 리의 아버지가 했지만 강철 같은 사람은 바로 미셸 리의 어머니였다. 미셸 리의 어머니는 성격이 불 같았던 자신의 아버지에게서 이를 물려받았다고 말했다. 미셸 리의 어머니는 시에서 관리하는 오락시설을 운영하셨던 전직 경찰관인 아버지와 가정주부였던 한국의 전통적인 어머니 밑에서 다섯 남매와 함께 자랐다. 미셸 리의 아버지는 그녀와 결혼한 다음 1965년에 미국으로 건너와 미시간 대학교 의과대학에서 공부했다. 그리고 1969년 크리스마스에 미셸 리가 태어났다. 이들 식구는 나중에 톨레도 외곽 지역 로스퍼드로 이사했으며, 그곳에서 미셸 리의 아버지는 통증관리 전문의 자격증을 땄고, 미셸 리의 어머니는 상류층을 위한 드레스 숍을 열며 사업가로 변신했다.

미셸 리의 어머니는 한국에서와 똑같은 방법으로 아이들을 가르쳤다. 자신이 자랄 때와 똑같은 방법으로 딸을 키우고 싶어한 것이다. 심지어 어깨와 가슴이 드러나지 않고 몸에 딱 맞는 드레스를 입히기 위해 딸에게 옷을 입힌 채 바느질을 했다는 일화로도 유명하다(드레스를 벗을 때는 가위로 옷을 잘라냈다고 한다). 또한 산만한 남동생 브라이언의 성적이 떨어지자 동생을 충분히 도와주지 않아서 그렇다며 미셸 리의 외출을 금지시키기도 했다. 그리고 이들 가족과 친하게 지내는 지인에 따르면, 미셸 리의 어머니가 코넬 대학교 입학식이 끝나자 딸에게 이렇게 말했다고 한다.

"아이비리그 교육을 받으라고 널 코넬 대학교에 입학시킨 게 아니다. 아이비리그 출신 남편을 찾으라고 입학시킨 거지."

미셸 리의 어머니는 이렇게 말했다.

"제 어머니는 무척 엄격하셨어요. 공부 말고는 아무것도 못하게 하셨죠. 영화 보는 건 꿈도 못 꿨어요. 오직 공부만 해야 했죠."

하지만 그녀도 미셸 리에게는 동서양이 혼합된 교육방식을 적용했다. 미국에서 성공적으로 사업을 일구면서 체득한 서양의 진취적인 기상과 한국의 전통이 고루 섞인 교육방식이었다. 그리고 그것이 바로 미셸 리가 성장 과정에서 얻게 된 강력한 트라우마를 형성했다.

오빠와 남동생 사이에서 자란 미셸 리는 이렇게 말했다.

"한 가지 재미있는 점은 한국에서 자란 제 사촌들은 아무도 저처럼 자라지 않았다는 거예요. 한국도 문화가 많이 바뀌었으니까요."

미셸 리에 따르면 그녀의 부모님은 여전히 과거에서 사는 분들이었다. 미셸 리가 밤에 외출할 수 있는 날은 일주일에 한 번뿐이었고 그마저도 밤 11시까지는 집에 들어와야 했다. 하지만 그녀의 오빠와 남동생은 무엇이든 할 수 있었다.

그 이중적인 잣대에 대한 딸의 기억에 대해 미셸 리의 어머니는 그저 웃고는 이렇게 덧붙였다.

"저는 한국 엄마니까요. 한국 엄마들은 늘 아들보다 딸에게 더 엄격하답니다."

졸업식 드레스를 입힌 채로 바느질을 했던 일화에 대해서도 미셸 리의 어머니는 드레스가 너무 깊이 파였기 때문이라고 했다.

"가슴이 파인 드레스를 입고는 절대로 못 나간다고 했어요. 그래서 미셸은 늘 불만이었죠."

하지만 요즘은 어린 시절에 그랬던 것처럼 싸울 일도 없으며 두 사람 모두 미셸 리의 의견을 존중한다고 한다.

"엄마는 한번 한다고 말씀하신 건 반드시 하셨어요. 엄마의 그런 모습을 제가 많이 물려받은 거죠."

그와 반대로 미셸 리의 아버지는 침착하고 지적인 사람이었다. 과학과 의학 관련 서적을 탐독했으며 유머 감각이 풍부했다. 어린 딸의 친구들부터 병원 동료들까지 그를 좋아하지 않는 사람이 없었다. 이야기를 들어보면 미셸 리의 아버지와 어머니는 서로 안 어울리는 대표적인 한 쌍 같지만 사이는 확실히 좋아 보였다. 미셸 리는 어머니가 분주하게 집안일을 돌보는 동안 아버지는 지성을 불태웠다며 이렇게 말했다.

"한번은 아빠가 소파에 앉아 텔레비전을 보며 신문을 읽고 계셨어요. 엄마는 오만 가지 일을 해결하며 집안을 바삐 돌아다니셨고요. 그런데 엄마가 갑자기 로게인(남성 발모제 브랜드—옮긴이)을 들더니 아빠 머리에 뿌리시는 거예요. 엄마가 머리에 로게인을 뿌리는데도 아빠는 꼼짝 않고 그대로 앉아 계셨고요."

미셸 리는 근처에 있는 이글 포인트 공립초등학교에 다녔다. 미셸 리는 그 학교에 대해 상상할 수 있는 가장 평범한 학교라고 말했다. 미셸 리의 가족은 노동자들의 도시라고 할 수 있는 로스퍼드의 부유한 동네에 살았다. 요즘 자동차로 로스퍼드를 한 바퀴 돌아보면 마치 미국 수공업계의 급격한 몰락에 대한 다큐멘터리라도 보는 것처럼 여기저기서 쓰러져가는 공장들을 볼 수 있다. 뼈대만 남은 보기 흉한 공장과 그 주변의 텅 빈 주차장은 더 이상 희망이 없는 그 지역의 경제상황을 여실히 보여준다.

이 로스퍼드의 일부는 이리 호 모미 만으로 느리게 흘러들어가는 넓은 모미 강 하류와 맞닿아 있다. 강 하류의 커다란 석조 조형물은 로스퍼드의 다른 지역과 그 지역을 구분한다. 녹음이 울창하고 커다란 고급 저택이 듬성듬성한 그 강어귀 지역은 성공한 의사 가족에게 잘 어울리는 곳이었다. 내가 그 지역을 찾았을 때 사람들이라곤 잔디를 돌보는 이들이 전부였다. 미셸 리의 가족은 리버사이드 드라이브

261번지에 살고 있었는데, 몇 년 전 그 집에 불이 나 겨우 빠져나왔다고 했다.

미셸 리는 6학년을 마친 후 가족의 전통에 따라 한국에서 1년을 보냈다. 숙모네 집에 머물며 자기보다 한 살 어린 사촌동생이 다니는 학교에 같이 다녔다. 톨레도에서 미셸 리는 반에서 유일한 한국인이었다. 그런데 한국에 와서도 쉽게 무리에 섞이지 못했다. 저녁 식사 시간에 친척들 사이에서 주워듣는 단어들이 미셸 리가 배울 수 있는 한국어의 전부였다. 미셸 리는 이렇게 말했다.

"힘든 경험이었어요. 한국 학교는 미국과는 너무 달랐거든요. 한 반이 70명에서 75명 정도 되었는데 전부 키 순서대로 다닥다닥 붙어 앉았죠. 저는 키가 큰 편이어서 키가 큰 다른 여자애와 맨 뒤에 앉았어요. 영어를 할 수 있는 사람이 아무도 없어서 가만히 앉아 친구들 말을 듣기만 했는데, 무슨 말인지 90퍼센트는 이해할 수 없었죠."

미셸 리와 그녀의 부모님은 모두 한국에서의 1년이 미셸 리의 인격 형성에 중요한 역할을 했다는 데 동의했다. 미셸 리의 아버지는 이렇게 말했다.

"한 가지 얻은 점이 있다면 친척들과 친해졌다는 것입니다. 미셸에게는 아주 색다른 경험이었을 거예요."

미셸 리의 어머니 역시 딸이 전혀 다른 사람이 되어 돌아왔다고 말했다.

"그 전까지 미셸은 한국어를 읽고 쓸 줄은 알았죠. 어렸을 때 일주일에 한 번씩 교회에서 운영하는 한국 학교에 다녔으니까요. 하지만 한국 말을 썩 잘하지는 못했어요. 그래서 한국에 가서도 초등학교에 다니게 했죠. 미셸은 정말 열심히 노력했을 거예요. 그리고 정말 많이 바뀌어 돌아왔죠.”

한국에서 돌아온 미셸 리는 사립학교 모미 벨리 컨트리 데이 스쿨에 들어갔다. 그때부터 부모님은 서서히 공부에 대한 압력을 가하기 시작했다. 미셸 리의 오빠 에릭도 그 학교에 다니고 있었다. 125년의 역사를 자랑하는 모미 벨리 컨트리 데이 스쿨은 톨레도에 있는 유일한 엘리트 사립학교였다. 고급스러운 학교 건물과 운동장이 75에이커(약 30만 제곱미터, 약 9만 평)의 녹지와 잘 어우러져 있었으며, 학생들도 3학년부터 12학년까지 채 500명이 안 되었다. 2010년에 1만 6,000달러였던 학비는 이런 종류의 사립학교치고는 비싸지 않았지만 톨레도에 있는 사립학교 중에서는 단연 최고였다.

톨레도 대학교와 부속 메디컬센터, 볼링그린 주립대학교 교수의 자녀들이 주로 그 학교에 다녔다. 1990년대 이후 수공업의 붕괴로 타격을 받은 도심 지역 학생들도 많았다. 모미 벨리 졸업생들은 하나같이 대학에 진학하면서 그 지역을 떠났고 직장을 구하거나 가족을 꾸리고 정착하기 위해 톨레도로 다시 돌아오는 사람은 거의 없었다. 교장 게리 뵘은 ‘기금이라도 모으려고 졸업생들을 찾아가려면 동부 해안과 서부 해안을 샅샅이 훑어야 한다’고 말했다.

모미 벨리에서 미셸 리는 학업적인 면보다는 조직을 운영하는 면에서 뛰어난 능력을 발휘했다.

“저는 모든 걸 통솔하는 사람이었어요. 학교 짱이거나 가장 인기 있는 학생은 아니었지만 누가 누구와 무엇을 하고 있는지 훤히 꿰뚫고 있었고 사람들을 조직할 줄 알았죠. 학생회장을 비롯한 온갖 업무를 도맡을 만큼 다재다능했어요. 몇몇 운동팀에서도 주장은 늘 제 차지였죠. 가장 뛰어난 선수는 아니었지만 팀을 이끄는 사람이었으니까요."

로스퍼드의 또 다른 한국계 미국인으로, 근처에 사는 피트 정이 있었다. 그 지역에 사는 한국계 미국인은 미셸 리의 가족과 피트 정의 가족이 전부였다. 지금은 벤처 사업가로 변신한 피트 정은 미셸 리가 친구들의 압력에 결코 흔들리거나 좌우되지 않았다고 말했다. 자신은 다른 십대들처럼 속으로는 다른 사람들이 어떻게 생각할지 전전긍긍하면서도 겉으로는 아무렇지도 않은 척 행동했지만 미셸 리는 자기만의 길을 갔다는 것이다.

7학년이 끝날 무렵, 같은 학년이었던 두 사람은 피트 정의 부모님에게 학년 말 파티를 열어도 좋다는 허락을 받았다. 파티를 열기 위해 엄청난 계획을 세운 두 사람은 초대할 친구들을 몹시 까다롭게 선별했다. 파티는 성대하게 치러졌고 파티가 끝난 후에 초대받지 못했던 모미 벨리 학생들은 화를 내며 두 사람에게 복수를 하기 시작했다.

"그때부터 아이들이 저한테 장난전화를 걸어 심술궂은 말들을 했어요."

피트 정은 친구들한테 따돌림당할까 봐 몹시 걱정스러워하며 미셸에게도 곧 닥칠 일에 대해 미리 알려주었다. 그러자 미셸 리는 이렇게 대꾸했다.

"마음껏 지껄이라고 해!"

그런 독립적인 면이 고등학교 때까지 이어져 선생님들과 절친한 관계를 맺는 등 미셸 리는 다른 아이들이 좀처럼 하지 않는 일들을 하기도 했다. 십대들의 전통적인 반항 수단인 술, 담배, 욕설은 그녀의 삶에 끼어들 자리가 없었다. 미셸 리의 가장 친한 친구 중 한 명인 그레첸 베르너는 고등학교 때 미셸과 같이 파티에 참석했다가 그 파티의 유일한 목적이 음주라는 것이 확실해지면 5분 만에 그곳을 떠나기도 했다고 전했다.

딱 두 번, 원칙을 깨고 술을 마신 적이 있었다. 그리고 두 번 다 결과가 좋지 않았다. 첫 번째는 화가 나서였다. 시니어 필드하키 팀원 대부분이 술을 마시다가 적발되어 그해 개막전에 출전하지 못하게 된 일로 두 사람은 십대들의 얄팍한 논리에 따라 복수하는 마음으로 자기들도 술을 마셔버리기로 한 것이다. 베르너는 그 일을 떠올리며 이렇게 말했다.

"제가 미셸에게 럼콕을 만들어줬어요. 그런데 미셸의 얼굴이 뻘겋게 달아오르는 거예요."

두 번째 음주 사건은 졸업을 앞둔 해 두 사람 모두 가장 가고 싶었던 대학에 떨어졌을 때였다. 베르너는 예일, 미셸은 프린스턴에 지원했다. 두 사람은 지금이야말로 고등학생들의 전통적인 반항법에 부응해야 한다고 생각해 의기투합했다.

'술을 마시자!'

하지만 미셸 리의 집에서 찾을 수 있는 술이라고는 오래되어 먼지가 수북이 쌓인 깔루아뿐이었다. 미셸 리의 부모님도 술과는 거리가 먼 분들이었다. 어쨌든 두 사람은 깔루아를 마시기 시작했고 이번에도 미셸 리의 상태는 좋지 않았다. 사실 깔루아를 많이 마신 것도 아니었다.

미셸 리는 그때 일을 떠올리며 이렇게 웃었다.

"술을 마실 수 없는 사람이라는 걸 일찍 깨달은 거죠. 한국 사람들 중에는 알코올 분해 효소가 전혀 없는 사람이 있어요. 그런 사람들은 한 잔만 마셔도 곧바로 반응이 나타나죠."

미셸 리 스스로도 지적했듯이 술을 마시지 않았기 때문에 밤까지 이어지기 일쑤인 무리한 일정을 소화할 수 있었다. 워싱턴 D.C. 교육감으로 일하면서 미셸 리는 날마다 빠뜨리지 않던 운동도 밤 10시나 돼야 할 수 있었다. 담배에 관한 실험도 오래 할 필요가 없었다. 한번은 엄마한테 반항하고 싶은 마음에 베르너와 함께 담배 한 갑을 사서 엄마의 상점이 있는 쇼핑몰까지 차를 몰고 가 담배를 피웠다. 그 반항도 그리 오래 가진 않았다.

다양성을 자연스럽게 받아들이다

미셸 리는 늘 자기와 다른 사람들과 친하게 지냈다. 그 첫 번째는 바로 제웰 우즈였다. 모미 벨리 사립학교는 해마다 톨레도에 있는 여러 학교에서 발전 가능성이 있는 소수민족 학생들을 한두 명 선발했다. 선발된 아프리카계 미국인 학생들은 대부분 중산층이었다. 하지만 우즈는 좀 달랐다. 어머니가 마약을 해서 여덟 살 때부터 할머니 손에서 자라야 했고 모미 벨리 컨트리 데이 스쿨에 지원하기 전에 이미 톨레도 공립학교에서 퇴학을 당한 상태였다. 하지만 장학금을 받으며 사립학교에 다니는 것도 가능하다는 이야기를 친구를 통해 전해 들었고, 지적 호기심 때문이었는지 그 학교에 지원한 것이다. 시험 점수는 저조했고 입학 에세이도 형편없었다. 하지만 그가 쓴 에세이에는 '왜 흑인 학생들은 결코 성공하지 못하는지'에 관한 주목할 수밖에 없는 그의 포부가 담겨 있었다. 그는 덕분에 모미 벨리에 입학할 수 있었다.

하지만 입학하는 것과 살아남는 것은 전혀 다른 문제였다. 그는 이렇게 말했다.

"저는 마치 물 밖에 팽개쳐진 물고기 같았어요. 흑인 특유의 곱슬머리에 앞니도 부러져 있었죠."

한 학급에 학생 수가 많지도 않았기 때문에 다른 아이들 틈에 숨을 수도 없었다. 사람들 앞에서 말하는 것을 두려워하고 말도 약간 더듬는 가난한 학생이었던 우즈는 자신감 넘치고 사교성 좋은 미셸 리의 친구로는 어울리지 않아 보였다. 그럼에도 불구하고 두 사람은 친구가 되었다. 짧은 연애 기간을 포함해 두 사람의 우정은 3년이 넘도록 지속되었고, 그 즈음 우즈는 유능한 흑인 학생들을 위한 여름방학 프로그램을 통해 자신 있는 모습으로 변해 있었다. 우즈가 참가했던 여름방학 프로그램 중에는 사람들 앞에서 이야기하는 법에 관한 수업도 있었다. 그 수업을 들은 우즈는 개학 첫날 여름방학에 대해 이야기하는 시간에 반 친구들 앞에서 그야말로 굉장한 연설을 했다. 우즈는 인종과 계급에 대해 '입이 딱 벌어지는' 연설을 했고, 깜짝 놀란 친구들은 모두들 어리둥절해했다. 우즈는 이렇게 말했다.

"미셸의 독특한 점은 이유는 모르겠지만 겉모습은 어린데 마음 씀씀이는 늘 어른스러웠다는 거예요. 친구들은 문제가 생기면 늘 미셸을 찾았어요. 미셸은 다양성을 자연스럽게 받아들였고 언제나 다양한 인종과 계급을 탐험할 준비가 되어 있었죠."

모미 벨리에 다니는 동안 우즈는 가끔 친구들의 차를 얻어 타고 집에 가기도 했는데, 한 번도 할머니와 함께 사는 진짜 집 앞에서 내린 적이 없었다. 너무나 부끄러웠기 때문이다.

"집에서 두서너 블록 떨어진 곳에 내려달라고 한 다음 집까지 걸어갔어요. 우리 집에 와 본 사람은 미셸뿐이었는데, 미셸은 아무렇지도 않아 했어요."

미셸 리에게 우즈가 살던 톨레도 서쪽 동네와 자기가 사는 리버사이드 드라이브는 하늘과 땅 차이였을 것이다. 미셸 리 역시 그런 동네는 정말 처음 봤다고 말했다.

오늘날 우즈는 오하이오에서 남성들의 문제에 집중하는 비영리 단체를 운영하고 있는데, 지금까지도 미셸 리와 우정을 유지하고 있다.

미셸 리는 모미 벨리에 다니는 아프리카계 미국인 학생들 대부분과 친하게 지냈다. 1988년 졸업생 51명 중 유일한 한국계 미국인으로 자신 역시 아웃사이더였기 때문이었는지도 모른다. 미셸 리는 이렇게 말했다.

"제 삶은 몹시 특이했어요. 주위 사람들은 대부분 부유하고 존경받는 백인이었지만 친구들은 무척 다양했죠."

미셸 리의 졸업 앨범만 봐도 그녀가 얼마나 다양한 친구들을 사귀었는지 알 수 있다. 그녀의 개인 페이지에는 구세계와 신세계가 잘 뒤섞여 있다. 왼쪽 윗부분에는 미셸 리의 어머니와 할머니를 비롯해 한국에서 건너온 여자 친척들 사진이 있고, 다음과 같은 재미있는 설명이 붙어 있다.

"이건 뭐야? 미스 아줌마 코리아?"

볼이 통통한 미셸 리가 오빠, 남동생과 셋이서 자동차 후드 위에 앉아 있는 사진에는 이런 설명이 붙어 있다.

"에릭과 브라이언, 더는 바랄 게 없는 오빠와 동생, 내 친구가 되어 줘서 고마워!"

오른편 아래쪽에는 같은 반 남학생 다섯 명의 사진이 있는데, 대부분 청바지와 스포티한 상의에 타이와 스니커즈로 멋을 낸, 그야말로 사립학교 졸업생다운 자신감 넘치는 폼으로 서 있다. 그들 역시 미셸 리가 속한 세상의 일부임에 분명하다.

고등학교 때 미셸 리의 남자친구였던 애덤 웨이스 역시 뜻밖의 선택이었다. 웨이스는 약간 과묵한 편으로 외향적이었던 미셸 리와 정반대였다. 사귀는 동안 미셸 리는 애덤 웨이스보다 그의 어머니 메리 웨이스에게 더 큰 영향을 받았다. 그녀는 톨레도 도심 지역에 위치한 마르틴 루터 주니어 초등학교의 교사였다. 그 학교 역시 모미 벨리와는 하늘과 땅 차이였다. 웨이스 부인은 이렇게 말했다.

"미셸과 애덤이 제가 근무하던 학교에 찾아온 적이 있었는데, 우리 학교가 미셸의 눈에 인상적이었나 봐요. 나중에 자원봉사를 하겠다고 혼자서 찾아왔더군요. 아이들을 정말 예뻐했고 아이들한테 책을 읽어주기도 했어요. 그러고 나서 정기적으로 찾아왔죠."

어쩌면 애덤 웨이스의 누이가 열 살 때 세상을 떠났던 것이 미셸 리와 메리 웨이스 부인의 우정이 두터워지는 데 한몫 했는지도 모른다. 메리 웨이스 부인의 잃어버린 딸이라고 할 수 있었던 미셸 리는 그 가족과 많은 시간을 함께 보냈다.

"애덤은 과묵한 편이었는데 미셸과 함께 있으면 수다가 끊이질 않았죠. 그게 정말 좋았어요. 미셸은 우리 식구나 마찬가지였고 우리와 많은 시간을 함께 보냈어요."

웨이스 가족은 소박한 미국 가족으로 무척이나 엄격한 분위기에서 자란 미셸 리에게는 신선한 경험이었다. 미셸 리는 마르틴 루터 킹 주니어 초등학교에서의 자원봉사 경험과 캐나다 서스캐처원 주의 인디언 보호구역에서 아이들과 보냈던 여름 캠프 덕분에 오늘날 여기까지 올 수 있었다고 말했다.

미셸 리는 여름방학 때마다 톨레도에 있는 샌드위치 가게 그럼피즈Grumpy's에서 일을 했다. 그곳 사장 제프 혼은 철물점을 운영하는 집안에서 태어났기 때문에 자기 성격이 까다로워졌다고 말했다. 한편 1980년대 초반, 그는 철물점을 샌드위치 가게로 개조하면서 가게 이름을 그럼피즈로 정했다. 1986년 톨레도 동물원에 판다가 왔을 때는 샌드위치를 더 많이 팔기 위해 길 건너에 그럼피즈 분점을 열었다. 미셸 리는 그가 고용했던 고등학생 중 한 명이었고, 그해 여름이 다 가도록 해고당하지 않은 유일한 학생이었다. 미셸 리는 이렇게 말했다.

"혼이 성격이 나쁘다는 소리를 듣는 데에는 다 이유가 있었어요. 늘 소리를 지르고 고함을 쳤으니까요. 그리고 계속 사람들을 해고했어요. 그가 새로운 직원을 고용하면 우리는 그 신참내기가 얼마나 버틸지 알아맞히기도 했죠. 제가 혼에게 배운 것은 누군가 일을 잘 못하면 그 사람을 곧바로 해고하는 거였어요. 그 사람을 해고하면 당장 문제가 해결되니까요."

2010년 여름, 내가 그럼피즈를 방문하기 위해 톨레도를 찾았을 때 제프 혼은 톨레도 시내의 잘 꾸며진 레스토랑 계산대 앞에 꽤 부드러운 모습으로 서 있었다. 마이너리그 야구팀 톨레도 머드 헨즈의 홈구장 피프스 서드 필드에서 아주 가까운 곳이었다. 그는 타이를 메고 있었는데 나중에 미셸 리에게 그 이야기를 하자 그녀는 제프 혼이 타이를 멘 모습은 한 번도 보지 못했다고 말했다. 또한 제프 혼이 자기를 떠올리며 웃었다는 말을 건네자 그가 웃는 모습 역시 한 번도 보지 못했다고 말했다. 아마 과장 섞인 농담이었을 것이다. 제프 혼은 레스토랑에서 함께 일하는 부인과 함께 미셸 리의 첫 번째 결혼식에 참석하기도 했다.

하지만 직원들을 가차 없이 해고했다는 이야기는 대부분 사실이었다. 제프 혼은 레스토랑 운영은 수많은 직원들과 함께 하는 일이라고 말하며 이렇게 덧붙였다.

"모든 사람이 똑같이 태어나진 않습니다. 무능함을 두고 볼 수 없는 분야가 누구나 있지요. 처음에 일을 잘 못하는 직원들은 시간이 지나도 절대로 나아지지 않아요. 쉬운 방법은 없습니다. 태도를 확실히 하고 한번에 끝내야지요."

그는 미셸 리에게 이렇게 말하기도 했다.

"마디가 많은 소나무로는 결코 스트라디바리우스Stradivarius(이탈리아 장인 스트라디바리우스가 제작한 세계적인 바이올린—옮긴이)를 만들 수 없지. 스트라디바리우스를 만들고 싶다면 마디가 많은 나무는 갖다 버려야 해."

제프 혼은 미셸 리가 한번에 여러 가지 일을 처리할 수 있는 훌륭한 직원이었다고 말했다. "그녀는 꼭 기계 같았어요. 시키는 대로 정확히 일을 했죠. 감독을 할 필요가 없었다니까요."

그 후로 미셸 리는 정기적으로 레스토랑에서 일을 하기 시작했다. 코넬 대학교에 다닐 때에는 일본 레스토랑에서 일을 했다.

"아마 필요한 시간보다 훨씬 많이 일을 했을 거예요. 등록금은 부모님이 주셨지만 생활비는 제가 벌어서 썼으니까요. 레스토랑에서 손님들 시중을 드는 것은 일상생활에서 필요한 기술을 익히는 데 가장 좋은 일 중 하나예요. 사람들을 대하거나 일을 처리하는 데 한 순간도 정신을 놓으면 안 되거든요."

그로부터 몇 년 후, 미셸 리는 당시 남편이었던 케빈 허프먼Kevin Huffman과 아직 어린 두 딸을 데리고 톨레도에 있는 오리지널 팬케이크 하우스에 식사를 하러 갔다. 허프먼은 이렇게 말했다.

"늘 줄이 길게 늘어선 곳이었어요. 그때도 45분쯤 기다려야 한다고 하더군요. 그래서 대기자 목록에 이름을 적었죠. 그런데 직원들은 식당 안에 빈자리가 있는데도 어찌할 바를 모르고 서성이고만 있었어요. 식당 안에 있던 손님들도 불평이 많았고요. 그때 미셸이 앞으로 가서 대기자 목록을 슬쩍 보고 식당 안으로 들어가더니, 뭐랄까 식당 안을 구석구석 돌아다니며 꼼꼼히 살폈어요. 그러더니 다시 밖으로 나와 대기자들을 관리하던 직원 자리를 차지하고는 그 사람한테 '당신, 이 가족을 저기 4인 테이블로 안내하세요. 그리고 당신은 이 사람들을 저기 2인 테이블로' 이렇게 말했어요. 직원들은 미셸의 말대로 분주하게 움직였어요. 그리고 한 5분 만에 줄이 싹 없어졌죠. 5분 만에 대기자들이 전부 자리를 찾은 거예요! 정말 황당했어요. 그런데 가장 웃긴 건 직원들이 하나같이 미셸이 하라는 대로 했다는 거예요. 꼭 이렇게 생각하는 것 같았어요. '이제야 뭘 좀 아는 사람이 나타났군.'"

미셸 리는 좋은 대학에 지원하는 데 도움이 될 만한 과외활동은 어느 것 하나 빠뜨리지 않고 참여했으며 평가도 전부 좋았다. 그런데 아이비리그의 여러 대학에 지원했지만 모조리 낙방했다. 미셸 리는 이렇게 말했다.

"말하자면 저는 책벌레는 아니었어요. SAT 점수도 그리 좋지 않았고요. 우리 반은 50명밖에 안 됐는데 전부 톨레도에서 내로라하는 아이들이었어요. 저는 상위 20퍼센트 안에 드는 것을 목표로 삼았어요. 물론 20퍼센트 아래로 떨어진 학기도 있었고요."

아이비리그에서 입학 허가를 받지 못하자 미셸 리는 장학금을 제안했던 오하이오의 마이애미 대학교로 마음이 기울었다.

"원치 않는 대학에 가야 한다면 아예 공짜로 다녀야겠다고 생각했어요. 하지만 부모님 생각은 그게 아니었죠."

그래서 미셸 리는 마이애미보다 조금 더 명망 있는 웰즐리 대학에 입학했다. 더 입김이 셌던 사람은 늘 엄마였지만 이번에는 아버지가 단호했다.

"저는 미셸에게 웰즐리에 입학하라고 강요하기보다는 더 멀리 보고 더 넓게 생각하라고 격려했습니다."

한국의 명문 서울대학교를 졸업한 미셸 리의 아버지는 그 덕분에 더 큰 포부를 가질 수 있었다고 믿었으며 자기 딸 역시 그런 안목을 갖추기를 바랐다. 미셸 리는 웰즐리에서 1년을 공부한 뒤 코넬 대학교로 편입했다. 마침내 아이비리그에서 공부할 수 있게 된 것이다.

코넬 대학교 기숙사 룸메이트 역시 편입생이었던 멜리사 윌리엄스 거리언이었다. 윌리엄스 거리언은 이렇게 말했다.

"미셸은 속마음을 잘 드러내지 않았어요. 특히 처음에는 얼마나 차가웠는지 몰라요. 아빠랑 통화하면서 룸메이트가 괜찮긴 하지만 친해질 것 같진 않다고 말했던 기억이 나요. 하지만 그 모습이 전부는 아니었죠. 미셸은 무척 강해 보이고 쉽게 마음을 열지도 않았지만 한번 마음을 열면 정말 사랑스럽고 너그럽고 변치 않는 친구였어요."

후에 윌리엄스 거리언이 아버지의 재혼을 쉽게 받아들이지 못했을 때 미셸 리가 나타나 그녀에게 큰 힘이 되어준 일도 있었다.

"저는 이렇게 말했어요. '와, 너 정말 온 거야?'"

한편 미셸 리는 굉장한 멋쟁이였다. 고등학교 3학년 때는 '베스트 드레서'로 선정되기도 했다. 그녀는 대학생들의 교복이나 마찬가지였던 청바지와 스니커즈는 쳐다보지도 않았다. 윌리엄스 거리언은 이렇게 말했다.

"미셸의 옷장에는 옷이 가득했어요. 얼마나 많았는지 상상도 못할 걸요. 저는 미셸이 같은 옷을 두 번 입는 걸 거의 본 적이 없어요."

미셸 리의 유년시절 친구들은 하나같이 그녀의 독특한 생김새와 유행을 타는 듯하면서도 유행에 얽매이지 않는 옷차림을 기억하고 있었다. 고등학교 친구 그레첸 베르너는 이렇게 말했다.

"미셸한테는 정말 굉장한 옷장이 있었어요. 미셸은 계절마다 다른 옷들로 옷장을 채웠죠."

필요할 때는 엄마가 운영하는 상점을 불쑥 찾아가기도 했다. 미셸 리의 친구들은 미셸 리가 그 모든 옷을 엄마의 상점에서 가져왔을 거라고 생각했다. 그녀가 쇼핑하는 것을 한 번도 본 적이 없으니까. 물론 미셸 리도 쇼핑을 하기는 했다. 하지만 다른 사람들과는 조금 달랐다. 그녀는 이렇게 말했다.

"전 말하자면 평범한 손님은 아니었어요. 엄마는 티제이맥스 같은 곳에 가서 온종일 모든 물건을 꼼꼼히 살펴보세요. 하지만 저는 그렇게 못해요. 제가 뭘 좋아하는지 알기 때문에 일단 들어가면 거침없어요. 마음에 드는 점원을 만나면 그 점원은 그날 횡재하는 거죠. 필요한 건 죄다 그 사람한테 사버리거든요."

그녀가 요즘 가장 좋아하는 곳은 바로 고객 서비스가 최고라는 노스트롬_{Nordstrom}(미국의 백화점 체인—옮긴이)이라고 한다.

돌이켜 생각해보면 한 가지 특이한 점이 있다. 코넬에서 미셸 리가 공부하고 싶어 했던 분야는 호텔경영학이었다. 코넬로 편입할 때까지만 해도 미셸 리는 여전히 호텔경영학을 공부하고 싶어 했지만 그 생각은 얼마 안 가 바뀌었다. 피어 에듀케이터스 인 휴먼 릴레이션스_{Peer Educators in Human Relations}라는 그룹에 참여한 것이 어느 정도 계기가 되었다. 미셸 리는 이렇게 말했다.

"또래 학생들이 다양성을 인정하고 더 잘 받아들일 수 있도록 돕는 활동이었어요. 아마 제 급진적인 아시아인 성향 덕분이었을 거예요. 저는 기본적으로 제가 백인이라고 생각하면서 백인들 틈에서 완전히 동화되어 자랐어요. 그게 제가 아는 세상의 전부였죠. 그런데 코넬에는 다른 아시아인들이나 다른 민족들이 몹시 많았어요. 제 정체성에 대해 고민하기 시작한 것도 바로 그 즈음이었죠."

윌리엄스 거리언과 미셸 리는 자신들과 같은 특권층과 그런 행운을 누리지 못했던 다른 사람들을 비교하며 긴 토론을 벌이기도 했다. 윌리엄스 거리언은 이렇게 말했다.

"미셸은 한동안 백인 남자들하고는 데이트도 안 했다니까요."

미셸 리는 결국 정치학을 전공했지만 4학년이 될 때까지도 진로를 결정하지 못했다. 바로 그때 TFA에 관한 PBS의 다큐멘터리를 보았다.

"정말 최고였어요. TFA 교사 네 명이 첫해 아이들을 가르치며 씨름하는 모습을 고스란히 보여주었죠. 슬픈 부분도 있었어요. 그중에서 정말 무능했던 한 명이 전 국민이 지켜보는 가운데 해고당했으니까요. 한편 과학을 가르치던 한국계 미국인 남자 선생님은 정말 대단했고 정말 멋져 보였어요."

미셸 리는 TFA 설명회에 참석했고 교사로 지원했다. 수업 실기는 '일본어로 인사하는 방법, 격식을 갖춘 인사와 친근한 인사'로 준비했다. 수업은 보나마나 훌륭했을 것이다. 그녀는 합격 통지서를 받았다.

'이 걸출한 인물은 과연 어디서 왔는가?' 미셸 리를 아는 사람이라면 누구나 이에 대한 답에 동의할 수 있을 것이다. 그 모든 것은 어머니의 강철 같은 의지와 그에 대한 순종과 반항 그리고 지역 봉사활동에 대한 아버지의 권유에서 비롯되었다. 서울에서의 힘들었던 경험은 미셸 리의 마음을 단련시켜주었고, 메리 웨이스가 일하던 톨레도 도심 지역 초등학교에서의 자원봉사는 미셸 리의 가슴속에 미래를 위한 씨앗을 심어주었다. 그리고 코넬 대학교에서 발견했던 급진적인 아시아인의 성향은 미셸 리에게 포부와 용기를 선사했다. 워싱턴 D.C. 공립학교들을 변화시킬 수 있었던 미셸 리의 성격은 대학 4학년 즈음에 이미 완성되어 있었던 것이다.

미셸 리의 가장 오랜 친구 중 하나인 베르너는 미셸이 우는 모습을 딱 두 번 보았다고 한다. 첫 번째는 스무 살 때 친척들을 만나기 위해 한국을 다시 찾은 미셸 리와 동행했을 때였다. 그때 미셸 리는 할머니와 매우 친해졌는데 미국으로 돌아가기 위해 공항으로 가던 택시 안에서 친구의 볼에 흐르는 눈물을 본 것이다. 이제 다시는 할머니를 뵐 수 없을지도 모른다는 생각에 흘리는 눈물이라는 것을 말하지 않아도 알 수 있었다.

두 번째는 1996년 미셸 리가 결혼식을 올릴 때였다. 한국 전통에 따라 미셸 리의 어머니는 결혼식 축의금을 전부 결혼식 비용으로 가져가겠다고 했다. 한국에서는 자연스러운 일이었지만 미국에서는 아니었다. 두 번째 눈물은 바로 그 때문이었다. 나중에 볼티모어의 가장 열악한 동네에서 온갖 고생을 하며 아이들을 가르치던 때도 스트레스로 온몸에 벌집 같은 두드러기가 생길 정도인데도 눈물은 보이지 않았던 그녀였다. 미셸 리는 벌도 삼킬 수 있는 사람이 되어가고 있었다.

아이의 가능성에 대한 조건없는 믿음

코넬 대학교에서 TFA에 관한 다큐멘터리를 처음 보았을 때도 미셸 리는 여기까지 오게 되리라고는 상상도 못했다. 벌레를 삼킨 적도 없었고 스트레스로 두드러기가 난 적도 없었다. 지금까지 그녀는 실패라고는 모르는 성공적인 삶을 살아왔다. 그리고 코넬 대학교 기숙사에서 PBS의 다큐멘터리를 봤을 때는 TFA가 삶의 완벽한 다음 단계, 더 큰 성공을 위한 완벽한 기회처럼 보였다. 미셸 리는 이렇게 말했다.

"대학에 다니면서도 제가 정말 하고 싶은 일이 무엇인지 몰랐어요. 사실 어느 길로 가고 싶은지 정확히 알고 있었던 적은 한 번도 없었죠. 바로 그때 TFA에 관한 다큐멘터리를 본 거예요. 정말 굉장하다고 생각했죠."

당시 미셸 리는 코넬 대학교 노사관계대학 대학원 과정에도 합격한 상태였다. 그리고 어떤 길을 선택해야 할지 고민하다가 한국에 계신 여든 살 할머니께 전화를 걸어 조언을 구했다. 할머니는 이렇게 말씀하셨다.

"가서 아이들을 가르쳐라."

"네, 그런데 그게 정말 쉽지 않을 것 같아요."

미셸 리는 이렇게 대답하며 TFA 지원자들이 얼마나 힘들어하고 있는지 말씀드렸다. 그러자 할머니는 이렇게 대답하셨다.

"어린아이들인데 뭐가 그리 어렵겠니?"

물론 부모님의 태도는 정반대였다.

"거금을 들여 코넬 대학교를 졸업시켜 놨더니, 뭐? 가난한 아이들을 가르치겠다고?"

미셸 리는 결국 TFA를 선택했다. 그리고 캘리포니아 주립대학교 노스리지 캠퍼스에서 열린 TFA 하계 교육에 참가했다. 새벽 5시 기상, 6시 버스 탑승, 꽉 막힌 도심을 뚫고 배정받은 초등학교 도착, 수업 참관과 교생실습, 다시 버스를 타고 노스리지 캠퍼스로 돌아와 야간수업과 워크숍 참가. 하루하루 녹초가 될 정도로 힘들었지만 볼티모어에서 기다리고 있는 역경에 비하면 아무것도 아니었다.

"저는 TFA 3기였는데, 그때는 TFA도 지원자들을 제대로 훈련시키는 방법을 아직 잘 몰랐어요."

TFA는 성姓의 알파벳 순서에 따라 노스리지 캠퍼스 기숙사를 배정해주었고 학교 배정도 그에 따라 이루어졌다. 그래서 미셸 리는 기숙사 룸메이트였던 리즈 페터슨, 디파 푸로히트, 로즈메리 리치와 함께 볼티모어로 발령받았다. 네 사람은 볼티모어에서도 오랫동안 친하게 지냈다.

다른 지원자들은 차례차례 볼티모어 소재 공립학교에 임용되었지만 미셸 리는 아니었다. 학기 시작 이틀 전까지도 미셸 리를 원하는 학교는 없었다.

"인터뷰 요청도 들어오지 않았어요. 무척 당황스러웠죠. 아프리카계 미국인이 다수인 지역이라 한국 사람을 섣불리 고용하기가 쉽지는 않았을 거예요. 제가 잘 어울리지 못할 거라고 생각했겠죠. 백인 친구들은 문제없이 일자리를 찾는 것 같았고요."

볼티모어 도심에는 한국인이 운영하는 조그만 상점이 많았는데 상점 주인들이 가끔 협박이나 절도로 아프리카계 미국인 손님을 고소하기도 했고 그 때문에 두 인종 간 사이가 별로 좋지 않았다. 그런 곳에서 한국인을 고용한다는 것은 매우 부담스러운 일인지도 몰랐다. 어쨌든 미셸 리에게 득이 되는 상황은 아니었다.

그러던 중 미셸 리는 혹시 모르니 할렘파크 초등학교로 가보라는 말을 들었다. 그래서 그녀는 할렘파크 초등학교 교무실로 찾아갔다. 누군가 무슨 일로 왔냐고 묻더니 잠시 기다리라고 했다. 마침내 교장이 들어왔다.

"2학년과 5학년이 있어요. 어느 학년을 맡으시겠습니까?"

교장의 말에 미셸 리는 깜짝 놀라 되물었다.

"그러니까 그 말은 제가 이 학교에 채용되었다는 말씀이신 거죠?"

미셸 리는 로스앤젤레스에서 수업을 참관한 적이 있는 2학년을 선택했다.

좋은 선생님이 되고자 한 끝없는 노력

사회생활의 첫날이자 학교에서의 첫날은 그럭저럭 괜찮았다. 미셸 리는 엄마가 마련해주신 옷으로 커리어 우먼처럼 차려입고 '213호 교실'이라고 쓰인 표지판을 들고 운동장에 서 있었다. 처음 몇 주는 나쁘지 않았다.

"나이 많은 아프리카계 미국인 여자 선생님이 보조교사로 들어오셨는데 아이들은 그 선생님이 무서워 꼼짝도 못했어요. 너무 엄하셔서 살살 좀 하시라고 말씀드리고 싶었죠. 아이들이 조금이라도 딴짓을 할라치면 즉시 이렇게 말씀하셨어요. '거기 너! 입 다물어!' 아이들은 아주 고분고분했죠."

미셸 리는 교가도 금방 외웠다.

"할렘파크에서 우리는…… 우리의 할렘파크. 너도 나도 열심히 배우자. 우리는 부지런한 학생이라네!"

모든 게 좋아 보였다.

하지만 당시 볼티모어 시장 커트 슈모크Kurt Schmoke가 학업능력이 저조한 학교들의 운영을 미네소타에 기반을 둔 학교 개혁 기업에 맡겨버리는 바람에 상황은 달라지기 시작했다. 할렘파크는 볼티모어에서도 최악의 학교 중 하나였고 학교를 개혁하겠다고 나선 기업은 보조교사도 대학 졸업장이 있어야 한다고 결정했다. 가방끈이 짧았던 터프한 흑인 보조교사 대신, 일흔 살의 백인 할아버지인 노박 씨Mr. Novak를 보내준 것이다. 미셸 리는 그가 자신보다 나은 게 하나도 없었다고 했다.

　"우리 반은 그야말로 끔찍한 악몽으로 변했어요. 정말 말도 안 되는 상황이었죠. 아이들은 그저 말을 안 듣는 수준이 아니었어요. 정말 어떻게 손을 쓸 수도 없는 상황이었죠. 하루는 교실로 들어가는데 아이들이 한 줄로 나란히 서 있는 거예요. 제가 6주 동안 아이들을 한 줄로 세우려고 얼마나 노력했는지 몰라요. 그래서 드디어 아이들이 한 줄로 서는 법을 터득했구나 하고 생각했죠. 하지만 가까이 가보니, 교실을 가로질러 의자를 뛰어넘어서 차례차례 빈백bean bag(커다란 천 안에 작은 플라스틱 조각을 채워 의자처럼 쓰는 것─옮긴이)으로 뛰어들려고 줄을 서 있었던 거였어요. 이건 아이들이 수업 시간에 건방진 말대답을 하는 수준이 아니었어요. 아이들은 고함을 지르고 서로 치고받았어요.

　한번은 한 아이가 다른 아이에게 헤드록을 걸고 있었는데 그 아이의 눈이 빨갛게 변하면서 튀어나오려고 하는 거예요. 정말이지 질식해 죽기 직전이었죠. 저는 젖 먹던 힘까지 동원해 그 사이에 끼어들어 두 아이를 떼어놓았죠. 그러지 않았다면 그 아이는 지금쯤 이 세상 사람이 아니었을지도 몰라요. 제가 이런 이야기를 할 때마다 사람들은 이렇게 물었죠. '여덟 살 아이들이 나쁘면 얼마나 나쁘다고 그래?' 그런데 우리 반에서는 날이면 날마다 부상자들이 생겼거든요."

　미셸 리는 가장 말썽꾸러기였던 한 아이가 다른 교실로 가면서 유순해지는 모습을 보고 자신의 능력을 의심하기 시작했다. 자기 반에서 골칫거리였던 여학생이 어떻게 다른 반으로 간 즉시 두 손을 가지런히 모으고 수업에 집중하며 질문에 대답하려고 손까지 드는 모범생이 될 수 있단 말인가?

"그제야 저는 문제는 아이들이 아니라 바로 저라는 걸 깨달았어요!'"

게다가 볼티모어의 메릴랜드 대학교에서 온 수업참관인들은 미셸 리의 수업을 본 후 불난 집에 기름을 부었다.

"그분들은 저한테 이렇게 말씀하셨어요. '우리가 보기에 선생님의 교실은 아이들에게 몹시 위험한 곳 같습니다. 다른 일을 찾아보시는 게 더 나을 것 같다는 생각이 듭니다.' 그때 저는 이렇게 생각했죠. 자신감을 보태주셔서 정말 감사하다고요."

하지만 미셸 리도 그들의 말이 옳다는 것을 알고 있었다. '여기서 포기하지 않고 끝까지 버티는 것은 이기적인 행동일까? 내가 견딜 수 없기 때문이 아니라 이 아이들이 나하고 있을 때 더 불행해지기 때문에 그만두어야 하는 건 아닐까?' 이런 생각들이 머릿속에서 뒤죽박죽 엉켜 있던 정말 힘든 나날이었다.

미셸 리가 굳이 언급하지는 않았지만 그녀의 룸메이트들은 친구의 별명을 기억하고 있었다.

"아이들은 미셸에게 말도 안 되는 인종 차별적인 별명을 붙였어요. '선생님은 중국 사람이잖아요. 선생님은 칭크chink(중국인들을 지칭하는 모욕적인 말—옮긴이)예요'라고 말이죠."

하지만 가장 모욕적이었던 말은 인종과 전혀 상관없는 말이었다. 학교 도서관 사서가 잠깐 미셸 리의 반 아이들을 맡은 적이 있었다. 미셸 리가 교실로 돌아와 보니 아이들이 조용히 앉아서 사서의 말을 듣고 있었다. 하지만 사서가 교실을 나서자마자 아이들은 다시 날뛰기 시작했다. 미셸 리는 나중에 한 남학생을 불러다가 왜 사서 선생님 말은 잘 듣고 자기 말은 안 듣는지 물었다. 그러자 그 남학생은 이렇게 대답했다.

"사서 선생님은 선생님 같으니까요."

미셸 리의 룸메이트들 중에서 아이들을 편하게 가르쳤던 사람은 아무도 없었지만 모두들 미셸 리가 가장 힘들었을 거라는 데에는 동의했다. 심지어 할렘파크 초등학교는 가장 위험한 동네에 있을 뿐만 아니라 TFA 교사가 한 명도 없는 학교였다.

한번은 근처 학교에서 아이들을 가르쳤던 리즈 페터슨이 자기 반 학생들과 미셸 리의 반 학생들의 펜팔을 주선했다. 두 학교는 고작 네 블록 떨어졌지만 그 지역 아이들은 삶의 반경이 워낙 좁았기 때문에 그 네 블록 너머는 세상 끝이나 마찬가지였다. 마치 홍콩에 있는 학생들과 펜팔을 하는 느낌이었을 것이다. 페터슨이 자기 반 학생들에게 미셸 리의 반 학생들과 함께 야외수업을 하자고 제안했을 때 아이들은 경계의 눈초리를 보였다. 할렘파크 초등학교가 있는 동네는 자기들이 사는 동네보다 훨씬 위험하다는 소문을 들었기 때문이다.

미셸 리는 어퍼 펠스 포인트의 타운하우스에서 친구들과 함께 살았다. 친구들은 밤마다 텔레비전 앞에 앉아 〈로잔느 Roseanne〉 재방송을 보거나 타코벨 브리또를 먹으며 시험지를 채점하는 걸로 스트레스를 해소했다. 정크 푸드광이었던 미셸 리는 그해 콜라와 빈 브리또를 엄청나게 먹어치웠다. 친구들은 빨리 겨울이 오기만을 기다렸다. 가끔 정말 힘든 하루를 보내고 난 다음에는 '내일 학교에 가지 않아도 된다면 얼마를 낼래?'라는 농담을 주고받기도 했다. 사실 그런 유머 덕분에 아무리 힘들어도 포기하지 않을 수 있었다.

페터슨은 이렇게 말했다.

"1년 만에 그만두는 교사들도 많았어요. 하지만 우리는 그런 생각조차 하지 않았죠. 한번 그런 생각이 들기 시작하면 정말 물리치기 힘들 것 같았으니까요."

하지만 그만두고 싶은 유혹은 늘 있었다. 명문 대학을 졸업한 세 사람에게 그 격동의 첫해는 자칫하면 실패할지도 모르는 불안한 시기였다. 지금은 결혼을 한 로즈메리 리치는 이렇게 말했다.

"우리는 지금까지 성공밖에 몰랐죠. 그렇게 실패가 눈앞에서 아른거렸던 적은, 그만큼 우리 뜻대로 할 수 없었던 적은 그때가 처음이었어요. 어떻게 넘어야 할지도 모르는 장애물이 끝도 없이 나타나는 것 같았으니까요."

다들 실패하지 않기 위해 열심히 노력했지만 그중에서 미셸 리가 가장 열심이었다. 마찬가지로 볼티모어 TFA 교사였던 로저 슐먼은 이렇게 말했다.

"저녁이면 그 친구들 집으로 건너가 같이 텔레비전을 보거나 일을 했어요. 그런데 한번은 미셸이 바닥에 온갖 물건을 늘어놓고 뭔가를 만들었어요. 다음 날 피자 모형을 이용해 분수를 가르칠 계획이었던 거예요. 아마 다른 친구들은 한다 해도 두꺼운 종이에 원을 그리고 페페로니 몇 개를 그려넣는 게 전부였겠죠. 하지만 미셸은 갈색 종이로 빵 껍질을 오려 붙이고, 빨간색 종이로는 소스를, 노란색 종이로 치즈를 잘라 붙였어요. 그리고 페페로니를 하나하나 동그랗게 오려 붙였어요. 심지어 반 학생들 모두한테 하나씩 다 만들어줬다니까요."

한 해를 마치고 룸메이트들은 전부 휴가가 필요하다고 외치며 대류을 가로질러 서부 해안으로 여행을 떠났다. 하지만 미셸 리는 아니었다. 리치는 이렇게 말했다.

"미셸은 같이 안 갔어요. 여름이 다 가도록 다음 해 수업을 준비하느라 쉬지 않고 일했죠. 바닥에 물건을 산더미처럼 쌓아놓고 아이들이 직접 만져보면서 배울 수 있는 '러닝센터'를 만들었어요."

주로 수학 시간에 사용하는 소도구들이었다. 미셸 리는 아이들이 무례한 행동을 하거나 수업에 집중하지 않으면 자기 탓을 했다. 슐먼은 이렇게 말했다.

"미셸은 자기 책상 위에 의견 항아리를 놓아두었어요. 아이들에게 그 항아리 안에 하고 싶은 말은 무엇이든 적어내도록 했죠."

선생님이 너무나 싫다는 쪽지도 있었다. 한 여자아이는 이렇게 적었다. '리 선생님은 날 짜증나게 한다.'

그 쪽지를 본 미셸 리는 이렇게 반응했다.

"봐, 아직도 잘 못 가르치고 있잖아. 아이들이 쓴 것 좀 봐!"

실패에 대한 두려움도 있었지만 그보다는 영영 훌륭한 교사가 되지 못할지도 모른다는 두려움이 훨씬 컸다. 그녀는 아이들한테 완전히 빠져 있었다. 아침 일찍 출근해 일찍 등교하는 아이들과 시간을 보내고 늦게까지 남아 있는 아이들을 돌보느라 퇴근도 늘 늦게 했다. 그리고 주말이면 아이들을 데리고 여기저기 돌아다녔다.

첫해, 미셸 리는 수업 태도가 좋았던 학생들 몇 명을 데리고 볼티모어의 이너하버에 놀러간 적이 있었다. 하루 종일 아무 문제가 없었는데 저녁에 드디어 사건이 발생했다. 아이들을 자동차로 집 앞에 내려주었는데 에이즈를 앓고 있던 한 여자아이가 자기 집이 어딘지 모른다는 것이었다. 정말 황당했다. 문제는 다른 아이들도 그 아이가 어디 사는지 모른다는 것이었다. 미셸 리가 점점 불안해하는 동안 그 아이는 자동차 뒷좌석에 앉아 계속 이렇게 중얼거렸다. "차 안에 네 명이 있는데 한 명은 집을 모르네. 차 안에는 네 명이 있네."

미셸 리도 지금은 그 아이의 중얼거림이나 자신의 순진함을 떠올리며 웃을 수 있지만 그때는 아니었다. 부모님들한테 동의서를 받아야 한다고는 생각했으면서도 주소까지 알아놓을 생각은 미처 못했다. 어쨌든 그날 밤의 상황은 결코 유쾌하거나 재미있지 않았다. 나머지 세 아이를 집 앞에 내려준 미셸 리는 그 아이의 손을 잡고 동네를 걸으며 지나가는 사람들에게 이 아이를 아냐고 묻기 시작했다. 다행히 아이를 알아본 사람이 있었다.

"그다음부터는 모든 학생들의 주소를 꼭 확인했죠."

그해 크리스마스에 미셸 리는 톨레도로 돌아갔다. 금의환향은 아니었다. 온몸에 두드러기가 돋아 있는 걸 보고 미셸 리의 어머니는 이렇게 말했다.

"봐라, 말도 안 되는 일이었잖아. 그냥 집에 있어. 아님 로스쿨에 지원하든지."

아버지는 여행가방을 건네며 이렇게 말했다.

"포기하지 마라. 넌 지금까지 한 번도 실패한 적 없잖니? 넌 포기하는 사람이 아니야. 결정은 네가 했으니, 끝까지 해내라."

미셸 리의 아버지는 그때를 떠올리며 이렇게 말했다.

"저는 미셸이 하는 일이 매우 가치 있는 일이라고 말했어요. 제가 처음에 미국에 왔을 때 영어도 잘 못하면서 인턴으로 일해야 했던 이야기도 들려주었죠. 정말 힘들었어요. 하지만 이 사회에서, 특히 소수집단인 우리는 반드시 이를 이겨내야만 합니다."

결코 포기하지 않은 시간들

상황을 바꿔보겠다고 결심한 미셸 리는 아이들을 잘 다루는 한 선생님에게 조언을 구했다. 그는 이렇게 말했다.

"날마다 아이들이 예상치 못할 재미있는 수업을 준비해야 해요. 절대 지루하면 안 돼요."

미셸 리는 여러 가지 실험에 착수했다. 한 가지 방법이 먹히지 않으면 이틀 후에 다른 방법을 시도했다. 그러다 보니 조금씩 상황이 좋아졌다. 아마 아이들도 선생님이 쉽게 포기하지 않을 거라는 걸 깨달은 것 같았다.

하지만 발전은 더뎠다. 좋은 날도 있었고 나쁜 날도 있었다. 그해 수많은 보조교사들이 미셸 리의 반을 거쳐 갔는데, 전부 도중에 포기했다. 단 한 사람 디오네 메들리만은 힘든 상황에도 불구하고 끝까지 남았다.

"저는 4월부터 일하기 시작했는데 첫날은 정말 끔찍했어요. 야외활동을 하는 날이었어요. 아이들은 교실을 뛰어다녔고 개중에는 의자를 집어던지며 난리 법석을 떨고 있는 아이들도 있었죠. 노골적으로 무례하게 행동하는 아이들도 있었고 한 아이가 버릇없이 굴면 마치 도미노처럼 모든 아이들이 따라했어요."

하지만 후반기로 갈수록 조금씩 좋은 날들이 많아지기 시작했다. 자리를 바꾸는 등의 사소한 변화로 나아지는 부분도 있었다. 서로 얼굴을 마주보며 앉을 수 있도록 반원형으로 책상을 배치했더니 아이들 상태가 훨씬 좋아졌다. 다른 아이들 가까이 앉힐 수 없는 아이들은 반원의 한가운데에 앉혔다. 또 다른 방법은 모범을 보이는 아이들의 이름을 칠판에 쓰고 그 옆에 별을 붙여주는 것이었다.

"정말 말썽꾸러기 아이들의 경우에는 아주 사소한 변화만 보여도 곧바로 이름을 써주었어요. 자리에 앉는 것처럼 아주 간단한 일이라도 상관없었죠. 말썽을 부릴 때 별을 없애려면 미리 많이 붙여놓아야 했으니까요."

종례 시간이 되면 별의 개수에 따라 티켓을 얻고 그 티켓으로 교실 '가게'에서 사탕이나 연필을 살 수 있었다. 책상 재배치와 별 시스템, 그리고 벌을 삼켰던 사건이 맞물려 효과가 나타나기 시작했다.

"메릴랜드 대학교에서 왔던 그 두 분이 그해 말 다시 절 찾아왔어요. 그리고 이렇게 많이 발전한 경우는 지금껏 본 적이 없다고 하시더군요. 이런 말씀도 하셨어요. '우리는 정말이지 당신이 그만둬야 한다고 생각했었어요'라고요."

메들리는 미셸 리의 보조교사로 일하는 것이 너무 좋아서 그다음 해에도 따로 반을 맡지 않고 그녀의 보조교사로 일하기로 했다. 메들리는 이렇게 말했다.

"아이들이 정신을 차리기 시작했어요. 미셸이 정말 자기들한테 관심이 많고 끝까지 자기들을 포기하지 않을 거라는 사실을 깨닫기 시작한 거죠. 그다음 해에 교장 선생님은 학교에 손님들이 오시면 늘 우리 반 수업을 참관하게 하셨어요. 다른 선생님들도 미셸에게 조언을 구하기 시작했고요."

교사로서 미셸 리의 첫해는 이처럼 긍정적인 방향으로 마무리되었다. 시작에 비하면 장대한 발전이었으며, 그녀의 말을 빌리자면 '결코 포기하지 않았던' 시간이었다.

아이들에게 가능성을 보여주다

"두 번째 해가 시작되기 전 여름방학 때 저는 완전히 일벌레였어요. 첫해의 끔찍했던 경험을 되풀이하지도 똑같은 실수를 반복하지도 않겠다고 다짐했어요. 누구보다도 철저히 준비할 생각이었죠. 그해 여름에는 아르바이트도 하지 않았는데, 열세 살 이후로 여름방학에 아르바이트를 하지 않은 건 그때가 처음이었어요. 참고할 책이 많지 않았기 때문에 아빠 사무실에 가서 하루 종일 책을 복사한 적도 있고요. 한국에서 놀러온 숙모들은 제 가내 수공업 공장에 취직해 하루 종일 가위질을 하셔야 했죠. 아이들한테 수학을 가르치려면 그런 소도구들이 반드시 필요했거든요. 날마다 숙모들과 함께 온갖 모양을 수도 없이 만들었죠."

새 학년이 시작되어 할렘파크로 돌아와 보니 린다 카터가 새 교장으로 와 있었다. 린다 카터는 그해 미셸 리의 수업 계획을 듣고 깊은 인상을 받아 다른 교사들과 팀을 꾸릴 수 있게 해주었고 그녀에게 신참 교사 두 명의 멘토가 되어달라고 부탁했다. 미셸 리의 말을 빌리자면 말도 안 되는 생각이었다. 하지만 효과는 좋았다. 미셸 리는 수학과 과학을 맡았고 다른 교사가 언어와 사회를 맡았다.

"먼저 자기 반에서 각자 맡은 과목을 가르친 다음 다른 반 아이들을 가르쳤어요. 정말 큰 도움이 되었죠. 두 과목에 대한 수업지도안만 잘 만들면 되었으니까요. 덕분에 수학을 가르치는 방법을 금방 터득할 수 있었어요."

미셸 리는 '달력 수학calendar math'이라는 교수법을 개발했다. 그날 날짜를 중심으로 이를 응용해 수십 가지 활동을 할 수 있는 프로그램이었다.

"계속 반복할 수 있는 틀을 만들었어요. 3월 28일이면 그날의 숫자는 28이 되는 거예요. 접착테이프를 붙인 동전으로 어떤 동전이 얼마나 모여야 28센트가 되는지 질문하고 아이들은 직접 동전을 붙여가며 답을 맞혔어요. 그 모든 재료를 여름방학 내내 만들었던 거죠.

저는 이것을 '마법의 방정식'이라고 불렀어요. 일단 자리가 잡히니까 그다음부터는 일사천리였죠. 2일에는 아이들이 값이 2가 되는 방정식을 제시해요. 처음에는 1 더하기 1처럼 쉬운 것부터 시작하죠. 똑똑한 아이들은 100 빼기 98을 떠올리기도 하고요. 그러고 나면 제가 또 다른 걸 가르쳐요. 예를 들면 100은 10의 제곱과 같다는 식이죠. 보통 2학년에서 배우지 않는 내용인데 하다 보면 그런 내용도 가르치게 돼요. 아이들이 엉터리 방정식을 제시하면 제가 괄호가 있는 방정식 계산법을 가르쳐주면서 자연스럽게 공식이나 규칙을 공부하게 되죠.

한번은 수업참관인들이 들어왔을 때도 별 생각 없이 그런 난이도 높은 방정식을 공부하고 있었어요. 아이들은 빼기, 제곱, 세제곱을 하고 있었는데 갑자기 참관인들이 박수를 치기 시작했어요. 저는 그 제야 지금 우리 수업 내용이 평범하지 않다는 걸 깨달았죠.

하루는 달력 수학 수업을 하고 있는데 갑자기 교감 선생님이 교실로 찾아와 절 보자고 하시는 거예요. 그래서 저는 한 아이를 앞으로 불러 계속하고 있으라고 시켰어요. 그런데 그 아이가 제가 하던 방법 그대로 수업을 진행하는 걸 보고 얼마나 놀랐는지 몰라요. 일관성 있는 틀이 있었고 아이들도 전부 그 틀에 대해 알고 있었으니까요. 그날 이후 달력 수학 수업을 제가 한 적이 없어요. 날마다 다른 아이들이 앞에 나와서 수업을 진행하도록 했거든요."

미셸 리가 볼티모어에서 3년 동안 몸소 체험했던 그 커다란 변화가 바로 TFA 설립자 웬디 콥Wendy Kopp이 언급했던 혁신이었다.

"도심이나 시골 지역에서 성공적으로 아이들을 가르쳐본 경험은 그야말로 혁신적이라고 할 수 있습니다. 그것이 바로 위대한 교육적 리더십의 기초가 되는 경험이지요. 만약 당신이 다른 아이들보다 훨씬 뒤처진 아이들을 가르치고 있다면, 그리고 그 아이들이 다른 아이들과 공정하게 경쟁할 수 있게 도와줄 수 있다면 당신은 미국이 모르고 있는 사실을 알고 있는 겁니다.

즉 그 아이들이 의욕이 없거나 부모님이 잘 보살피지 못해서 뒤처지는 것이 아니라는 사실이죠. 그 아이들이 뒤처지는 이유는 당연히 누려야 할 기회를 얻지 못했기 때문이며 이 문제는 충분히 해결 가능하다는 것을, 우리가 통제할 수 있는 문제라는 것을 깨닫게 되는 겁니다. 일단 그 사실을 깨닫게 되면 절대로 떠날 수 없어요. 문제를 해결하겠다는 책임감이 그야말로 막중해지니까요."

할렘파크 초등학교에서 3년째 되던 해, 미셸 리는 다른 선생님과 팀을 꾸려 두 반을 한 교실로 모았다.

"러닝센터를 중심으로 읽기와 수학을 가르치는 시스템을 만들었어요. 주제별로 여섯 개의 센터가 있었고 아이들은 두 시간 동안 그 여섯 개의 센터를 교대로 돌았어요. 저의 가장 큰 문제는 읽기를 잘 가르치지 못한다는 거였어요. 그 전해에 수학 교수법에는 통달했는데 읽기에 관해서는 달력 수학과 같은 노하우가 전혀 없었죠."

교사로서 세 번째 해가 시작되기 전이었던 1995년 여름, 미셸 리는 휴스턴에서 열린 TFA 하계 연수에서 TFA 지원자들을 가르쳤는데, 그곳에서 같은 TFA 교사 케빈 허프먼을 만났다. 스워스모어 대학을 졸업한 허프먼은 휴스턴의 한 초등학교에서 이중 언어를 쓰는 1~2학년 아이들을 가르치고 있었다. 허프먼은 미셸 리에게 자기가 어떻게 읽기를 가르치는지 한번 보라고 제안했다.

"그래서 그의 수업을 참관했어요. 그런데 그 사람은 읽기는 잘 가르쳤지만 수학은 정말 형편없더라고요. 그래서 우리는 각자의 노하우를 교환하기로 했어요. 저는 그 사람에게 달력 수학에 대해서 알려주었고, 그 사람은 저한테 직접 읽기 교수법을 알려주었죠. 그 사람의 수업 자료를 전부 복사해 쓰면서 저도 그 방법을 완전히 익혔어요. 아마 법에 걸리는 행동이었을 거예요. 하지만 그 덕분에 우리 반 아이들이 전부 읽을 수 있게 되었죠."

읽기 교수법 덕택에 미셸 리가 만들었던 센터 중심 교실은 곧 지식 공장이 되었다. 아이들은 정해진 책상에서 공부하는 것이 아니라 각자 플라스틱 바구니를 들고 센터를 옮겨 다니며 공부했다. 수업은 아주 체계적이었다. 12분마다 계란 타이머가 울리면 아이들은 바구니를 들고 다음 센터로 이동했다. 그 교실을 꾸미기 위해 미셸 리는 몇천 달러를 썼지만 무척 즐거웠다. 이 모든 노력에 학생들은 놀랄 만한 시험 점수로 보답했다.

2007년 교육감 후보자 청문회 당시 워싱턴 D.C. 시의회에 제출한 보고서에 따르면 국가에서 주관한 읽기와 수학 시험에서 미셸 리에게 2년 동안 배웠던 학생들 90퍼센트가 상위 10퍼센트 안에 들었다. 2년 전만 해도 평균 하위 13퍼센트에 머물던 학생들이었다. 하지만 그 점수를 믿지 못하겠다는 사람들도 많았다. 볼티모어 시 관계자는 언론을 통해 그러한 주장을 뒷받침하거나 반박할 자료를 구할 수 없다고 밝혔다. 할렘파크 초등학교 교장이었던 린다 카터, 그리고 미셸 리와 팀티칭을 했던 다른 교사 역시 아이들의 시험 성적이 뛰어났다는 사실은 기억했지만 이를 뒷받침할 자료는 제시하지 못했다. 카터는 이렇게 말했다.

"아이들은 시험을 정말 잘 봤어요. 절대 미셸 리가 지어낸 말이 아니었죠."

하지만 미셸 리를 탐탁지 않게 여기던 사람들은 미셸 리가 시험 점수를 과장했다고 믿었다. 그 청문회로부터 3년이 지난 2010년, 나는 당시 워싱턴 교원노조 부위원장이었던 네이선 사운더스Nathan Saunders를 캐피톨 힐에 있는 던킨도넛에서 만났다. 그가 웃으면서도 정색을 하고 처음 꺼낸 말은 바로 미셸 리가 볼티모어에서 이루었던 불가능한 '기적'이었다. 2010년 11월 말, 사운더스는 워싱턴 교원노조 위원장으로 당선되었다.

학생들의 성적이 정확히 얼마나 올랐는지와 상관없이 볼티모어에서의 성공은 미셸 리 자신을 변화시켰고, 이후 워싱턴 D.C.에서 일굴 모든 개혁의 토대가 되었다. 교육감 후보자 청문회와 교육감 임명 기자회견에서 미셸 리의 발언을 들은 웬디 콥은 그녀의 말이 대부분 볼티모어의 경험에서 비롯되었다는 것을 알 수 있었다.

"미셸 리가 말하고 싶었던 것은 바로 가능성이었습니다. 그것이 바로 TFA의 핵심 가치이기도 했죠. 그러한 가능성과 성과에 대한 지치지 않는 추구인 거죠. 미셸 리의 발언에서 누구나 그 절박함과 의지를 느낄 수 있었을 겁니다."

미셸 리가 교사의 자질 향상에만 집중한다고 비판받을 때에도 콥은 놀라지 않았다.

"저 역시 그렇게 말하는 사람들을 만났어요. '당신도 알다시피 그녀는 수업지도안도 제출하지 않잖아요.' 맞아요. 그녀는 중요한 건 수업지도안이 아니라고 생각했을 거예요. 학교 개혁 문제는 교사의 자질, 리더십, 책임감, 학교 문화 등 가장 기본적인 것들에 관한 문제라고 생각했을 테니까요."

그 기본적인 것들을 미셸 리는 전부 볼티모어에서 배웠다. 물론 벌을 삼키는 방법은 아니었다.

한편 할렘파크 초등학교의 동료 교사들이 미셸 리에 대해 기억하는 것은 시험 점수가 아니었다. 바로 클리블랜드로의 무모한 여행이었다.

"3년차 중반 즈음 저는 이 아이들이 바깥세상에 대해 전혀 모른다는 사실을 깨달았어요. 한 아이에게 커서 무엇이 되고 싶은지 물었는데 그 아이가 피자 배달원이 되고 싶다고 대답하는 거예요. 그 아이가 아는 사람 중에 직장이 있으며 마약을 하지 않는 유일한 사람은 피자헛 배달사원뿐이었고 거기까지가 그 아이가 아는 세상의 전부였던 거죠. 그래서 저는 아이들에게 제가 보여줄 수 있는 것은 전부 보여주고 싶었어요.

그런 의미에서 아이들과 함께 큰 프로젝트를 준비해 콴자(12월 26일부터 1월 1일까지 미국에서 열리는 흑인 축제―옮긴이)에 참가했어요. 그런데 또 사람들이 왜 아이들에게 유대인에 대해 가르치는지 묻더군요. 그래서 저는 유대인에 대해서도 가르쳐야겠다고 생각해 랍비를 초청했죠. 그 큰 프로젝트는 바로 아이들에게 볼티모어 바깥세상을 보여주는 것이었어요. 대부분 열 블록 반경을 벗어난 적이 없는 아이들이었거든요.

조사를 하다 보니 사우스웨스트 에어라인에서 클리블랜드까지 가는 항공권을 45달러에 팔고 있더라고요. 그래서 저는 바로 그거라고 생각했어요. 아이들을 데리고 비행기를 타기로 한 거예요. 우리는 확률이 반반인 복권을 팔아 기금을 모았어요. 톨레도에 있는 모든 한국계 의사들에게 아이들을 몇 명씩 후원해달라고 부탁하기도 했죠. 그래서 3학년 전체 140여 명을 데리고 클리블랜드로 떠난 거예요. 정말 우스꽝스러운 광경이었죠.

그런데 가장 웃겼던 건 제가 아이들한테 제 고향 오하이오로 갈 거라고 말했더니, 아이들이 그곳 사람들은 어떻게 말하는지 계속 묻는 거예요. 처음에는 대수롭지 않게 여겼는데, 알고 보니 아이들은 오하이오가 한국이라도 되는 줄 알았고 그래서 한국 말을 어떻게 하냐고 물었던 거였어요.

어쨌든 우리는 여행을 떠났고 데이즈 인에 머물며 밴 열두 대를 빌려 돌아다녔어요. 부모님도 그곳으로 오셔서 함께 아이들을 인솔해주셨고요. 이리 호에서 페리 크루즈를 타고 자연사 박물관을 견학하고 동물원이나 극장에 다니며 평범한 여행을 했어요. 식사의 절반은 올드 컨트리 뷔페Old Country Buffet(미국의 저렴한 뷔페 체인점—옮긴이)에서 했는데 정말 끝내줬죠. 여행이 끝나고 아이들은 그 여행이 마치 세상에서 최고로 멋진 경험이었던 것처럼 이야기하고 또 이야기했어요.”

교사 생활 3년째 되던 해는 미셸 리와 케빈 허프먼의 관계가 진지해지기 시작한 해이기도 했다. 두 사람은 휴스턴에서 열린 TFA 하계 연수에서 처음 만났는데, 그 첫 만남은 공적인 만남 이상도 이하도 아니었다.

“그 사람은 재미있고 똑똑하긴 했는데 제 타입은 아니었어요.”

미셸 리에 대한 허프먼의 첫인상도 이중적이기는 마찬가지였다.

“아마 그룹 트레이닝에서 그녀를 처음 봤을 겁니다. 하루 교육이 끝나면 게임을 통해 그날 수업 내용을 다 익혔는지 확인하는 시간이 있었어요. 그런데 뒤쪽에 앉아 있던 그 잘난 한국 여자가 몹시 즐거워하며 혼자 대답을 독차지하고 있는 겁니다.”

나는 워싱턴 D.C.의 한 커피숍에서 허프먼을 인터뷰했는데, 그는 허공에 주먹을 휘두르며 감탄사를 연발하면서 미셸 리가 그날 어땠는지 흉내 내다가 이내 웃기 시작했다.

"저 사람은 도대체 누구지? 자기가 뭔데 저렇게 혼자 잘난 척하고 있는 거야? 그게 바로 미셸의 첫인상이었죠."

하지만 얼마 지나지 않아 허프먼은 미셸 리의 적극적인 모습에 매력을 느끼기 시작했다. 하계 연수 초기에 TFA 교육생들은 밖으로 나가 그들 단체가 주관하는 여름학교 프로그램에 참가할 학생들을 모집해야 했다. 아프리카나 라틴계 저소득층 아이들을 의무적이지도 않은 여름학교로 끌어들이는 것은 정말 쉽지 않은 일이었다. 교육생들은 몇 명씩 짝을 지어 여러 지역으로 흩어졌다. 학생들을 독려하기 위해 어떤 팀이 가장 많은 아이들을 모집하는지 내기를 했다. 허프먼은 어쩌다 미셸 리와 같은 차를 타고 휴스턴의 저소득층 주택단지로 가게 되었다. 허프먼은 이렇게 말했다.

"우리는 자신감이 넘쳤습니다. 저소득층 주택단지로 갔죠. 거기에 아이들이 많았으니까요. 다른 사람들은 보통 집집마다 문을 두드리며 소극적으로 돌아다녔어요. 하지만 미셸 리는 그렇지 않았어요. 길거리에서 아무 아이나 붙잡고 이렇게 말했죠. '꼬마야, 지금 바로 엄마한테 좀 데려다줄래? 엄마에게 할말이 있단다.' 아이들은 대부분 깜짝 놀라 시키는 대로 했죠. 그날 오후 다시 모여 결과를 보고했어요. 보통 여덟 명이나 아홉 명 정도 신청을 받았는데 우리 팀은 쉰일곱 명이나 신청을 받았죠!"

전부 미셸 리의 대범함 덕분이었다고 허프먼은 말했다.

"정말 재미있었어요. 그리고 그 일은 미셸과 함께했던 경험 중에서도 대단히 상징적인 사건이라고 할 수 있죠."

허프먼은 나중에 할렘파크 초등학교를 방문하고 나서야 미셸 리가 왜 그렇게 대범할 수밖에 없었는지 알게 되었다. 허프먼과 미셸 리는 둘 다 저소득층 소수집단 아이들을 가르쳤지만 두 사람이 처한 상황은 비교할 바가 못 되었다. 예를 들어 허프먼이 근무하던 라틴계 학교에서 학부모의 밤 행사가 열리면 거의 대부분의 학부모가 다른 사람을 보내서라도 행사에 참석했다. 큰형이나 언니, 사촌이 오는 경우도 있었지만 반드시 가족 중 한 사람은 참석했다. 반면에 할렘파크 초등학교 학부모의 밤에는 많아야 서너 명이 참가하는 게 다였다. 그러한 학교 문화 차이는 실로 충격적이었다. 허프먼은 이렇게 말했다.

"처음 할렘파크 초등학교를 찾아갔을 때 복도는 물론이고 학교 전체가 얼마나 시끄럽고 정신이 없던지 정오쯤 되니까 머리가 깨질 듯이 아프더라고요."

그제야 허프먼은 휴스턴 저소득층 주택단지에서 미셸 리가 그렇게 대범할 수 있었던 이유를 이해할 수 있었다. 할렘파크 초등학교 근처에 비하면 휴스턴의 저소득층 주택단지는 그야말로 평범한 동네일 뿐이었다.

허프먼과 데이트를 시작할 무렵, 미셸 리도 휴스턴에 있는 허프먼의 교실을 찾았다. 처음에 형편없는 읽기 능력으로 허프먼을 몹시 좌절시켰던 아이들이었다. 허프먼의 학교는 '직접 교수법'으로 읽기를 가르치고 있었다. 직접 교수법은 파닉스phonics(글자와 소리의 관계에 기초해 각 글자가 가진 소리에 집중하는 교수법—옮긴이)를 강조하는 몹시 정형화된 교수법으로 그 정형화된 스타일 때문에 교사들에게 별로 인기가 없었지만 허프먼은 이를 주저 없이 받아들였다. 다른 교사들은 그보다 더 포괄적인 커리큘럼을 선호했다.

"저는 너무 포괄적인 커리큘럼은 마음에 들지 않았습니다. 그렇게 배운 아이들은 읽지를 못했어요. 저는 학생들은 읽을 수 있어야 하고 기본적인 계산 능력도 갖춰야 한다고 생각했죠."

허프먼을 가장 힘들게 했던 것은 스페인어로 쓰인 직접 교수법 자료가 부족하다는 것이었다. 그래서 그는 자료를 직접 만들었다.

"제 학생들은 끝내주게 읽기 시작했어요. 단어를 읽어내는 것은 물론 이해력도 높았죠."

한번은 미셸 리의 반 아이들과 허프먼의 반 아이들이 함께 나사 NASA로 견학을 간 적이 있었다. 버스에서 미셸 리의 반 아이들은 수업 시간에 배웠던 노래들을 죄다 부르기 시작했다. 몇 곡을 부르고 나자 허프먼의 반 아이가 큰소리로 이렇게 물었다.

"왜 우리는 이런 노래를 하나도 모르죠?"

미셸 리는 이렇게 대답했다.

"그건 너희 선생님이 너희들한테 읽기를 가르치느라 바쁘시니까!"

잦은 방문을 통해 두 사람의 관계는 좀 더 진지해졌다. 미셸 리는 이렇게 말했다.

"그가 먼저 사귀자고 했어요. 그는 재미있고 몹시 사랑스러운 사람이었어요."

허프먼은 미셸 리와 사귀는 동안 그녀의 정치적 견해가 바뀌는 것을 지켜보았다.

"대학을 졸업할 때 미셸은 과격한 자유주의자였어요. 그런데 어느 시점부터 노사관계에 관심을 갖기 시작하더라고요. 물론 사람들이 생각하는 그런 쪽은 아니었죠."

처음 TFA 연수에 참가했을 때 친구들은 미셸 리가 가방에 임신중절 합법화를 찬성하는 배지와 부시 반대 배지를 달고 다녔다고 말했다. 허프먼은 이렇게 말했다.

"처음 교사생활을 시작했을 때 미셸은 몹시 순진했어요. 많은 TFA 교사들이 그랬던 것처럼 노조에 찬성하고 노동자들에게 우호적이었어요."

하지만 곧 현실을 깨닫기 시작했다. 미니애폴리스의 교육 관련 기업 에듀케이션 얼터너티브스Education Alternatives Inc.가 할렘파크 초등학교를 인수해 새로운 교육 프로그램을 도입하면서 미셸 리는 다른 교사들과 마찰을 겪기 시작했다. 할렘파크 초등학교 교사들은 대부분 테서랙트Tesseract라고 알려진 에듀케이션 얼터너티브스의 '전인 교육' 접근법을 받아들이지 않았다. 교사들은 대부분 할렘파크는 백인 남자들이 들어와서 이래라 저래라 할 수 없는 학교라고 생각했다. 하지만 그 방법으로 효과를 봤던 미셸 리는 이를 이해할 수 없었다. 그동안 할렘파크 초등학교의 처참한 학업성취도를 생각해보면 새로운 방법을 시도라도 해야 마땅했다. 허프먼은 이렇게 말했다.

"미셸 리는 자기가 모르는 것이 많다는 순수한 태도로 그 문제에 접근했어요. 열심히 노력하는데도 실패만 반복하다가 누군가 새로운 방법을 알려줬고 그 방법이 효과가 있었죠. 그런데 왜 계속 싸워야 하냐는 거예요."

미셸 리가 테서랙트를 받아들이고 다른 사람들에게도 그 효과에 대해 역설하는 동안 할렘파크의 다른 교사들은 그녀에게 등을 돌렸다. 허프먼은 이렇게 말했다.

"한번은 미셸이 모임에 참가했는데 교원노조 대표가 자리에서 일어나더니 그녀한테 입에 담지 못할 욕을 하는 겁니다."

미셸 리가 가르치는 학생들의 학업 성적이 월등히 좋다는 사실도 교사들과의 관계를 악화시켰다. 미셸 리가 학생들을 데리고 클리블랜드로 여행을 가기 위해 기금을 모을 때 일부러 도와주지 않았던 교사들도 있었다. 할렘파크 초등학교 '올해의 교사'를 뽑을 때에는 미셸 리가 뽑히는 걸 싫어했던 교사들이 총 득표수를 조작한 일도 있었다고 허프먼은 전했다.

"처음 TFA 들어오는 사람들은 대부분 순진해요. 물론 좋은 의미에서죠. 아이들한테 좋은 걸 발견하면 다른 교사들도 당연히 따라할 거라고 생각하니까요. 우리 모두 같은 배를 타고 있는 것 아닙니까? 미셸 리는 정치적 입장을 바꾸느니 차라리 실패하겠다는 교사들을 보고 정말 충격을 받았을 겁니다."

아이들을 가르쳤던 시기는 허프먼과 미셸 리 두 사람 모두에게 흥미진진했던 시간이었다. 두 사람 모두 교사로서 자리를 잡아가고 있었고 생소했던 학교 개혁 문제, 예를 들어 학생들의 학업능력에 대해 교사가 어느 정도 책임을 져야 하는가에 관한 문제에 몰두해 있었다. 두 사람이 학생들의 학업성취도를 이 정도까지 높일 수 있었는데 다른 교사들은 왜 그렇게 무관심한 것일까? 허프먼은 이렇게 말했다.

"우리 두 사람은 자료를 몹시 중요하게 생각했어요. 사람들이 교사의 자질에 대해 논하기 전부터 교사의 책임이 막중하다고 생각했죠. 우리는 장애물에 대한 불만은 듣고 싶지 않았습니다. 어떻게 하면 교사로서의 책임을 다 할 수 있는지에만 신경을 썼죠."

순진했던 두 사람은 이제 도심 지역 학교들이 어떻게 운영되고 있는지 훤히 꿰뚫고 있었다.

그러던 어느 날 허프먼이 미셸 리를 만나기 위해 볼티모어로 온다고 해 그녀가 공항으로 마중 나갔다. 하지만 허프먼 대신 누군가 자신의 이름이 적힌 팻말을 들고 있는 것을 발견했다. 미셸 리가 다가가자 그 사람은 이렇게 말했다.

"저와 함께 가시죠."

미셸 리는 대기시켜 놓은 리무진을 타고 호텔로 가 꽃으로 장식된 방으로 안내되었다. 그리고 허프먼의 프러포즈가 이어졌다.

"정말 멋졌어요."

약혼 후 1년이 지나고(1년은 미셸의 어머니가 결혼식을 준비하기 위해 필요하다고 했던 기간이었다) 두 사람은 1996년 8월 17일, 톨레도 미술관에서 결혼식을 올렸다. 그리고 얼마 지나지 않아 허프먼은 뉴욕 대학교 로스쿨로, 미셸 리는 하버드 케네디 스쿨로 각자 공부하러 떠났다.

나중에 두 사람은 볼티모어와 휴스턴에서의 강렬했던 경험을 잊지 않고 다시 교육계로 돌아온다. 그 강렬했던 경험은 바로 도심 지역 학생들도 능력을 발휘할 수 있지만 수많은 장애물이 앞을 가로막고 있다는 것이었다. 그리고 그 장애물은 반드시 제거되어야 했다.

더 나은 교육을 향한
새로운 시도

웬디 콥의 저서 《열혈교사 도전기 One Day, All Children…》를 보면 TFA에서 갈라져 나온 야심찬 새 조직 티치 TEACH!의 출범에 대해 묘사하는 부분이 있다. 티치의 목표는 명문 대학을 졸업한 유능한 교사들로 기존 교육제도의 틈새를 공략하고 여러 지역 교육구에 우수한 교사를 공급하는 등 TFA 교사들이 앞장서서 '제도적인' 개혁의 불을 지피는 것이었다. 콥이 TFA의 재정 확대를 위해 쉬지 않고 노력하는 과정에서 투자자들이 지속적으로 요구했던 것도 바로 이 제도적인 개혁이었다. 콥은 이렇게 기록했다.

"처음에는 그 '제도적인'이라는 말이 무슨 뜻인지 명확히 이해하지 못했다. 하지만 결국 근본적이고 영향력이 크며 장기간에 걸친 변화를 가능케 하는 프로그램을 뜻한다는 것을 알게 되었다."

이론상으로는 티치가 각 지역에서 교사를 모집하고 선발해 훈련시키는 조직을 만들면 지역 교육구가 TFA에 그에 대한 대가를 지불하는 방식이었다. 티치는 또한 재정난에 처한 TFA의 두 가지 문제를 해결할 수 있는 조직이기도 했다. 바로 꾸준한 수익 창출과 새로운 재단의 투자 확보 문제, 그리고 우수한 교사들을 전국의 교육구에 지속적으로 공급하는 문제였다.

하지만 이론은 이론일 뿐이었다. 콥의 저서에서 티치의 출범에 관해 묘사한 장의 제목이 '힘든 나날'인 것처럼 말이다. 겉으로는 훌륭한 아이디어 같았지만(실제로 정말 훌륭한 아이디어였다) 투자자들은 이를 쉽게 이해하지 못했다. 콥은 또 이렇게 기록했다.

"그들은 TFA와 티치의 관계를 이해하지 못했다. 그리고 우리가 너무 큰 욕심을 부린다고 생각했다. 교사를 선발하고 훈련시키는 것을 도와줄 새로운 조직의 필요성 자체를 이해하지 못한 것이다. 그들은 변화를 가져오려면 차라리 로비를 하는 편이 더 나을 거라고 생각했다. 그리고 교사를 양성하는 교육대학원과 연계하지 않고 어떻게 교사들의 자질을 높일 수 있는지 의아해했다. 미국 교사들의 절대 다수를 배출하는 곳이 바로 교육대학원이었기 때문이다."

하지만 콥은 투자자들이 핵심을 놓치고 있다고 생각했다. 돌이켜보면 그녀가 옳았다. 하지만 새로운 조직 티치가 TFA의 무리한 사업 확장이었다는 투자자들의 생각 역시 옳았다. 새로운 사업에 뛰어들기 위해 TFA 직원들을 두 그룹으로 나누어야 했고, 그 두 그룹은 서로 나쁜 영향을 끼쳤다. 더불어 새로 갈라져 나온 조직은 TFA의 자금 사정 또한 약화시켰다.

1995년 콥은 TFA에 집중하기 위해 티치를 해체했지만 언젠가는 그 조직을 반드시 다시 세우겠다고 마음먹었다. 1997년 그 기회가 왔고 콥은 그 새로운 조직을 위해 일할 인물로 잘 알지도 못하는 사람에게 손을 내밀었다. 바로 미셸 리였다.

새로운 교사 양성 프로젝트에의 도전

웬디 콥이 미셸 리에 대해 처음 안 것은 TFA 하계 연수에서 지원자들을 가르친 미셸 리의 능력에 대해 듣고 나서였다. TFA 뉴욕 본부에서 나와 인터뷰를 할 때 웬디 콥은 이렇게 말했다.

"미셸 리가 학생들을 무척 잘 가르친다는 소문을 들었어요. 또 아침마다 아주 멋지게 잘 차려입고 나타난다는 소문도 들었죠."

콥은 미셸 리가 공공정책 석사 과정을 공부하고 있던 하버드 케네디 스쿨로 그녀를 찾아갔다. 미셸 리는 콥의 제안에 관심을 보이면서도 주저했다. 당시 미셸 리는 워싱턴 D.C.에서 대성공을 거둘 수 있는 인물이 되기 전이었다. 하지만 콥은 TNTP The New Teacher Project로 명명한 새로운 조직 전체를 2년 안에 그녀에게 넘길 생각이었다. 미셸 리는 자신이 그 도전을 받아들여야 할지, 특히 새로운 조직의 이사회를 상대할 수 있을지 걱정했다. 콥은 이렇게 말했다.

"그녀가 자신이 없다고 했어요. 그래서 이사회는 제가 맡겠다고 했죠. 틀림없이 잘해낼 거라고 생각했어요."

미셸 리는 TNTP 의장이 되고 얼마 지나지 않아 몇 가지 중대한 결정을 내렸다. 전부 장기적으로 TNTP에 득이 되는 결정이었다. 미셸 리는 가장 먼저 일일이 투자자들을 찾아다니는 대신 TNTP를 수익성 있는 기업으로 만들기로 결심했다.

"저는 누구한테 돈을 달라고 부탁하기보다 지역 교육구와 계약을 체결하는 편이 낫다고 생각했어요. 우리가 제공하는 서비스가 충분히 가치 있고 각 지역 교육구에서 그에 대한 대가를 기꺼이 지불하겠다면 성공이라고 할 수 있었죠. 지역 교육구가 우리 서비스에 대한 대가를 지불하지 못하겠다면 우리가 제공하는 서비스에 그만한 가치가 없다는 뜻이죠."

나중에는 결국 다른 재정 모델을 도입하긴 했지만 개인 투자자들의 자금을 받지 않겠다는 초기 결정은 TNTP에 몹시 득이 되는 결정이었다. 그렇게 한 덕분에 함께 일하고 싶은 사람들과 일할 수 있었다. 투자자들로부터 '우리는 당신이 이 도시하고 저 도시에 조금 더 신경 쓰길 바랍니다'라는 말을 들을 필요가 없었던 것이다. 미셸 리는 그것이 바로 오늘날 교육 자선 활동의 문제라고 생각했다.

즉 투자자들이 긍정적인 측면보다는 부정적인 측면에 너무 많은 영향을 끼치는 것 말이다. 이처럼 투자자들의 구미에 맞춰 일하기를 주저했던 미셸 리의 성향은 워싱턴 D.C. 교육감으로 재직할 때까지도 이어졌다. 많은 투자 재단들이 대담해 보이는 개혁가를 돕기 위해 달려들었다가 지금까지 받았던 환대에 비해 턱없이 차가운 대접을 받고 물러나야 했다.

미셸 리가 초기에 내렸던 두 번째 결정은 TNTP를 TFA처럼 전국 단위 조직으로 만들지 않겠다는 것이었다. TNTP는 지역 교육구와 교사 선발 계약을 체결할 때 TNTP라는 명칭을 앞세우지 않고 늘 그 지역 교육구명이 포함된 독자적인 프로그램을 준비했다. 예를 들면 뉴욕 시티 티칭 펠로즈the New York City Teaching Fellows, 매사추세츠 보너스 프로그램Massachusetts Bonus Program, 티치 배턴 루지Teach Baton Rouge 등이었다.

"저는 당시 TFA와 웬디처럼 비판의 대상이 되고 싶진 않았죠."

이로 인해 TNTP는 계약을 체결했던 각 지역 교육구에서 좋은 평가를 받을 수 있었다. 많은 교육감들이 보기에도 TNTP를 통해 채용한 교사들이 가장 훌륭했고, 각 지역 교육구는 그런 훌륭한 교사들을 통해 명성을 얻을 수 있었다.

미셸 리와 TNTP에서 함께 일했던 동료들 중에는 나중에 워싱턴 D.C.까지 그녀를 따라왔던 사람들도 있었다. 그중 한 명이 케네디 스쿨 재학 당시 미셸 리의 친구였던 레일라 애빌라였다. 그녀는 여름방학 아르바이트 때문에 학기가 시작된 다음에야 학교에 도착했는데 그때 학생들은 이미 매우 중요한 스터디 그룹을 꾸린 후였다. 그래서 애빌라는 한 친구에게 스터디 그룹에 좀 끼워달라고 부탁했다. 그 친구는 미셸 리를 비롯한 다른 그룹 구성원들에게 애빌라 이야기를 꺼냈다. 애빌라는 그때를 떠올리며 이렇게 말했다.

"몇 명은 '글쎄, 잘 모르겠네. 우리 그룹은 안 그래도 사람이 많아서 말이야.' 이런 반응을 보였어요. 저는 유난을 떠는 그 아이들 옆에서 그 이야기를 다 듣고 있었죠. 그런데 난데없이 미셸이 이렇게 말했어요. '그래? 우리 그룹에 사람이 그렇게 많아서 한 명을 더 받기 힘들다면 내가 나가서 레일라와 둘이 다른 스터디 그룹을 만들게.'

그런데 재밌는 건 그때 미셸은 제가 누군지도 몰랐다는 거예요. 아직 통성명도 하기 전이었거든요.”

하지만 그룹원들은 미셸 리가 얼마나 똑똑하고 준비성이 철저한지 알고 있었다. 그리고 그녀가 사례연구 관련 토론에서 대화를 주도했었다는 것도 기억했다. 그러니 그녀가 그룹에서 빠진다는 게 겁이 날 만도 했을 것이다.

“미셸이 그렇게 말하니까 다른 아이들은 전부 당황스러워하며 이렇게 말했어요. ‘아니야, 아니야, 괜찮아. 우리 레일라도 끼워주자.’ 다른 사람들을 이유 없이 배척하는 걸 용납하지 못하는 미셸의 성격을 보여준 일이었죠.”

애빌라는 TFA에 대한 미셸 리의 열정에 감명받아 케네디 스쿨 졸업 후 TFA에 지원했다. 그리고 로스앤젤레스 외곽 지역의 컴튼 통합 교육구Compton Unified School District(교육구 행정 범위는 보통 해당 도시와 일치하지만 한 교육구가 두 도시 이상의 행정 구역을 맡을 때도 있다. 이를 통합 교육구라고 한다 — 옮긴이)에서 2년 동안 학생들을 가르쳤다. 애빌라가 TFA 교사 생활을 마칠 즈음 미셸 리는 그녀에게 연락해 TNTP와 컴튼 지역 공립학교들의 계약 체결을 맡아달라고 부탁했다.

또 한 사람은 노스웨스턴 대학교에서 아메리칸 스터디즈American Studies 프로그램을 이수한 팀 데일리였다. 아메리칸 스터디즈 프로그램은 미국 내 각 대학에서 제공하는 통합 교육 프로그램으로 의료 서비스부터 자본주의의 미래까지 다양하고 굵직한 사회적 이슈에 대해 광범위하게 연구하는 프로그램이었다. 데일리는 이렇게 말했다.

“미국인들은 정치에 어떻게 참여해야 하는지, 그리고 성인들을 위해 필요한 복지가 무엇인지에 대해서는 몹시 다양한 의견을 갖고 있습니다. 하지만 다수가 동의하는 한 가지는 바로 아이들에게 탄탄한 교육적 토대를 제공하지 않으면 그 어떤 제도도 효과를 발휘할 수 없다는 점이지요."

그 교육적 토대의 필요성에 대한 합의가 바로 아메리칸 스터디즈 프로그램을 이수한 학생 중 3분의 1이 TFA에 지원하는 이유라고 할 수 있을 것이다. 데일리는 TFA에 관심이 많던 한 교장에 의해 인터뷰도 없이 채용되어 1999년 여름부터 볼티모어의 한 중학교에서 아이들을 가르쳤다. 큰 포부를 안고 공립학교에 발을 들여놓은 젊은 교사들이 오래 버티지 못하고 금방 떠나는 모습을 수도 없이 봤던 그 학교 교감은 데일리를 위아래로 훑어보며 이렇게 말했다고 한다.

"얼마나 오래 계실지 모르겠지만 어쨌든 환영합니다."

한 반 아이들은 40명이 넘었고 벽도 없이 뻥 뚫린 교실에 여러 반 아이들이 여기저기 모여 있던 모습은(1970년대 미국의 교육 환경은 대부분 이처럼 형편없었다) 마치 공포 영화의 한 장면처럼 끔찍할 것 같았지만 그 경험을 통해 데일리는 크게 변했다.

"저는 하루하루 기대에 가득 차 있었죠. 아이들을 가르치는 것은 제 적성에 딱 맞는 일이었어요."

특히 데일리는 수학 실력이 신통치 않았던 아이들에게 과학 입문을 가르쳤던 동료 TFA 교사이자 룸메이트에게 큰 감명을 받았다. 그 반 학생들은 공식적으로는 70명이 넘었는데 실제로 등교하는 아이들은 그중 일부밖에 되지 않는다는 것이 학교 측의 설명이었다. 그 룸메이트는 기존 커리큘럼을 과감하게 버리고 아이들에게 물리를 가르치기로 결심했다. 그의 목표는 반 아이들이 메릴랜드 주에서 주최하는 물리학 시험에 통과하게 만드는 것이었고, 실제로 많은 아이들이 그 시험에 통과했다. 그는 수학이나 과학 수업이 가장 들을 게 못 된다고 생각하는 아이들이 고정관념을 깨고 도전할 수 있게 만든다.

그것은 데일리가 동료 TFA 교사들에게서 발견했던 열정의 작은 예일 뿐이었다. 데일리는 이렇게 말했다.

"아무것도 TFA 교사들을 막지 못했습니다. 선생님들은 날마다 완벽한 수업을 준비하기 위해 최선을 다했고 가정환경이 어려운 아이들은 학교에서 실력을 발휘할 수 없다는 생각을 받아들이지 않았습니다. 저는 어려움을 극복해낼 수 있는 이 아이들의 능력과 열정을 지금까지 다른 사람들이 낮게 평가해왔다고 생각합니다. 이보다 더 훌륭한 성과를 내는 것도 물론 충분히 가능한 일이지요. 교사들이 이를 몸소 보여주고 있으니까요."

이것이 바로 데일리가 겪은 변화였다. 그리고 이는 해낼 수 있다는 것을 경험하게 되면 쉽게 떠날 수 없다는 콥의 예측 그대로였다. 그래서 데일리는 TNTP에 관한 미셸 리의 이야기를 듣고 TNTP에 지원하게 되었다.

미셸 리가 TNTP의 사업적인 측면을 맡긴 인물은 다소 의외의 인물이었다. 바로 교직 경험이 없는 전직이 컨설턴트인 애리엘라 로즈먼이었다. 미셸 리가 로즈먼을 알게 되었을 때 그녀는 베인 앤 컴퍼니Bain & Company 컨설턴트 자리를 박차고("베인은 훌륭한 회사였지만 저는 문득 제가 부자들을 더 부유하게 만들어주기 위해 열심히 노력하고 있다는 사실을 깨달았어요.") 온라인 약국에서 일하고 있었다.

로즈먼은 이렇게 말했다.

"교육계에서 일한 적은 없었지만 늘 그 분야에 대한 열정이 있었어요."

그녀는 TNTP에 지원했고 미셸 리와 전화로 인터뷰를 했다. 15분에 걸친 인터뷰 후 미셸 리는 바로 그 자리에서 일자리를 제안했다. 로즈먼은 그 단호한 모습에 놀라 급여와 같은 실질적인 문제에 대해서는 쉽게 말도 꺼내지 못했다.

"욕심을 부리고 싶지는 않지만 구체적인 부분에 대한 논의가 필요하지 않을까요?"

로즈먼은 워싱턴 D.C.의 위풍당당한 헤이애덤스 호텔에서 세련된 백악관 직원들과 함께 미셸 리를 처음 만났다. 로즈먼은 그때를 떠올리며 이렇게 말했다.

"다들 샐러드나 가벼운 점심을 먹었어요. 나중에 웨이터가 와서 디저트를 드실 건지 물었는데 모두 '괜찮아요. 됐어요'라고 대답했죠. 그런데 미셸은 크렘 브륄레(프랑스에서 즐겨 먹는 디저트의 일종―옮긴이)를 먹겠다고 했어요. 그리고 함께 식사했던 사람들이 다 지켜보는 가운데 천천히 디저트를 즐겼죠. 그 모습을 보고 저는 저 사람을 위해 일하는 것도 괜찮겠다고 생각했어요."

로즈먼의 첫 번째 임무는 지역 교육구와 교사 수급 계약을 체결하는 TNTP의 모든 직원들과 이야기를 나누면서 새로운 마케팅 전략을 고안하는 것이었다.

"마케팅 전략에 대해 이야기를 나눴던 모든 사람들은 하나같이 저한테 이렇게 말했어요. 미셸을 따라다니며 그녀가 무슨 일을 하는지 전부 기록해 우리한테도 알려 달라고요. 그래서 저는 그렇게 했죠. 미셸을 따라다니며 그녀가 하는 말을 모조리 받아 적으려니까 '조금만 천천히 말씀해주세요'라는 말을 달고 살았어요. 하지만 얼마 지나지 않아 그건 불가능한 일이라는 걸 깨달았죠."

로즈먼이 일을 시작한 지 한 달쯤 되었을 때 연방 정부는 교직으로 전직을 희망하는 사람들에게 보조금을 지급하겠다고 발표했다. 그 전까지 TNTP는 정부 보조금을 받지 않았지만 미셸 리는 지금이야말로 그 보조금이 꼭 필요한 때라고 생각했다. 그리고 로즈먼에게 보조금 신청서 작성을 맡겼다. 로즈먼은 그때를 떠올리며 이렇게 말했다.

"저는 이렇게 말했어요. '제가 할 수 없는 일인 것 같은데요. 아직 TNTP에 대해서도 잘 모르고 그런 신청서는 작성해본 적도 없으니까요.' 하지만 미셸은 이렇게 대답했어요. '당신은 할 수 있어요. 우리가 도와줄게요. 아마 멋지게 해낼 겁니다.' 미셸은 언제나 자신에 차 있었어요. 무엇을 목표로 삼아야 할지 알아내는 데 탁월한 능력이 있었죠. 결론부터 말하자면 TNTP는 200만 달러의 보조금을 받았죠. 그 사실을 알고 난 후 이틀 뒤에 소포를 하나 받았는데 그 안에는 정말 멋진 케이트 스페이드 서류가방과 미셸이 직접 쓴 메모가 들어 있었어요. '일을 잘 해결해줘서 정말 고마워요'라고 쓰여 있었죠. 제가 월급 받으면서 해야 할 일을 한 것뿐인데 그 일을 잘했다고 선물을 받아본 건 처음이었어요."

그것이 바로 미셸 리의 스타일이었다. 멀리 떨어진 곳에 살며 이메일을 통해 조직을 운영했지만 늘 개인적으로 직원들을 챙겼다. 데일리는 이렇게 말했다.

"미셸은 직원들에 대해 잘 파악했고 여러 사람들한테 같은 선물을 주는 법이 없었습니다. 예를 들어 어떤 직원이 너무 오랜 시간 근무한다는 사실을 발견하면 그 사람한테 전화를 걸어 스파 상품권을 우편으로 보냈다고 알려주는 거지요. 그건 그냥 자기 이름이 새겨진 문진을 받는 것과는 정말 다르죠."

미셸 리의 경영 철학을 엿볼 수 있는 또 다른 사건이 있다. TNTP는 루이지애나 지역을 관리하던 캔디스 프레이저에게 멤피스 지역을 맡기기로 결정했다. 프레이저는 이렇게 말했다.

"보통 이사 비용은 제가 직접 충당하지만 기간이 너무 짧았기 때문에 TNTP에서 이사 비용을 대주기로 했어요. 이삼 주 안에 멤피스로 이사를 가야 했거든요."

프레이저는 거래개선협회의 인증을 받은 한 이사업체에 의뢰해 이사 준비를 마쳤다. 하지만 멤피스에 짐이 도착하기로 한 날 아무도 나타나지 않았다. 이사업체는 새로 이삿짐 도착 날짜를 알려주었다. 하지만 2주가 지나도록 짐은 도착하지 않았고 프레이저는 운전사가 자신의 이삿짐을 전부 들고 도망가버렸다는 사실을 깨달았다.

"멤피스에 도착할 때 가진 것이라고는 개 한 마리와 옷이 든 여행 가방 한 개가 전부였어요. 두꺼운 이불을 깔고 바닥에서 잠을 잤고 식사도 접시 하나, 포크 하나, 나이프 하나로 해결해야 했죠."

이 사실을 알게 된 미셸 리는 직원들을 움직여 프레이저가 다시 살림을 꾸릴 수 있도록 자금을 모았다. 데일리는 이렇게 말했다.

"프레이저는 TNTP를 위해 이사를 결심했어요. 재정 상황이 좋지 않았지만 그녀가 혼자서 이 문제를 해결하도록 내버려둘 순 없었지요. 미셸은 누구보다도 단호하고 확고하게 우리가 이 문제를 함께 해결해야 한다고 말했어요."

결국 프레이저는 TNTP로부터 6,000~7,000달러를 받아 잃어버린 살림을 다시 장만했다. 프레이저는 이렇게 말했다.

"TNTP가 절 걱정하고 있으며 직원들을 전부 가족으로 여긴다는 사실을 알 수 있었어요. 미셸은 직장 상사 그 이상의 모습을 보여주었죠."

몇 달 후, 사라졌던 짐 일부가 텍사스의 분실물 보관소에서 발견되었다는 소식을 듣고 프레이저는 TNTP에서 받은 돈의 일부를 돌려주겠다고 했다. 하지만 미셸 리는 이를 거절했다. 힘든 시간을 보냈으니 다시 돌려줄 필요가 없다는 것이었다.

미셸 리는 TNTP를 책임지고 있는 동안 개인적으로 몹시 끔찍했던 순간을 경험하기도 했다. 미셸 리는 로스쿨을 졸업하고 워싱턴 D.C.의 한 로펌에 취직한 허프먼을 따라 워싱턴 D.C.로 이사했다. 1998년 겨울, 조지타운 병원에서 두 사람의 첫딸 스타가 태어났다. 그로부터 1년 6개월 후 미셸 리의 가족은 그녀의 부모님과 가까이 살기 위해 톨레도로 이사했다. 그들은 로스퍼드에 있는 미셸 리의 친정과 자동차로 금방이면 닿을 수 있는 실베이니아에 집을 산 것이다. TNTP 일이 점점 많아져 미셸 리는 수도 없이 여러 지역을 방문해야 했고, 그래서 부모님의 도움이 절실했기 때문이다. 그리고 바로 그때 웬디 콥이 로펌 일을 그만두고 TFA에서 일하는 것이 어떻겠냐고 허프먼을 설득했다. 지금처럼 손쉽게 인터넷을 사용할 수 없었기 때문에 두 사람 모두 멀리 떨어진 톨레도에 살며 일하는 것이 쉽지는 않았다. 하

지만 미셸 리가 둘째딸 올리비아를 임신하게 되면서 부모님의 도움
은 더욱 절실해졌다. 올리비아는 2002년 3월에 태어났다.

그로부터 얼마 지나지 않은 어느 날, 미셸 리는 다음 날 아침 일찍
비행기를 타야 했기에 밤에 두 딸을 부모님 댁에 맡기기로 했다.

"그런데 엄마가 갑자기 전화하셔서 감기 기운이 있는데 손녀들한
테 옮길까 봐 걱정되신다고 말씀하셨어요. 저는 그러면 아이들을 내
일 아침에 데려가겠다고 말씀드렸죠."

그날 밤 한밤중에 미셸 리의 부모님은 유리가 깨지는 소리에 잠에
서 깼다. 차고에서 전기가 누전되어 화재가 난 것이다. 침실에 갇힌 미
셸의 부모님은 담요로 몸을 감고 창문으로 겨우 빠져나올 수 있었다.

"다음 날 부모님 댁으로 가서 아이들이 늘 자던 방을 봤어요. 아이
들 침대가 시커멓게 타 있었죠. 얼마나 끔찍했는지 몰라요."

부모님 침실과 아이들이 자던 방 사이의 복도는 처참하게 그을려
있었다. 부모님의 집은 완전히 소실되었다. 화재가 난 후 미셸 리의
아버지는 은퇴를 결심했다. 그는 늘 은퇴 후 덴버로 가고 싶어 했기
때문에 불타버린 집을 다시 짓기보다는 보험회사에서 현금으로 보
상받길 원했다. 보험 관련 업무는 미셸 리에게 넘어왔다. 그녀는 보
험금을 받으려고 1년 동안 무척 많은 시간을 투자했지만 보험회사는
보험금 지급을 거절했다.

그 즈음 TNTP의 업적에 감동한 영부인 로라 부시의 초대로 미셸
은 대통령 국정 연설 자리에 참가했고 톨레도 지역 신문 〈블레이드
The Blade〉는 이에 대한 기사를 실었다.

"보험회사 지점 직원이 본부에 그 기사를 팩스로 보내면서 '당신

이 보험금 지급을 거절한 사람이 바로 이 사람입니다'라고 말했다고
해요."

보험회사는 바로 다음 날 보험금을 지급하기로 결정했다. 2004년
미셸 리의 부모님은 덴버로 이사했고, 미셸 리와 허프먼 역시 톨레도
로 이사한 것과 같은 이유로 덴버에 자리 잡았다. 두 아이를 돌봐주
는 든든한 지원군이 있었기 때문에 두 사람은 멀리 떨어진 덴버에서
도 활발한 활동을 펼칠 수 있었다.

유능한 교원을 찾기 위해 임용 규정을 흔들다

미셸 리와 TNTP는 두 가지 사건으로 큰 변화를 맞게 된다. 첫 번째
는 밤늦게까지 일하던 직원들이 컴튼 지역의 교사를 모집하기 위해
다음과 같은 기발한 문구를 생각해낸 것이었다.

'컴튼의 아이들도 베벌리힐스 교육을 받을 권리가 있습니다.'

미셸 리의 눈에도 정말 훌륭한 문구였다. 그 문구가 효과를 발휘한
덕분에 지원자들이 물밀 듯 몰려들었다.

며칠 후 같은 팀이 이번에는 뉴욕 시티 티칭 펠로즈 프로그램을 홍
보하기 위해 머리를 맞대었다. 그리고 어린 라틴계 소녀의 사진에 다
음과 같은 문구를 곁들이기로 결정했다.

'뉴욕에서 가장 열악한 학교 4학년 다섯 명 중 네 명이 제대로 읽
고 쓰지 못합니다. 바로 당신의 손길이 필요합니다.'

하지만 뉴욕 시 교육청은 뉴욕에 대한 이미지가 나빠질 수 있다며

이를 거절했다. 이에 대해 미셸 리는 이렇게 말했다.

"첫째, 뉴욕에 대한 이미지가 나빠지는 게 문제가 아니라 당신들이 정말로 나쁘다는 게 문제입니다! 통계 수치를 조작한 것도 아니지 않습니까. 둘째, 만약 다른 직종에서 일하던 훌륭한 인재들을 뉴욕의 공립학교로 초빙하려면 '여기 와서 톱니 하나가 되어 주십시오'라고 말해서는 안 됩니다. 그들이 책임감을 느끼게 만들어야 합니다. 상황이 이처럼 끔찍하지만 그들이 이 아이들의 삶을 실제로 바꿀 수 있다고 설득할 수 있어야 합니다."

그리고 당시 뉴욕 교육감 해럴드 레비Harold Levy가 앞장서서 그 광고를 승인했다. 미셸 리는 이렇게 말했다.

"그 광고의 반응은 정말 대단했어요. 〈뉴욕 타임스The New York Times〉에 광고가 실렸죠. 〈타임스The Times〉는 그 광고가 몹시 색다르다고 생각해 광고에 대한 기사까지 작성했어요. 그리고 나니 모든 게 한꺼번에 해결되었죠. 믿을 수 없었어요. 채용 인원이 금방 마감될 것이 확실해졌으니까요."

일단 가속도가 붙기 시작하자 미셸 리는 TNTP를 지금까지와는 다른 방향으로 이끌기 시작했다. 그 덕분에 그녀는 워싱턴 D.C. 교육감이 될 수 있었으며, 그와 동시에 나중에 미국교원연맹American Federation of Teachers, AFT 위원장이 된 랜디 웨인가튼Randi Weingarten과 대립하게 되었다. 미셸 리는 이렇게 말했다.

"당시 저는 몇 년째 TNTP를 이끈데다 몹시 지쳐 있었습니다."

미셸 리는 각 지역 교육구가 훌륭한 교사를 채용하는 데 애를 먹고 있다고 생각했지만 사실은 그게 아니었다. 문제는 지원자들 중에서 실제 임용되는 사람이 많지 않다는 것이었다.

"말도 안 된다고 생각했죠. 지역 교육구들은 수학교사와 과학교사가 더 필요하다고 아우성이지만 우리가 천체 물리학자를 데려와도 채용하지 않아요."

미셸 리는 그 문제에 대해 더 자세히 살펴봐야겠다고 결심했고 그에 필요한 재정은 대부분 TNTP가 직접 충당했다. 2003년 미셸 리가 꾸린 조사팀은 마침내 '잃어버린 기회'에 대해 알게 되었다. 조사팀이 작성한 보고서는 도심 지역 교사가 부족하다는 것은 근거 없는 믿음일 뿐이며, 이는 수학과 과학처럼 훨씬 많은 교사가 필요한 과목에서도 마찬가지일 거라고 결론을 내렸다.

문제의 일부는 교원 임용 규정 때문이었다. 계약서에 명시된 노조의 규정에 따르면 교사들은 학기가 시작하기 전날까지 그만둔다는 사실을 지역 교육구에 알릴 의무가 없었고 신규 교사는 기존 교사들이 전부 발령을 받고 난 다음에야 임용될 수 있었다. 만일 학교가 폐쇄되거나 전면적인 재정비를 위해 잠시 문을 닫게 되면 그 학교 교사들은 물론 무능하다는 이유로 근무하던 학교에서 퇴출당한 교사들의 일자리까지 노조는 보장해주었다.

신규 교사들은 마지막 순간까지 임용되기를 기다려야 했기 때문에 지역 교육구들은 제도 밖에서 온 유능한 지원자들을 고용할 기회를 놓칠 수밖에 없었다. 그리고 그 유능한 지원자들은 대부분 자기들에게 눈독을 들이고 있는 교외 지역 학교에서 일자리를 얻었다. 미셸 리의 보고서는 구체적인 자료를 제시하며 문제를 지적했을 뿐만 아니라 해결책 또한 제시했다. TNTP는 그 보고서를 수백 장 복사해 관련 기관에 보냈는데, 사실 수백 장으로는 턱없이 부족했다. 미셸 리는 이렇게 말했다.

"국회의원들과 미국 교육부 직원들이 그 자료를 읽었습니다. 영향력이 엄청났지요. 누구나 그에 대한 이야기 하나쯤은 알고 있었으니까요. 도심 지역 학교에서 아이들을 가르치고 싶어 하는 젊은 교사들이 거의 임용되지 못한다는 사실을 그들도 알고 있는 듯했습니다."

'잃어버린 기회'에 대한 보고서 덕분에 노조의 교원 임용 규정에 대해 다시 검토해야 한다는 의견이 쏟아지기 시작했다. 그것이 바로 '가장 고치기 어려운 문제'였다고 미셸 리는 말했다. 보고서에 인용한 자료는 미국 전역의 교육구에서 수집한 자료였고, 그 자료는 '노조의 임용 규정에 가장 피해를 많이 보는 쪽은 열악한 학교에 다니는 실력이 부족한 아이들'이라는 미셸 리의 발언을 뒷받침했다.

학업성취도가 전반적으로 낮은 학교에서 교사 이직률이 가장 높았고 바로 그런 학교들이 신규 채용 제한 규정으로 인한 피해를 고스란히 겪고 있었다. '잃어버린 기회'는 또한 4월에는 임용을 기다리는 우수한 교사들이 많지만 노조의 임용 규정 때문에 8월까지 기다리다 보면 가장 뒤떨어지는 지원자들만 남게 된다고 역설했다. 미셸 리는 이렇게 말했다.

"그런 조항은 교사가 열 명 내지 스무 명, 많게는 서른 명까지 더 필요한 열악한 공립학교에 몹시 불리한 조항입니다."

미셸 리의 조사팀은 이 '잃어버린 기회' 보고서에 이어 2005년에는 그보다 더 구체적이고 정확한, '뜻하지 않은 결과'라는 보고서를 작성했다. 그 보고서에는 도심 지역 교장들이 교사를 직접 채용할 수 없는 이유가 구체적으로 명시되어 있었다. 두 보고서 모두 당시 뉴욕시 교육감 조엘 클레인의 관심을 끌었다. 클레인은 이렇게 말했다.

"처음에 뉴욕 교육청 인사 담당자들은 TNTP에 대해 회의적이었습니다. 뉴욕 교사연합United Federation of Teachers, UFT의 승인을 받지 않은 교사들이었으니까요."

뉴욕 교사연합은 미국 교원연맹의 뉴욕 지부로 당시 위원장은 랜디 웨인가튼이었다. 클레인은 이렇게 덧붙였다. "그 당시 뉴욕 교육청 인사과는 뉴욕 교사연합과 거의 같은 조직이었습니다."

클레인은 대대적인 개혁에 나섰고 그중에는 TNTP가 운영하는 뉴욕 시티 티칭 펠로즈 프로그램을 확대하는 것 또한 포함되어 있었다.

이런 이유로 클레인은 자연스럽게 미셸 리를 만나보고 싶어 했다. 하지만 미셸 리는 그가 생각했던 것과는 다른 인물이었다. 클레인은 이렇게 말했다.

"처음 만났을 때 다소 조용하고 신중한 사람처럼 보여서 몹시 놀랐습니다. 첫 만남으로만 따지면 미셸이 비장한 표정으로 빗자루를 들고 〈타임〉지를 장식할 거라고는 상상하지 못했을 겁니다. 하지만 그녀는 분명 생각이 깊은 사람이며, 처음 만난 순간부터 지금까지 우리 두 사람은 이 문제를 바라보는 관점과 이 문제를 둘러싼 정치적 이슈를 해결하는 방법에 대한 확고한 신념을 공유하고 있습니다. 지금까지 8년 동안 이 일을 하면서 그런 신념을 공유할 수 있는 사람은 그리 많지 않았습니다."

클레인은 교사의 자질이 학교 개혁에서 가장 중요한 부분이라는 사실은 물론 교사의 자질을 측정할 수 있다는 점에 대해서도 확신했다. 이는 당시나 지금이나 파격적인 생각이었다. 일반적으로 교사들은 수업 능력으로 평가받지 않는다. 교사들의 급여 인상 기준은 근속 연수와 추가 수업 증명서이다. 클레인은 교사 개개인이 학생들에게 얼마나 도움이 되는지, 혹은 해가 되는지 평가할 수 있다면, 공립학교를 실패하게 만드는 장애물을 돌파할 수 있을 거라고 믿었다. 클레인은 이렇게 말했다.

"교육제도를 떠받들고 있는 대표적인 세 가지 기둥은 바로 고정급여, 종신 재직권, 근속 연수입니다. 하지만 교수 능력, 성적에 대한 책임, 실력의 토대 위에 교육제도를 바로 세우지 않는 이상 성공할 수 없습니다."

그것이 바로 조엘 클레인과 미셸 리가 공유한 확고한 신념이었다. 클레인은 이렇게 말했다.

"미셸 리는 기존의 세 가지 기둥 위에 세워진 교육제도를 말 한마디로 뒤집을 수 없다는 사실을 이해하고 있었습니다. 판도를 뒤바꿀 수 있는 전략이 필요하다는 데 동의한 거죠. 그러한 전략은 보통 유쾌하고 기분 좋게 받아들여지지 않는다는 것도 알고 있었습니다. 마키아벨리는 아주 오래전에 그 사실을 깨달았죠. 현 체제를 옹호하는 사람들은 이를 지켜내기 위해 맹렬히 반대하겠지만 현 체제를 뒤집을 때 득을 보는 사람들은(교육 개혁의 경우에는 바로 학생들과 학부모들이다) 이를 통해 이득을 얻는 사람들이 누구인지, 왜 이 문제가 자기들한테 중요한지도 모릅니다. 그러니 이기기 힘든 싸움이죠. 미셸 리는 이 모든 상황을 이해하고 있었어요."

조엘 클레인이 기회를 포착하고 미셸 리가 부추겼던 이상적이면서도 파괴적인 뉴욕발 전략은 미셸 리로 하여금 랜디 웨인가튼과 미국 교원연맹과 대립하도록 부추겼다. 뉴욕 교육감들이 지금까지 방관해왔던, 무능한 교사들의 고용까지 보장하는 뉴욕 교사연합의 임용 규정을 바꾸려는 클레인의 오랜 투쟁은 2005년 마침내 청문회까지 이르게 된다. 하지만 뉴욕 주 공공노조와의 협상에서 아무런 성과도 내지 못해 결국 그 문제는 중재위원회의 조정을 받아야 했다. 엄밀히 따지자면 구속력은 없었지만 양측 모두 세 명의 중재인 앞에서의 심리가 이 문제에 대한 최종 발언이나 마찬가지라는 것을 알고 있었다.

중재위원회는 보통 급여에 관한 문제로 열리지만 이번 경우는 임용 규정에 관한 것이었다. 당시 클레인의 노사 교섭을 담당했고 나중에 TNTP에 합류했던 댄 웨이즈버그Dan Weisberg는 이 싸움의 목표가 '그야말로 수천 명의 교사들이 자신의 의지와 상관없이, 또한 재정적으로 어려움을 겪고 있는 학교들의 의지와 상관없이 고용을 보장받으며 이로 인해 신규 교사들이 쫓겨날 수밖에 없는 제도'를 개혁하는 것이라고 설명했다.

클레인이 추진하고자 했던 모든 개혁의 성과가 이 한 번의 중재위원회에 달려 있었다. 교장들이 직접 교사를 선발하지 못한다면 학생들의 학업성취도에 대해 어떻게 교사들한테 책임을 물을 수 있단 말인가? 노조 측에 유리한 판결이 나올 가능성이 높았다. 뉴욕 시가 협상카드로 내세우는 것은 급여 인상 정도가 전부였을 뿐만 아니라 웨이즈버그는 노조에 불리한 증언을 하겠다는 사람을 찾지도 못했다. 또 이 판결은 다가오는 선거 결과에 엄청난 영향을 미칠 수 있었기 때문이다. 웨이즈버그는 이렇게 말했다.

"당시 교육정책에 대해 고민하던 사람들이라면 누구나 이것이 몹시 큰 싸움이라는 것을 알고 있었습니다. 뉴욕 시장과 조엘 클레인이 랜디 웨인가튼을 상대로 엄청난 싸움을 건거죠. 대부분 입장을 확실히 밝히고 싶어 하지 않았습니다. 제가 연락했던 사람들 중에는 청문회 반경 300킬로미터 안에 발도 들여놓기 싫어했던 사람들도 있었습니다. 사람들은 노조의 임용 규정이 말도 안 된다는 사실을 알면서도 이를 해결하기 위해 나서려 하지 않았습니다. 저는 그들한테 우리가 말해야 하고 우리가 모든 사람들한테 그 사실을 알려야 한다고 말했습니다."

그 사실을 알릴 적임자로 웨이즈버그가 마음에 두고 있는 사람이 한 명 있었다. 바로 미셸 리였다. 미셸 리는 증언을 하겠다고 했을 뿐만 아니라 진실을 가감 없이 밝혀야 한다고 주장했다.

"저는 노조의 임용 규정은 말도 안 된다는 사실을, 어른들은 득을 보고 있지만 아이들은 그 때문에 피해를 받고 있다는 사실을 모든 사람들에게 알려야 한다고 했습니다."

중재위원회는 맨해튼 중간 지역에 있는 대규모 로펌에서 열렸다. 사각형 모양으로 배치된 긴 테이블 네 개 중 하나에는 중재위원 세 명이 자리를 잡았고 다른 면에는 뉴욕 교사연합이, 그 반대편에는 뉴욕 시 교육청이 자리를 잡았다. 나머지 한 테이블은 증인들을 위한 자리였다. 웨이즈버그는 이렇게 말했다.

"변호사와 컨설턴트, 노조 관리자들을 대동한 랜디 웨인가튼이 한쪽에 앉아 있었습니다. 예전에 뉴욕 교사연합 휴일 파티에 참가한 적이 있었죠. 파티에 참가한 사람들은 대부분 민주당 시장 예비선거에 출마할 예정이었는데 다들 웨인가튼 곁에 바짝 붙어서 아부하느라 정신이 없었습니다. 다들 무릎이라도 꿇을 기세였죠. 어쨌든 웨인가튼은 대단한 인물입니다."

뉴욕 시 교육청의 소규모 대표단은 수세에 몰린 듯 보였다.

하지만 미셸 리에게는 비장의 무기가 있었다. 바로 두 차례의 보고서를 작성하면서 확보한 구체적인 자료였다. 미셸 리는 학생들이 어떤 어려움을 겪고 있는지, 특히 가난한 지역의 아이들이 어떤 상황에 처해 있는지 정확한 수치를 제시하면서 설명했다. 웨이즈버그는 이렇게 말했다.

"미셸은 준비한 자료를 바탕으로 강력하고 설득력 있는 증언을 했습니다. 그녀는 얼마나 많은 교사들이 고용을 보장받고 있는지, 그 교사들이 임용되는 학교는 어디인지, 그 결과가 무엇인지 중재위원들에게 정확히 설명했습니다. 감정에 흔들리지 않는 객관적인 태도였음은 말할 것도 없었지요."

미셸 리는 랜디 웨인가튼이 자신을 노려보던 눈빛을 기억하고 있었다.

"만약 눈빛이 사람을 죽일 수 있다면 저는 벌써 죽었을 겁니다. 제가 발언을 하는 동안 그녀는 몹시 분노하더군요. 저한테 몇 마디 무례한 말을 한 것도 기억합니다. '혹시 뉴욕 시 교육청과 계약을 한 것 아닙니까?'라는 말도 했어요. 또 '조엘 클레인에게 잘 보이기 위해 자료를 조작한 것 아닙니까?'라는 말도 하고 싶은 눈치였습니다. 그녀가 어떤 사람인지 그때 처음 알았죠."

결국 중재위원회는 거의 만장일치로 미셸 리의 손을 들어주며 상호 합의로 고용 보장을 없애는 방향으로 가닥을 잡아나갔다. 다시 말하면 한 학교에서 퇴출된 교사가 다른 학교에서 근무하기 위해서는 그 학교 교장의 동의가 있어야 한다는 뜻이었다. 더 이상 고용 보장은 없었다. 웨이즈버그는 이렇게 말했다.

"더 이상 논란의 여지가 없었습니다. 미셸이 용기 내어 이 싸움에 뛰어들지 않았다면 결코 이룰 수 없는 성과였습니다."

클레인도 미셸 리가 정말 눈부셨다고 말했다. 그리고 그날 이후 모든 것이 바뀌었다. 클레인은 원하던 바를 이루었을 뿐만 아니라 또 다른 시장이 변혁의 주도자를 찾을 때 자신 있게 추천할 수 있는 미래의 스타를 알게 되었다. 그로부터 2년 후 워싱턴 D.C.에서 마침내 그 스타가 탄생한 것이다.

권력 싸움에서는 늘 그렇듯이 전술적 승리가 전략적 승리를 복잡하게 만들기도 한다. 미셸 리가 워싱턴 D.C. 교육감으로 임명되자 그때의 일을 잊지 않고 있던 미국 교원연맹 지도부는 지난번의 패배를 그대로 되갚아주고자 했다. 펜티 시장이 미셸 리를 임명하는 데 도움을 주었고, 나중에 미셸 리의 '학교 개혁' 팀을 이끌었던 애비게일 스미스Abigail Smith는 미셸 리의 임명이 발표된 후 노조 간부들과의 회의에 참석했다. 참석자 중에는 워싱턴 교원노조 위원장인 조지 파커George Parker도 있었고, 미셸 리와 중재위원회 자리에 함께 있었던 미국 교원연맹 간부도 한 명 있었다.

회의 참가자들은 미셸 리의 임명에 어떻게 대응할지 의견을 나누고 있었는데, 그 와중에 미국 교원연맹 간부 한 명이 노조 지도부에게 받은 단체 메일 내용 중 한마디를 의기양양하게 내뱉었다.

"저년을 죽이자!"

스미스는 회의에서 그 말이 계속 언급되는 것을 보고 놀라움을 금치 못했으며, 파커 역시 몹시 놀랐다고 전했다.

TNTP를 떠나기 전까지 미셸 리는 TNTP를 직원 140여 명, 연간 예산 2,000만 달러의 조직으로 키웠다. 또한 공교육 개혁에서 가장 중요한 이슈로 자리 잡은 교사의 자질 문제에 대해 구체적으로 알고 싶은 기자들이 가장 먼저 찾는 조직으로 만들었다. 미셸 리는 또한 TNTP가 지속적으로 성장할 수 있는 토대를 구축했다. 그로부터 3년 후 TNTP 직원은 210여 명으로 늘어났고, 연간 예산은 3,200만 달러로 증가했다. 돌이켜보면 순조로운 시절이었다.

그 시기에 순조롭지 않았던 것은 바로 미셸 리의 결혼생활이었다. 두 사람 모두 구체적인 내용에 대해서는 언급하지 않았지만 미셸 리가 워싱턴 D.C. 교육감직을 수용할 무렵, 둘은 이혼에 합의했다. 미셸 리는 이렇게 말했다.

"법정에서 고맙게도 방청인들을 모두 퇴장시켜주었어요. 괜한 구경거리를 만들고 싶진 않았죠. 모든 절차는 30분 만에 마무리되었습니다."

CHAPTER 2

THE BEE EATER

이것이 아이를 위한 최선인가?

워싱턴 D.C.
교육감이라고?

대도시의 몰락에 관한 위대한 책들이 많다. 그중에서도 미국의 수도 워싱턴 D.C.에 관해서라면 저널리스트 해리 재프Harry Jaffe와 톰 셔우드Tom Sherwood가 함께 집필한 《드림 시티Dream City》가 단연 압권이다. 《드림 시티》는 워싱턴 D.C. 시장이었던 마리온 배리의 타락에 관한 기록이라고도 할 수 있다.

흑인이었던 마리온 배리는 카리스마가 넘치는 인권운동의 지도자로 1960년대에 학생비폭력조정위원회Student Nonviolent Coordinating Committee 초대 의장으로 선출되었으며, 1978년 흑인 슈퍼스타들로 이루어진 '드림팀'을 이끌고 워싱턴 D.C. 시장 자리까지 올랐다. 하지만 세 번에 걸친 연임 기간 동안 인종 정치와 부정부패, 여성 편력과 음주, 코카인 문제에서 벗어나지 못했고, 결국 비참한 최후를 맞이하고 만다.

대다수 미국인들에게 배리는 1990년 1월 18일에 있었던 사건으로 영원히 기억될 것이다. FBI는 종종 배리와 함께 코카인을 흡입하던 라시다 무어를 포섭해 워싱턴 D.C.의 비스타 인터내셔널 호텔로 배리를 유인한 다음 코카인을 권하게 했다. 방에는 이미 FBI의 감시카메라가 설치되어 있었다. 형사들이 문을 박차고 들어가자 배리는 《드림 시티》에서 나오는 것처럼 다음과 같은 유명한 말을 쏟아냈다.

"저 년이 날 속였어."

그는 미란다 원칙을 설명하는 경찰의 말에는 아랑곳하지 않고 이렇게 외쳤다. 마치 상황을 납득시키면 모든 일이 없었던 일이라도 되는 것처럼 주문을 외듯 그 말을 반복했다.

"지, 지금 당장 변호사를 부르겠소. 빌어먹을, 저 개 같은 년한테 속았어. 저 년이 날 끌어들였단 말이야. 난 속았어, 저, 저 개 같은 년"

배리의 타락이 가져온 처참한 결말은 《드림 시티》의 에필로그에 잘 묘사되어 있다. 길거리 살인이 놀랄 만큼 증가했고, 예산 집행은 엉망으로 꼬여 나중에 연방 정부의 조정이 필요했으며, 1950년대 80만 명에 육박했던 인구는 1993년 즈음 60만 명 이하로 뚝 떨어졌다. 배리가 물러난 후 워싱턴 D.C.의 치안 상태는 개선되었고, 연방 정부 차원에서 꾸려진 재정관리위원회가 재정 상태를 바로잡았으며, 기업의 부동산 투자가 활발해져 경제가 살아나기 시작했다.

하지만 재프와 셔우드가 이 책의 개정판을 낸다면 그 와중에도 결코 바로잡지 못한 것이 하나 있었다는 사실을 지적해야 할 것이다. 바로 워싱턴 D.C.의 공교육 문제다. 배리가 재임한 기간 동안 워싱턴 D.C. 교육청은 성인들을 위한 고용센터나 다름 없었다. 워싱턴 D.C.에서 멀지 않은 몽고메리 카운티에서 우수한 학교들을 성공적으로 관리해왔던 윌리엄 윌호이트는 이렇게 말했다.

"이는 지역 주민들을 고용해 표를 확보하는 정치인들의 수법이었습니다."

그는 1992년 몽고메리 카운티 교육감에서 워싱턴 D.C. 교육감으로 자리를 옮기던 폴 밴스의 설득으로 은퇴 생활을 접고 그와 함께 워싱턴 D.C.에서 일하기 시작했다. 밴스는 오래 머물지 않았지만, 윌호이트는 워싱턴 D.C. 교육감이 몇 차례 바뀌는 동안에도 꾸준히 자리를 지킨 덕분에 워싱턴 D.C. 교육제도가 어떻게 돌아가고 있는지 훤히 꿰뚫게 되었다.

"자질은 따지지 않았습니다. 커리큘럼도 없었고 제대로 된 평가도 없었지요. 아무도 책임지지 않았습니다. 훌륭한 지도부도 없었고요. 마치 워싱턴 D.C. 교육제도 구석구석에 암세포가 퍼져 있는 것 같았습니다."

필요한 교재가 없는 교실도 부지기수였다. 교사들이 가장 흔히 쓰는 수업 자료는 다섯 장 내지 열 장 정도의 문제풀이 자료를 복사한 것으로, 그마저도 모든 학생들한테 나눠줄 수 있을 만큼 넉넉하지 않았다. 교사들은 자료를 나눠주고 교사 책상에 앉아 수업 끝나는 종이 울리기만을 기다렸다.

문제는 아이가 아닌 학교였다

전국에서 가장 값비싼 학교나 다름없었던, 무능한 워싱턴 D.C. 공립학교들은 어떤 이유에선지 시 정부의 다른 분야들처럼 개혁 레이더망에 포착되지 않았다. 2007년 애드리언 펜티가 시장으로 당선되었을 때 워싱턴 D.C.는 교육 개혁을 위한 미국 전역의 막대한 자금이 모이는 장소로 명성을 얻고 있었다. 하지만 문제는 워싱턴 D.C. 공립학교들이 전국에서 최악의 학교로 손꼽히게 된 '이유'가 무엇이냐는 것이었다.

워싱턴 D.C. 공립학교들의 상태에 대해 잘 모르는 외부 인사들은 교과서를 제때 받지 못하고, 건물을 유지하거나 보수하지 못하며, 재학생 수도 제대로 파악하지 못하고 특수교육이 필요한 학생들을 수용하지 못하는 등의 일반적인 문제들이 그 이유라고 생각할 것이다. 〈워싱턴 포스트〉 역시 그 모든 문제들을 폭넓게 다루었다. 하지만 겉으로 드러나지 않는 문제가 있었다. 바로 미셸 리의 팀이 슬로웨 초등학교에서 발견했던 문구로 요약할 수 있는, 교육제도 내에 만연한 태도였다. 즉 '우리는 이 흠 많은 아이들을 위해 최선을 다하고 있다'는 태도였다.

그런 태도에 따르면 워싱턴 D.C. 공립학교 학생들의 학업능력이 턱없이 낮은 이유는 효과 없는 교수-학습이 아니라 인종과 가난 때문이었다. 월호이트는 학생들 95퍼센트의 학업성취도가 학년 평균에 미치지 못하는 학교를 방문했던 이야기를 들려주었다.

"저는 지난 5년 동안의 모든 자료를 펼쳐놓고 학교 간부들에게 물었습니다. 어느 정도까지 실패를 받아들일 수 있냐고. 그리고 만일 차를 샀는데 고장 난 부분이 있어도 그냥 넘어가느냐 혹은 비행기를 탔는데 목적지가 아닌 다른 곳에 내려줘도 받아들이느냐고 물었죠. 그런 다음 이 학생들이 실력을 발휘하지 못하고 있는 점에 대해서는 어떻게 생각하냐고 물었는데, 그들은 최선을 다 하고 있다고 대답했어요. 그래서 저는 이 학교 학생들 95퍼센트가 실패하고 있다고 말했죠. 덧붙여서 그 실패를 누가 책임져야 하냐고 물었는데, 그들은 자신들은 아니라고 대답했습니다.”

월호이트는 실패의 원인을 학생들 개개인과 가정환경 탓으로 돌리는 것이 당연시되고 있었다고 말했다.

“그들은 ‘우리는 최선을 다 하고 있어요. 문제는 아이들입니다’라고 말했죠.”

하지만 이 책을 쓰기 위해 조사한 자료에 따르면, 결론은 정반대였다. 문제는 아이들이 아니었다. 아칸소 대학교에서 교육 개혁에 대해 연구했던 조나단 밀스는 워싱턴 D.C.의 흑인 저소득층 학생들과 뉴욕, 휴스턴, 보스턴 지역의 비슷한 조건의 학생들을 비교했다. 그 자료는 학교의 질로만 설명할 수 있는 커다란 차이를 보여주었다. 전국학업성취도평가National Assessment of Education Progress, NAEP를 토대로 한 연방 정부의 보고서에 따르면 2003년부터 미셸 리가 교육감으로 임명되었던 2007년까지 워싱턴 D.C. 학생들의 학업성취도는 다른 지역의 같은 학년 학생들보다 훨씬 낮았다.

연방 정부의 보고서에는 10여 개 도심 지역 교육구에서 가난한 소수민족 학생들을 대상으로 실시하는 ‘도심교육구평가시험Trial Urban

’ 결과도 포함되어 있었다. 세 차례에 걸친 시험에서 워싱턴 D.C. 저소득층 4학년 흑인 학생들의 수학 실력은 타 지역 학생들에 비해 평균 1.2년 뒤처져 있었으며, 읽기에서는 1.1년 뒤처져 있었다. 8학년은 수학에서 1.3년, 읽기에서 0.8년 뒤처져 있었다.

보스턴, 휴스턴, 뉴욕 등 상위권에 속한 도심 지역 학생들과 비교해보면 그 차이는 더욱 두드러졌다. 밀스는 다른 도심 지역과 워싱턴 D.C.의 학업성취도를 비교해보면 워싱턴 D.C. 공립학교들이 얼마나 열악한지 알 수 있다고 말했다. 보스턴과 휴스턴의 저소득층 흑인 학생들은 세 차례에 걸친 읽기와 수학 시험에서 전부 워싱턴 D.C. 학생들보다 평균 1.8년 앞서 있었다. 뉴욕 학생들 역시 수학에서 1.9년, 읽기에서 2년 앞서 있었다.

워싱턴 D.C.의 저소득층 흑인 학생들은 8학년까지 될 때까지 이를 극복하지 못했다. 세 차례의 시험에서 보스턴, 휴스턴, 뉴욕 학생들은 워싱턴 D.C. 학생들보다 평균 1년 이상(보스턴 1.5년, 휴스턴 1.2년, 뉴욕 1.1년) 앞서 있었다. 수학에서도 다른 지역 학생들은 워싱턴 D.C. 학생들보다 2년 이상(보스턴 2년, 휴스턴 2.1년, 뉴욕 1.9년) 앞서 있었다.

2010년, 뉴욕 시 교육감 조엘 클레인은 그와 비슷한 결과를 담은 논평을 〈워싱턴 포스트〉에 기고했다. 워싱턴 D.C.와 디트로이트, 밀워키, 로스앤젤레스의 저소득층 4학년과 8학년 흑인 학생들의 학업성취도는 보스턴, 샬럿, 뉴욕, 휴스턴의 비슷한 조건의 학생들보다 훨씬 낮았다. 클레인은 이렇게 기고했다.

'디트로이트의 가난한 아프리카계 미국인 학생들은 4학년이 되면 이미 보스턴의 같은 학년 아이들보다 3년 정도 뒤처진다. … 비슷한

학생들이 다른 결과를 보일 수 있는 이유는 바로 교사 때문이다.'

클레인은 그 차이가 어디서 비롯되는지를 학생들이 아닌 바로 교사들에게서 찾았다.

이 책을 쓰기 위해 조사했던 자료도 클레인의 의견이 사실임을 뒷받침했다. 인종이 같고 생활수준이 비슷한 아이들 중에 다른 아이들보다 훨씬 뒤처지는 아이들이 있다는 것은 얼굴색이나 가난이 낮은 학업성취도의 원인이 될 수 없다는 것을 뜻했다. 문제는 학교였다. 2007년 워싱턴 D.C. 저소득층 흑인 학생들이 미국 전역의 4학년을 대상으로 치러진 읽기 시험에서 가장 낮은 성적을 보일 수밖에 없었던 이유는 오직 실력 없는 학교와 교사들 때문이었다. 워싱턴 D.C.의 8학년은 그보다 약간 나아 로스앤젤레스 8학년에 이어 꼴찌에서 두 번째를 차지했다.

워싱턴 D.C. 교육감이 누가 되든지 해결해야 할 장애물은 세 가지였다. 첫째, 교육제도를 안정적인 고용보장제도로 바라보는 성인들에게 학교는 오직 학생들을 위한 공간이라는 사실을 납득시켜야 했다. 당연한 말 같지만 워싱턴 D.C.와 같이 제조업 기반이 탄탄하지 않은 도시에서는 어떤 형태로든 고용을 예측할 수 있는 일자리로 공무원이 가장 인기 있는 직업이었다. 둘째, 학교 리더십의 부재와 효과 없는 교육이 학생들의 낮은 학업성취도의 원인이라는 사실을 학부모와 유권자들에게 납득시켜야 했다. 셋째, 우수한 관리자들과 교사들을 초빙해야 했다.

가장 넘기 힘든 장애물은 학교에 대한 사람들의 기대를 바꾸는 것이었다. 워싱턴 D.C. 주민들은 실력 없는 학교가 낮은 학업성취도의 원인이라는 사실을 쉽게 받아들이지 못했다. 나는 필요한 자료를 조사하던 중에 당시 워싱턴 교원노조 부위원장이었던 네이선 사운더스를 만났다. 고등학교 관리자 출신이었던 사운더스는 워싱턴 D.C.가 전국 시험에서 최하위를 기록했다는 사실은 어떠한 의미도 없다고 일축했다. 아울러 워싱턴 D.C.는 '주'가 아니기 때문에 어려운 점이 많다고 덧붙였다.

"그렇기 때문에 보통 주 정부로서 발휘할 수 있는 권한이 부족합니다. 의회는 스쿨 바우처부터 차터스쿨까지 미국의 모든 교육 관련 정책을 워싱턴 D.C.에서 실험합니다. 왜 그럴까요? 상하원 의원들과 주지사가 있어 정치적 영향력을 발휘할 수 있다면 우리도 교육 관련 문제를 안에서 처리할 수 있었겠죠."

사운더스는 이어서 공개적으로 언급되지는 않지만 널리 받아들여지고 있는 인종 정치에 관해 설명하기 시작했다. 그러면서 미셸 리가 피부가 검거나 갈색인 학생들을 이해하지 못한다고 말했다.

"가장 중요한 것이 교사의 자질이라고 말씀하시지만 유색인종 학생들이 많은 우리 지역은 다릅니다. … 역사적으로 이곳은 가족 기반 사회였기 때문에 핵가족 개념이 성립되지 않습니다. 흑인 사회에서는 부모가 기대만큼 역할을 하지 못해도 할머니나 삼촌, 숙모가 있습니다. 무슨 말인지 아시겠습니까? '제도'는 결코 우리가 살아남는 데 중요한 토대가 된 적이 없었습니다. 여기 사람들은 제도 때문에 아이들을 잃을 수도 있고 제도가 아이들은 물론 가족 전체에 해를 끼칠 수 있다고 생각합니다. 그래서 우리는 안으로 눈을 돌립니다. 아시겠습니까? 정부 프로그램이 아니란 말이죠. 여기서는 아이들에게 좋은 교사가 필요하다고 말하고 다녀도 소용없을 겁니다."

흑인 아이들의 삶에 더 중요한 역할을 하는 것은 교사가 아니라 바로 종교와 대가족이라고 사운더스는 말했다. 비단 사운더스만이 이러한 생각을 하는 것은 아니었다. 워싱턴 D.C. 전 교육감 클리포드 제이니Clifford Janey 역시 학생들의 학업성취도에 학교는 아주 작은 영향을 끼칠 뿐이라고 주장했다.

워싱턴 D.C.가 의회의 교육 관련 프로젝트에 대한 실험실이 되고 있다는 사운더스의 지적은 옳았다. 하지만 지금까지 오랫동안 그런 바우처 프로그램과 차터스쿨들이 워싱턴 D.C. 학부모들이 의지할 수 있는 유일한 대안이었다는 것 역시 사실이다. 그렇다면 흑인 학생들에게는 좋은 교사가 필요 없다는 그의 생각도 과연 옳았을까?

보스턴, 휴스턴, 뉴욕의 흑인 학부모들에게는 그런 말이 결코 통하지 않을 것이다. 그 지역 아이들이 다니는 공립학교도 완벽하진 않지만 워싱턴 D.C.의 공립학교처럼 학생들의 학업성취도가 몇 년씩 뒤처지게 만들지는 않을 것이다. 그럼에도 불구하고 워싱턴 D.C.에서 교사의 자질에 관한 문제는 여전히 쉽게 받아들여지지 않았다.

어쩌면 지역 신문에서 한 번도 접해보지 못했던 새로운 의견이었기 때문일지도 모른다. 〈워싱턴 포스트〉 기자들은 워싱턴 D.C. 교육제도의 부패와 무능력, 타락에 관한 감독 역할을 충실히 해왔다. 하지만 쓸데없이 가동되는 보일러와 학생 수조차 파악하지 못하는 무능한 교육청이 가장 중요한 문제는 아니었다. 그것은 바로 학교의 리더십과 교사의 자질이었다.

워싱턴 D.C. 교육감으로서의 출발

이처럼 엉망진창이 된 워싱턴 D.C. 공립학교들의 상태를 개선할 수 있는 인물이 있을까? 펜티는 당시 교육감이었던 클리포드 제이니를 연임시킬 생각은 추호도 없었다. 제이니는 전국에서 엄격하기로 소문난 메사추세츠 학력 기준을 도입하는 등 몇 가지 업적을 쌓긴 했지만 갑자기 권력을 장악한 급진적 개혁가 펜티의 성에는 절대 차지 않는 온건주의자였다. 애드리언 펜티에게는 자신이 요구했던 시장의 전적인 권한과 재량을 최대한 활용하여 게임의 판도를 뒤집을 수 있는 새로운 인물이 필요했다.

교육 부시장(미국에는 시에서 특정 분야의 행정을 책임지는 부시장 제도를 두기도 한다 – 옮긴이)이었던 빅토르 레이노소Victor Reinoso와 그의 최측근 애비게일 스미스가 그 새로운 인물을 찾아 나섰다. 지역 언론에는 펜티가 마이애미 데이드 카운티 교육감 루디 크루Rudy Crew를 '훔치려' 한다는 소문이 퍼지기도 했다. 뉴욕 시 교육감을 역임한 적이 있는 크루는 도심 지역 교육 문제에 대해서는 유명한 인물이었다. 스미스는 펜티가 크루에게 관심을 보이는 것 같았다고 했다.

"하지만 크루는 도심 지역 교육감이었습니다. 다시 말하면 그 역시 여러 도시를 전전하는 다른 도심 지역 교육감들과 크게 다르지 않을 것이라는 뜻입니다. 크루도 떠들썩하게 과감한 정책을 실행하긴 했지만 우리는 그 이상을 원했습니다."

그해 4월, 공교육 개혁에 벤처 자본과 철학을 투자하는 교육 개혁 그룹 뉴스쿨 벤처 펀드NewSchools Venture Fund가 뉴올리언스에서 연례 모임을 개최했다. 뉴스쿨 벤처 펀드는 언커먼 스쿨스, 그린 닷 퍼블릭 스쿨스, 어치브먼트 퍼스트 등과 같이 공립학교를 인수해 수준 높은 차터스쿨로 전환하는 유명한 교육 개혁 그룹이었다. 그 펀드의 지원을 받고 있던 TFA의 베테랑 교사 다수도 그 모임에 참가했다. 뉴스쿨 벤처 펀드 모임은 TFA 교사 출신인 애비게일 스미스에게 일종의 위안, 혹은 기분전환이 되는 모임이었다.

다른 교사들은 대부분 TFA 출신 교사들을 달갑게 여기지 않았다. 교원노조에 속해 있는 기존 교사들은 대부분 다수의 교사를 배출하는 주립대학교 교원 양성 프로그램을 이수해 교사가 된 경우였기 때문에 우수한 대학을 갓 졸업한 교사들이 기존 체제에 편입해 2년 만에 즉각적인 영향을 끼칠 수 있다는 '엘리트주의적'인 개념에 이의를 제기했다. 학교는 그렇게 굴러가지 않는다는 것이 그들의 주장이었다.

하지만 뉴스쿨 벤처 펀드 모임은 전혀 그런 분위기가 아니었다. 스미스는 이렇게 말했다.

"뉴스쿨 모임은 마치 신나는 파티 같아요. 전부 TFA 교사 출신이거든요."

그 모임은 미국 전역에서 학교 개혁에 앞장서는 사람들이 엉뚱한 시간에 한 방 가득히 모여 해결하기 힘들 것 같은 문제에 대해 난상토론을 벌이는 모임이라고 할 수 있었다. 예를 들면 워싱턴 D.C. 공립학교를 구하기 위해 필요한 것은 무엇인가와 같은 주제였는데, 그것이 바로 밤 10시에 스미스가 제안한 토론 주제였다. 하지만 토론은 TFA 설립자 웬디 콥이 견디기에는 너무 늦은 시각에 시작되었다. 그래도 콥은 다른 슈퍼스타 동료들과 함께 토론에 참가했다.

스미스는 다음과 같은 질문을 던졌다.

'펜티 시장이 워싱턴 D.C. 공립학교 통제권을 장악했다. 펜티는 무엇을 해야 하고 누구를 교육감으로 임명해야 하는가?'

하지만 토론에 참가한 사람들은 전부 피곤한 상태였다. 심지어 콥은 자기는 올빼미형이 아니라서 하마터면 졸 뻔했다고 말하기도 했다.

그래서인지 최고의 브레인들이 던진 의견도 따분할 뿐이었다. 바로 그때 미셸 리가 일어났다. 자정이 가까운 그 시각에 미셸 리가 제시했던 학교 개혁 방법이 무엇이었는지 정확히 기억하는 사람은 거의 없었다. 하지만 모든 사람들이 그녀의 두둑한 배짱은 기억했다. 밤은 점점 깊어갔고 콥은 마침내 피로에 굴복해 토론 장소를 떠났지만 그 전에 스미스에게 다음과 같은 메모를 건넸다.

'미셸 리는 어때?'

스미스는 콥에게 "그녀가 할 수 있을까?"라고 속삭였고 콥은 다시 이렇게 적었다. '아마 그럴 것 같아.' 그리고 토론 장소를 떠나며 이렇게 속삭였다.

"미셸은 한다면 하잖아."

스미스는 몹시 흥미로워했다. 그 후로 '미셸은 한다면 하잖아'라는 그 말이 머릿속에서 떠나지 않았다.

스미스의 상관 빅토르 레이노소도 흥미로워하긴 마찬가지였다. 다음 날 두 사람은 우연히 미셸 리와 같은 택시를 타게 되었고, 레이노소는 그 기회를 틈타 교육감 후보자 몇 명의 이름을 거론하며 미셸 리에게 불쑥 물었다.

"당신도 한번 생각해보는 건 어때요?"

이에 미셸 리는 웃으며 정중히 거절했다.

"저는 아니에요."

하지만 스미스와 레이노소는 낙담하지 않았고 논의는 계속되었다. 그러던 어느 날 미셸 리는 레이노소와 저녁을 함께하게 되었다. 미셸 리는 그 자리에서 워싱턴 D.C. 교육감 적임자를 몇 명 추천했는데, 그중에는 템플 대학교 교육대학 학장이었던 켄트 맥과이어Kent McGuire와 KIPP의 공동설립자 데이브 레빈Dave Levin, 그리고 마이크 핀버그Mike Feinberg도 있었다. 미셸 리는 이렇게 말했다.

"그 사람들이 그 일을 할지 안 할지는 알 수 없지만 일단 펜티 시장이 찾는 인물의 조건은 충족시킬 거예요."

그리고 자신이 직접 그 일을 맡는다는 생각에 대해서는, 교육감은 '이 세상에서 가장 하기 싫은 일'이라고 딱 잘라 말했다. 레이노소는 다음 주 즈음에 시장과 함께 만나보자고 미셸 리를 설득했고, 미셸 리도 이에 동의했지만 교육감 자리에 대해서는 더 이상 이야기하고 싶어 하지 않았다. 그녀는 TNTP와 워싱턴 D.C.에 더 우수한 교사들을 초빙하는 문제에 대해서만 이야기할 생각이었다.

한편 레이노소가 펜티 시장에게 미셸 리에 대한 말을 꺼내기도 전에 펜티가 그를 불러 이렇게 물었다.

"미셸 리라는 사람에 대해 아는 바가 있습니까?"

그 당시 펜티 역시 웬디 콥으로부터 미셸 리에게 그 일을 맡기라는 비슷한 압력을 받고 있었던 것이다. 뉴올리언스에서 있었던 모임 후에 콥은 미셸 리가 워싱턴 D.C.의 교육감으로 적임자라는 생각을 떨칠 수 없었다. 콥은 뉴욕 본사에서 직원들과 회의를 하던 도중 갑자기 조엘 클레인에게 다음과 같이 이메일을 보냈다.

'워싱턴 D.C. 교육감으로 미셸 리가 어때요?'

그리고 콥이 뿌린 씨앗은 비옥한 땅에 떨어졌다.

뉴욕 시장 마이클 블룸버그가 게임의 판도를 뒤집을 수 있는 교육감으로 선택했던 조엘 클레인은 하나하나 천천히 고쳐나가면 된다는 점진주의에 콧방귀를 뀌었다(교육 개혁가들에게 점진주의라는 단어는 저주와도 같은 말이었다. 펜티 시장이 클리포드 제이니의 연임을 결코 고려하지 않은 것도 이 때문이었다). 펜티는 클레인을 신뢰했다. 펜티가 공립학교 통제권을 장악하기 위해 워싱턴 D.C. 시의회와 긴 싸움을 하는 동안 클레인이 시의회를 설득하는 데 큰 힘을 보태주었기 때문이다.

클레인은 어떻게 하면 워싱턴 D.C. 시의원들의 마음을 움직일 수 있는지 정확히 꿰뚫고 있었다. 클레인은 뉴욕의 가난한 흑인 아이들이 워싱턴 D.C.의 가난한 흑인 아이들보다 2년가량 앞서 있다고 말했다. 그리고 그 차이는 가난 때문이 아니라 학교와 교사의 자질 때문이라고 지적했다. 클레인의 발언 이후에 워싱턴 D.C. 시의회는 학교 개혁의 열쇠를 펜티 시장에게 넘겨주는 데 9 대 2로 찬성했다.

그 투표 이후 펜티는 즉각 클레인에게 연락을 취해 이렇게 물었다.

"학교 개혁의 청사진을 어떻게 그려야 하는가?"

클레인은 펜티 시장에게 청사진을 그리기 전에 가장 먼저 훌륭한 지도자를 찾아야 한다고 조언했다. 펜티는 누가 좋겠냐고 물었고, 클레인도 적임자를 찾기 위해 고심 중이라고 말했다. 클레인이 추천한 사람들은 대부분 급진적 개혁가라고 할 수 있는 인물들로 고사 직전의 학교를 맡아 훌륭하게 개선시킨 사람들이었다. 가장 유력한 인물은 루디 크루였다. 클레인이 콥의 이메일을 받은 것도 바로 그 즈음이었다. 놀랍게도 모든 일이 척척 들어맞았다.

말도 안 되는 뉴욕 교원 임용 규정을 두고 사나운 랜디 웨인가튼을 거침없이 제압했던 여성이라면 워싱턴 D.C. 교육감 자리를 차지할 배짱도 틀림없이 두둑할 것이었다. 클레인과 콥이 동의했던 한 가지 문제는 학교 운영 경험이 전혀 없고 비교적 잘 알려지지도 않은데다가 그 일을 원하지도 않는 서른일곱 살의 한국계 미국인 여성에게 도박을 하도록 펜티를 설득하는 일이었다.

클레인은 펜티에게 전화를 걸었다. 그리고 두 사람이 있는데 첫 번째는 안전한 인물이고, 두 번째는 변혁의 주도자라고 했다. 클레인은 미셸 리에 관해 이렇게 말했다.

"그녀는 단시간에 과감하게 일을 추진해 엄청난 논란을 불러일으킬 겁니다."

그러자 펜티는 이렇게 대답했다.

"바로 그런 사람이 필요해요. 지금 당장 그녀를 만나보고 싶군요."

미셸 리는 펜티 시장과 약속을 잡았다. 펜티가 자기한테 그 일을 맡기고 싶어 한다는 사실을 알고 있었지만 그 제안을 받아들일 수 있는 상황이 아니었다. 아이가 둘이나 있었고 집은 덴버에 있었으며 결혼생활에도 문제가 있었다. 워싱턴 D.C.에서 펜티 시장을 만나기 바로 전 날, 미셸 리는 별거 중이었던 남편 케빈 허프먼에게 전화해 그 제안에 대해 상의했다. 미셸 리는 이렇게 말했다.

"케빈은 워싱턴 D.C. 공립학교들이 미국 전역에서 가장 열악하다며 그 일을 해낼 수 있는 사람은 극소수라고 했어요. 그리고 그 극소수 중 한 명이 바로 저라고 하더군요. 자기가 아이들을 데리고 기꺼이 워싱턴 D.C.로 이사 가겠다면서요."

그 말을 듣고 미셸 리는 어안이 벙벙해졌다. 갑자기 워싱턴 D.C. 교육감직을 수락할 수 있게 된 것이다. 하지만 미셸 리는 정말 그 일이 하고 싶은지 진지하게 생각해볼 필요가 있었다. 그리고 또 한 사람, 펜티 역시 자신이 무슨 일을 저지르고 있는지 잘 생각해볼 필요가 있었다.

비공개 인터뷰를 원했던 펜티는 미셸 리가 워싱턴 D.C. 시청이나 마찬가지인 윌슨 빌딩에 신원을 밝히지 않고 들어올 수 있도록 한밤중에 옆문을 열어놓았다. 미셸 리는 그 비밀작전이 몹시 우스웠다. 어차피 그녀가 누구인지 아무도 몰랐기 때문이다.

"제가 출입구에서 열다섯 번 정도 신원을 밝혔다고 해도 제가 누군지, 무슨 일로 왔는지 아무도 몰랐을 거예요."

펜티 시장과의 인터뷰는 마치 탁구 경기와 같았다. 미셸 리가 자신은 적임자가 아니라고, 너무 강경파라서 재선을 바라는 정치인에게 쓸데없는 논란만 불러일으킬 거라고 말하면 말할수록, 펜티 시장은 그런 인물이 바로 자기가 찾는 변혁의 주도자라고 맞받았다.

다음 날 아침, 미셸 리는 올리비아의 유치원 졸업식에 참석하기 위해 새벽 6시 비행기를 타고 덴버로 돌아왔다. 비행기에서 내려 휴대전화를 켜자 클레인으로부터 문자메시지가 와 있었다. 펜티 시장한테서 미셸 리가 바로 적임자라고 아침 일찍 전화를 받았다는 것이다.

미셸 리는 새로운 도전에 구미가 당기기도 했지만 과연 그 일을 맡아야 할지 여전히 판단이 서지 않았다. 그래서 메릴랜드 주 프린스 조지스 카운티 교육감을 맡고 있던 존 디지와 의논했다. 미셸 리는 펜티가 어떤 사람인지 잘 몰라서 걱정스럽다며 그가 정말 믿을 만한 사람인지 물었고 디지는 이렇게 대답했다.

"그를 믿어야 할지 모르겠다니요? 그 남자는 공립학교를 개선하기 위해 자신의 정치 생명을 전부 걸었잖아요. 당신한테 자기 인생 전부를 건 것입니다."

미셸 리는 또한 에듀케이션 트러스트The Education Trust를 설립해 미국 전역의 교육 개혁을 위해 노력하고 있던 캐티 헤이콕Kati Haycock과 저녁을 먹는 자리에서 자신이 워싱턴 D.C. 교육감 자리를 맡아야 하는 이유에 대해 적어보기도 했다.

"나는 지금까지 형편없는 공립학교들의 행태에 대해 한탄하지 않은 적이 없었다. 그리고 지금 그 생각에 책임을 질 수 있게 되었다."

미셸 리는 헤이콕이 일부러 반대 의견을 제시했는데, 그 의견이 곧 미래에 대한 예언이 되었다고 말했다.

"인종 정치가 갈수록 기승을 부릴 거야. 그 자리에 갔다간 처참하게 당하고 말걸."

그리고 미셸 리는 다시 펜티 시장을 만났다. 두 번째 만남을 떠올리며 미셸 리는 이렇게 말했다.

"펜티 시장에게 저는 적임자가 아니라고 말했습니다. 펜티 시장은 제가 적임자라고 하며 자신의 야망은 워싱턴 D.C. 최고의 시장이 되는 것이지만 워싱턴 D.C.의 공교육제도가 개선되기 전까지는 결코 최고의 시장이 될 수 없다고 말하더군요. 저는 그 말에 감명을 받았습니다. 그는 정치적 반대에 대해서는 별로 신경 쓰지 않았습니다. 그런 문제로 동요할 사람이 아니었죠. 제가 공립학교를 개혁하기 위해 노력하는 한 그 사람은 100퍼센트 제 뒤를 받쳐줄 사람이었습니다."

결국 미셸 리는 펜티 시장의 제안을 받아들였다. 3년 후 그 이야기를 다시 꺼내면서 그녀는 이렇게 말했다.

"펜티 시장의 결심은 한 번도 흔들린 적이 없었습니다."

교육감 임명은 2007년 6월 12일 화요일로 예정되어 있었다. 펜티는 일요일에 윌슨 빌딩에서 〈워싱턴 포스트〉의 논설위원 조앤 아르마오와 〈워싱턴 포스트〉의 기자 데이비드 나카무라를 먼저 만나 미셸 리를 소개할 생각이었다. 미셸 리가 약속 장소에 나타났을 때 세 사람은 이미 이야기를 나누고 있었다. 대화에 끼어든 미셸 리는 어리둥절해하는 두 사람의 얼굴을 보고 펜티가 자신에 대해 아직 언급하지 않았다는 사실을 깨달았다. 아르마오와 나카무라가 자기를 보며 당황했기 때문에 미셸 리는 직접 자기소개를 해야 했다. 첫 대면치고는 어색한 풍경이었다. 나중에 미셸 리에게도 그렇게 말했다지만 아르마오가 그 순간 맨 처음 한 생각은 바로 이것이었다.

"애드리언 펜티가 드디어 미쳤군."

월요일 밤에 펜티 시장에게 미셸 리를 소개받은 시의회 의장 빈센트 그레이Vincent Gray 역시 깜짝 놀랐다. 빈센트 그레이는 그 후에 미셸 리의 반대편에 서게 되고 결국 펜티를 누르고 시장에 당선된다. 미셸 리는 이렇게 말했다.

"그 만남도 어색하기는 마찬가지였어요. 저를 보고 깜짝 놀라는 게 훤히 보였거든요."

그레이가 미셸 리를 처음 만난 장면을 어떻게 기억하고 있는지, 그로부터 3년 이상이 지난 후 〈워싱턴 포스트〉에 실린 다음 기사를 보면 알 수 있을 것이다.

그레이(민주당)는 3개월 후에 있을 의회 투표에서 관내 공립학교들에 대한 시장의 권한에 지지함으로써 펜티(민주당) 시장과 밀접한 '파트너십' 관계를 만들 수 있기를 원했고, 이를 통해 시 정부의 양축인 시장과 의회가 시의 당면 과제들을 처리하는 데 긴밀히 협조할 수 있기를 원했다.

하지만 그레이는 학교 개혁 법안이 발효되기도 전에 펜티에게 직격탄을 맞았다. 그는 2007년 6월, 법안이 발효되기 하루 전날 밤 11시가 지난 시각에 펜티가 '그 여자 분'과 함께 자기 사무실로 들어왔다고 말했다. 그 여자 분이 바로 미셸 리였고, 펜티는 그레이에게 이 분이 내일 아침에 소개할 새로운 교육감이라고 말했다. 그레이는 이렇게 말했다.

"저는 그야말로 어안이 벙벙해 이렇게 말했습니다. '어떻게 이럴 수 있습니까?' 다음 날 아침에 발행된 신문을 보니 〈워싱턴 포스트〉도 저보다 먼저 그 사실을 알고 있었더군요. 펜티 시장이 의회보다 언론을 더 신뢰했다는 생각에 몹시 불쾌했습니다."

다른 시의원들은 심지어 그보다 더 늦게 기자회견 자리에서 그 사실을 알게 되었다. 그들은 기자회견 직전 미셸 리가 조찬 모임에서 자기소개를 할 때까지 아무것도 몰랐다. 미셸 리는 기자회견장에서 가장 기억에 남았던 장면으로 펜티 시장이 교육감에 관한 정보를 〈워싱턴 포스트〉에 미리 흘렸다는 사실을 알고 〈워싱턴 이그재미너Washington Examiner〉의 기자가 비명을 지르던 일을 꼽았다. 그리고 모든 상황이 무척이나 비현실적이라고 생각했다.

교육감 임명 기자회견이 끝나고 미셸 리는 곧장 워싱턴 교육청으로 가서 지체 없이 첫 번째 해고 대상자를 지목했다. 바로 제이니의 최측근 두 명이었다. 이어 학교들을 방문하기 시작했고 그 와중에 팀 데일리가 그 유명한 슬로웨 초등학교 표지판을 발견했다.

'학부모와 학생이 극복할 수 없는 문제는 교사도 결코 극복하지 못한다.'

이후 3년 동안 미셸 리는 그런 태도가 슬로웨 초등학교 교사들에게만 국한된 것은 아니라는 사실을 깨달았다. 미셸 리는 말했다.

"워싱턴 D.C.에는 수백 명의 유능한 교사도 많았기 때문에 저는 '모든 교사들'이 그렇다고는 말하지 않겠습니다. 하지만 그런 사고방식이 워싱턴 D.C. 공립학교 구석구석에 만연해 있다는 것은 틀림없는 사실입니다."

물론 교육청도 예외는 아니었다. 미셸 리는 시간이 날 때마다 예고 없이 직원들 사무실을 찾기도 했다. 그리고 직원들에게 무슨 일을 하는지 물었고 직원들은 늘 자신의 직함으로 그 질문에 답했다. 그러면 미셸 리는 당신의 직함이 아니라 당신이 여기서 실제로 하는 일이 무엇이냐고 다시 한 번 물었다. 그다음 대답은 늘 똑같았다. '상관이 시키는 일을 합니다.' 미셸 리는 이렇게 말했다.

"직원들은 자기가 무슨 일을 해야 하는지도 몰랐습니다. 한번은 어떤 여직원한테도 같은 질문을 했는데 그녀가 입학 등록 절차를 책임지고 있다고 하더군요. 그래서 제가 말했죠. '잘됐네요! 꼭 한번 만나보고 싶었습니다. 워싱턴 D.C. 공립학교에 등록된 학생 수는 도대체 전부 몇 명입니까?' 그 여직원은 대답 대신 변명하느라 바쁘더군요."

미셸 리는 정보 팀장으로 에린 맥골드릭을 채용했다. 맥골드릭은 워싱턴 D.C. 공립학교들이 서로 다른 스물아홉 가지 데이터시스템을 사용하고 있다는 사실을 발견했다. 미셸 리는 이렇게 말했다.

"서로 호환되는 프로그램이 하나도 없었고 정확한 정보를 얻을 수 있는 프로그램도 하나도 없었습니다."

믿을 만한 자료를 얻을 수 있는 가장 기초적인 정보시스템을 구축하는 데만 2년이 걸렸다.

워싱턴 교육청의 가장 심각한 문제는 특수교육 관련 업무였다. 2007년에는 특수교육 관련 업무를 엉터리로 처리해, 한 해 학교 예산의 20퍼센트에 달하는 2억 300만 달러를 낭비했다. 필라델피아 교육청 특수교육 부서는 전체 예산의 12퍼센트를, 피츠버그는 14퍼센트를 사용하는 것이 고작이었다. 수년 동안 외부 변호사들이 허점 많은 워싱턴 D.C.의 특수교육제도를 악용해왔다. 구비 자료가 많지 않아 변호사들은 값비싼 특수교육 전문 사립학교로 학생들을 보내라는 법원 명령을 쉽게 받아낼 수 있었다. 이에 편승해 다른 지역 학부모들이 워싱턴 D.C.에 위장 전입해 아이들을 특수교육 전문 사립학교에 입학시키는 경우도 있었다(미국의 특수교육 대상 학생들은 일정 기간 동안 정해진 교육을 받을 권리가 있다. 공립학교에서 그런 교육을 제대로 받지 못하면 학부모들은 값비싼 특수교육 전문 사립학교로 아이들을 보내달라고 교육청에 요구할 수 있다 ─옮긴이).

미셸 리는 친한 친구이자 TFA 동료였던 리처드 냔코리에게 그 일을 맡겼다. 어느 날 그는 미셸 리에게 특수교육 부서에서 일하는 한 중간급 직원에 대해 이야기했다. 그 사람이 관련 서류를 꼼꼼하게 관리하지 못해 특수교육 대상 학생들을 값비싼 사립학교에 보내느라 매해 22만 7,000달러를 두 해에 걸쳐 지불했다는 것이다. 미셸 리는 이렇게 말했다.

"저는 너무 놀라 그 여직원을 만나고 싶었습니다. 그래서 리처드가 약속을 잡으려고 전화를 걸었죠. 그런데 그녀가 먼저 자기 상관하고 말해야 한다고 했다는군요. 리처드는 '교육감이 당신의 상관이에요. 교육감은 모든 직원의 상관이니까요'라고 말했죠."

결국 그녀를 만난 미셸 리는 왜 특수교육 사립학교에 학생들을 보내느라 50만 달러나 지출해야 했는지 그 이유를 물었다.

"그녀는 할 일이 너무 많아 몹시 바쁘기 때문에 가끔 신경 쓰지 못하는 일도 생길 수밖에 없다는 걸, 제가 알아야 한다더군요."

그 만남 후 미셸 리는 냔코리에게 그녀를 해고하라고 말했다.

몇 주 만에 해고자들이 눈덩이처럼 불어나기 시작하자 교육청 자문위원은 미셸 리에게 그만하라고 충고했다. 이에 미셸 리는 이렇게 되물었다. '왜 그만두어야 하죠? 그 사람들은 업무를 수행할 능력이 없어요!' 그러자 다음과 같은 답변이 돌아왔다. '워싱턴 D.C. 공립학교에 오신 걸 환영합니다. 우리는 누구도 해고하지 않아요. 특히 무능하다는 이유만으로 해고할 수는 없어요. 우리가 직원을 해고하는 유일한 경우는 아이들을 때리다가 걸렸거나(증인이 아무리 많아도 소용없으며 반드시 비디오테이프로 녹화되어야 한다) 돈을 훔치다가 걸렸을 경우밖에 없어요.' 무능하다는 이유로 해고하려면 그 무능함이 계속 반복된다는 것을 반드시 증명해야 한다고 그는 덧붙였다. 하지만 교육청의 어떤 직원도 몇 년 동안 제대로 평가받은 적이 없었기 때문에 무능함이 계속 반복된다는 것을 증명할 방법은 없었다. 미셸 리는 그 자문위원에게 이렇게 물었다.

"그렇다면 정말 어처구니없이 무능한 교육청 직원들은 도대체 어떻게 해야 합니까?"

"학교로 보내면 됩니다."

"세상에! 그게 말이 된다고 생각하세요?"

미셸 리는 이 문제를 해결하기 위한 단기적 해법으로 능력 없는 직원들을 해고하는 대신 월급은 계속 주고 출근은 못하게 했다. 그렇다면 특수교육 부서를 엉터리로 운영했던 여직원은 어떻게 되었을까? 미셸 리는 이렇게 말했다.

"비용을 삭감하는 최선의 방법은 그녀를 집으로 돌려보내는 것이었습니다. 우리는 꽤 많은 직원들을 돌려보냈죠."

이 방법은 자기가 하루 종일 무슨 일을 하는지조차 모르던 직원들에게 다음과 같은 메시지를 전달했다.

'이 미친 여자는 정말 한다면 하는구나!'

미셸 리는 장기적인 해법을 찾기 위해 펜티 시장에게 도움을 청했다. 그러자 펜티 시장은 게임의 규칙이 마음에 들지 않으면 규칙을 바꾸라고 말했다. 펜티 시장의 도움으로 2008년 1월 8일, 워싱턴 D.C. 시의회는 노조에 가입하지 않은 교육청 직원들을 임의고용 형태로 전환할 수 있는 법안을 10 대 3으로 가결시켰다. 이로 인해 미셸 리는 해고하고 싶은 직원은 누구든 해고할 수 있었으며, 자신이 언급했던 '책임지는 문화'를 만들어갈 수 있었다. 그 후 몇 달 동안 해고당하는 직원의 숫자가 점점 많아졌다. 미셸 리는 이렇게 말했다.

"직원들은 정말 해고를 당할 수도 있겠다고 생각했을 겁니다. 엄청난 폭풍인 거죠."

정말 엄청나긴 엄청났을 것이다. 미셸 리에 따르면 3년 후 워싱턴 D.C. 교육청 직원 수가 처음에 비해 절반가량 줄었으니 말이다. 신임 교육감들은 보통 그 정도면 충분하다고 생각했을 것이다. 교육감에 임명되면 보통 한 가지 중대한 개혁을 실행한 다음, 이후에 있을지도 모르는 비난을 피하기 위해 몸을 사린다. 그래서 두 번째 개혁은 시도조차 못한 채 짧은 재임 기간을 마친다. 하지만 미셸 리에게 교육청 직원 해고는 폭풍처럼 번져나갈 불길의 씨앗일 뿐이었다. 게다가 전체적으로 봤을 때 논란의 여지가 가장 적었던 사건이기도 했다.

미셸 리, 교육 혁신의 드라이브를 걸다

미셸 리는 지금까지 도심 지역 교육구에서는 볼 수 없었던 차별화된 팀을 꾸려 전투태세를 갖췄다. 핵심 인물들은 바로 미셸 리와 같은 TFA 교사 출신들이었다. 부교육감으로 카야 헨더슨Kaya Henderson을 임명했고, 부시장 레이노소의 전 보좌관 애비게일 스미스가 학교 개혁을 맡았다. 애너코스티아의 수자 중학교에 근무할 당시 '올해의 교사'로 선정되었던 제이슨 캄라스는 교사지도와 평가를 동시에 할 수 있는 교사평가시스템IMPACT을 구축하는 임무를 맡았고, 냔코리는 힘은 들지만 보상은 별로 없는 특수교육 부서를 맡았다.

우선 첫 4년 동안은 가장 중요한 두 가지를 개혁 목표로 삼았다. 첫 번째는 '인적 자본'으로 관료주의적인 용어로 말하자면 유능한 교장과 교사들을 워싱턴 D.C. 공립학교로 초빙하는 것이었다. 두 번째는 특수교육이었다. 하지만 일반 대중과 언론의 눈에 비친 미셸 리의 개혁은 오직 교사의 자질, 즉 인적 자본에 관한 개혁이었다. 미셸 리 교육감이 오늘은 누구를 해고하고 누구를 고용했을까?

하지만 워싱턴 교육청 내부에서는 특수교육 관련 정책을 바로잡기 위해 많은 사람들이 피와 땀을 쏟고 있었다. 나는 수요일마다 워싱턴 교육청 밖에 차를 세워놓고 그녀와의 'SUV 인터뷰'를 기다렸다. 교육청 안에서 미셸 리는 학생들은 물론 워싱턴 D.C. 납세자들에게 몹시 불합리한 제도를 바로잡아야 한다며 냔코리를 비롯한 직원들을 들볶고 있었을 것이다.

미셸 리는 가끔 저녁을 함께하는 친한 친구들에게 교육 개혁에 관한 새로운 의견을 가장 먼저 들려주곤 했다. 냔코리, 헨더슨, 일정 관리의 대가 숀 브랜치 등이었다. 워싱턴 D.C.의 모든 문제를 인종적인 관점에서 바라보며 사사건건 미셸 리를 비판하는 사람들은 그녀가 백인 학생들을 공립학교로 흡수하는 데 전념하는, 백인들을 위한 일꾼이라고 생각했다. 하지만 미셸 리를 아는 사람들에게 이는 말도 안 되는 생각이었다. 위에서 언급한 세 사람과 전 NBA 스타이자 새크라멘토 시장인 당시 그녀의 약혼자 케빈 존슨을 비롯해 미셸 리와 가장 가까운 사람들은 전부 흑인이었다. 그리고 그녀의 목표는 볼티모어에서 아이들을 가르칠 때와 전혀 다르지 않았다. 바로 더 많은 저소 득층 흑인 학생들에게 미래에 대한 희망을 심어주는 것이었다.

반대에 아랑곳하지 않고 개혁을 추진하는 미셀 리의 모습에 매력을 느낀 외부 인사들이 워싱턴 D.C. 공립학교 개혁에 동참하기도 했다. 제임스 샌드맨은 워싱턴 D.C.에서 가장 유명한 로펌을 그만두고 그녀의 법률 자문이 되었으며, 아프가니스탄에서 임무를 마치고 돌아온 퇴역 준장 앤서니 타타는 미셀 리 개혁의 집행 계획을 책임졌다. 캘리포니아의 교육 컨설턴트 마이클 무디는 임시 최고 자문위원으로 전체적인 전략을 세웠다. 시카고의 공립학교 개혁을 책임졌던 조슈아 에델맨도 워싱턴 D.C. 공립학교들을 개혁하기 위해 미셀 리와 함께했다.

캘리포니아 차터스쿨연합에서 자료의 달인으로 활약했던 에린 맥골드릭은 서로 호환되지 않는 20여 개의 데이터시스템을 정리하고 미셀 리가 원하는 모든 자료를 정확하게 제공했다. 맥골드릭은 야근을 밥 먹듯이 하다가 미셀 리에게 당장 퇴근하라는 명령을 받기도 했다. 미셀 리는 또한 TNTP에서 함께 일한 적이 있던 교육감 비서실장 리사 루다와 같은 믿을 만한 기존 직원들에게 의지하기도 했다. 루다는 모든 부서에 걸쳐 인재들을 관리했다.

그야말로 전국의 교육 관련 인재들이 모인 전례 없는 집단이었다. 미셀 리가 SUV 인터뷰조차 못할 만큼 바빴던 여름, 나는 2주에 한 번씩 워싱턴 교육청에 들렀다. 그리고 그 유명한 탄수화물 덩어리 점심 식사를 해치우는 미셀 리 옆에 앉아 인터뷰를 진행했다. 미셀 리가 내 질문에 대답하느라 먹던 점심도 내려놓고 열변을 토한 적이 있었

는데, 바로 내가 교육부 장관 아른 던컨의 직원들과 자기 직원들을
교환할 의사가 있냐고 물었을 때였다. 던컨의 측근들 역시 전국에서
내로라하는 훌륭한 인재들이었다. 미셸 리는 먹고 있던 미트 로프가
목에 걸렸는지 가슴을 치며 이렇게 외쳤다.

"아니요! 절대로!"

미셸 리의 대단한 참모진들 중 가장 먼저 법률 고문 제임스 샌드맨
에 대해 살펴보자. 그는 개혁을 추진하고 있는 미셸 리를 어떻게 도
와야 하는지 잘 알고 있었다. 2007년 10월, 기업 변호사였던 샌드맨
은 미국에서 가장 유명한 로펌 중 하나인 아놀드 앤 포터Arnold & Porter
의 매니징 파트너로 일하고 있었다. 30여 년 동안 변호사로 일해왔던
그는 워싱턴 변호사협회 의장직에서 물러나면서 연방 정부 차원의 공
직에서 일해보고 싶다는 생각이 들었다. 그런데 마침 그때 워싱턴
D.C. 그랜드 하얏트 호텔에서 열린 '인권과 도심 지역 문제 해결을 위
한 변호사회'의 조찬 모임에 초대받았는데, 그 모임의 주요 연사가
바로 미셸 리였다. 샌드맨은 이렇게 말했다.

"미셸 리는 아침 식사가 시작된 다음에 도착했어요. 저는 그녀를
보고 깜짝 놀랐습니다. 수행단도 없이 혼자 왔거든요. 아마 지갑이나
핸드백도 들고 오지 않았을 겁니다. 교육감 정도 되는 사람들은 보통
어디든 혼자 가지 않아요. 길을 안내해주고 가방을 들어줄 사람을 데
리고 다니죠. 미셸 리가 연설을 하기 시작하자 거기 모인 모든 사람
들이 넋을 잃고 그녀의 말에 귀를 기울였죠. 그녀의 연설에는 열정과
에너지 그리고 해낼 수 있다는 태도가 넘쳤습니다. 시종일관 웃음을
잃지 않았고 낙천적이고 열정적이었으며 자기 앞에 놓인 장애물을

얕보지도 않았습니다."

연설을 마친 미셸 리는 과연 변호사들이 어떤 도움을 줄 수 있을지 물었다. 그리고 그에 대한 대답을 서너 가지 거침없이 늘어놓다가 갑자기 이렇게 물었다.

"혹시 어디서 좋은 고문 변호사를 구할 수 있는지 아시는 분이 계신가요? 고문 변호사 한 분이 필요한데 제 주변의 변호사들은 전부 안 된다는 말밖에 할 줄 모르더군요."

그 순간 샌드맨은 이렇게 생각했다.

'저 사람과 함께 일해보고 싶군.'

그는 집으로 가서 아내에게 의견을 물었고 그 일을 해보라는 답이 돌아왔다. 샌드맨은 이렇게 말했다.

"그 일을 한다니까 아이들도 흥미로워하더군요. 아이들에게 미셸 리는 스타나 다름없었으니까요."

샌드맨은 미셸 리의 고문 변호사에 지원했다. 몇 차례의 인터뷰 중 한번은 미셸 리가 "제가 지금 늦었으니 제 차로 함께 가면서 이야기 하자"라고 말하기도 했다. 그러다가 샌드맨은 미셸 리가 한 학교에 서 회의를 주관하는 모습까지 지켜보게 되었다.

"그녀는 자신의 교육 개혁 방향을 달가워하지 않는 청중들이 어떤 질문을 던져도 막힘없이 대답했습니다. 무척 솔직하더군요. 사람들 이 듣고 싶어 하는 이야기를 하는 것이 아니라 모든 질문에 정직하게 대답했습니다. 메모를 하지 않고도 누가 어떤 질문을 했는지 다 기억 했습니다."

미셸 리는 샌드맨에게 함께 일하자고 했고, 샌드맨은 아놀드 앤 포터를 그만두었다. 그를 이해하는 동료들도 있었고 이해하지 못하는 동료들도 있었는데 표정만 봐도 어떤 쪽인지 금방 알 수 있었다. 그는 이렇게 말했다.

"세상에서 가장 훌륭한 일이라고 생각하는 사람들도 있었습니다. 저를 측은하게 여기는 사람들도 물론 있었죠."

하지만 샌드맨은 결국 자신이 원하던 일을 하게 되었고, 미셸 리를 도와 법률적으로 '아무 문제없는' 학교 개혁 방법을 찾기 시작했다.

미셸 리의 또 다른 측근 카야 헨더슨은 뉴욕의 마운트 버넌에서 자랐으며 아주 잠깐 가톨릭 여학교에 다닌 것을 빼면 쭉 공립학교에 다녔다. 고등학교 재학 시절 그녀는 '전형적인 모범생'이었다. 시니어 클래스 회장이었고 응원단 단장이었으며 농구팀과 소프트볼팀에도 속해 있었다. 그녀의 추진력은 집안에서 처음으로 대학 교육을 받고 교사가 되었던 어머니한테 물려받은 것이었다. 헨더슨의 어머니는 딸에게 타자 수업 대신 라틴어 수업을 들으라고 권유했다. 헨더슨은 전액 장학금을 받을 수 있었던 하버드 대신 조지타운 대학교를 선택했고 그 곳 외교대학을 졸업했다.

졸업 후 헨더슨은 TFA에 지원했고 자신이 자랐던 곳에서 6킬로미터 정도 떨어진 사우스 브롱크스의 한 중학교에서 스페인어를 가르쳤다. 헨더슨은 이렇게 말했다.

"그때 스물두 살이었던 저는 제 힘으로 세상을 바꿀 수 있다고 생각했죠."

헨더슨은 초등학교 3학년 때부터 스페인어를 공부하기 시작해 스페인과 베네수엘라, 멕시코로 연수를 다녀오기도 했다. 미셸 리와는 달리 헨더슨의 첫해는 비교적 순조로웠다. 어쩌면 스페인어가 졸업 필수 과목이 아니었기 때문인지도 몰랐다.

"저는 주로 게임이나 노래, 성가로 수업을 진행했어요. 아이들은 제 수업을 정말 좋아했죠."

사우스 브롱크스와 마운트 버넌은 그리 멀리 떨어져 있지 않았지만, 헨더슨이 자랐던 환경과 그녀가 가르치는 학생들이 처한 환경은 몹시 달랐다. 헨더슨은 이렇게 말했다.

"제 학생들 역시 저만큼 영리했습니다. 하지만 뒷받침해줄 부모가 없었어요. 아이들이 언제 무엇을 배워야 하는지 알고 이를 제대로 배우고 있는지 확인해줄 부모가 없었죠. 그 지역 학부모들이 학교에 대해 갖고 있는 경험은 대부분 부정적인 것들이었어요."

헨더슨은 같은 학교에 근무했던 네 명의 TFA 교사들이 이룬 성과에 고무되어 2년 동안의 교직 생활을 마치고 TFA 리쿠르터가 되었다.

"TFA 교사들이 아이들에게 쏟은 에너지와 헌신은 학생들은 물론 학교 전체의 문화에 커다란 변화를 불러일으켰어요."

헨더슨은 곧 TFA 신규 교사 모집을 총괄하는 자리에 올라 한 해 500명씩 TFA 교사 모집을 책임지게 되었다.

"제가 TFA에서 가장 큰 부서를 관리하게 된 거죠. 하지만 저는 그때까지 그렇게 대단한 인물은 아니었어요. 아마 그 일을 하면서 인사 관리에 대해 지금 제가 알고 있는 것의 반 이상을 배웠을 거예요."

2년 넘게 그 일을 한 후에 헨더슨은 약 3년 동안 워싱턴 D.C.의 TFA 업무를 총괄했다. TFA에서 8년 정도 일을 하자 TFA 바깥세상은 과연 어떨까 하는 생각이 들었다.

헨더슨은 도심 지역 교육감이 될 수 있는 자격을 얻기 위해 대학원에 진학할 생각이었다. 그때 그녀의 마음속에 한 가지 커다란 질문이 자리 잡고 있었다. 왜 모든 사람들이 교사의 자질을 강조하지 않는 것일까? 그러던 중 헨더슨은 미셸 리의 전화를 받았고 곧 자신의 계획을 바꾸어야 했다.

"TNTP에서 나와 함께 일하자. 교사의 자질 향상이 우리의 유일한 목표야. 그리고 연봉도 2만 5,000달러로 인상해줄게."

"그때 저는 대학원과 학자금 대출, 아니면 일자리와 연봉 인상 중 하나를 선택해야 한다면 당연히 일을 하는 편이 낫겠다고 생각했죠."

헨더슨은 그 후로 7년 동안 TNTP에서 일했다. 헨더슨은 2000년부터 시작된 워싱턴 D.C. 티칭 펠로즈 프로그램도 관리했기 때문에 워싱턴 D.C. 교사 고용 실태에 대해서는 이미 전문가였다. 물론 썩 잘 굴러가고 있지는 않았다.

"인사 담당자들은 전부 만나봤을 거예요."

그리고 다시 한 번 새로운 도전을 찾아 조지타운 대학교 대학원에 등록했다. 하지만 이번에도 미셸 리가 이를 가로막았다. 때는 워싱턴 D.C. 교육감직을 수락하기 직전이었다.

미셸 리는 펜티 시장을 만나기 바로 전날 헨더슨에게 전화를 걸었다. 그리고 이렇게 말했다.

"만약 내가 워싱턴 D.C. 교육감이 되면 나와 함께 워싱턴 D.C.로 가겠다고 약속해. 그리고 새끼손가락을 깨물어서 혈서를 써줘."

미셸 리는 TNTP가 큰일을 앞두고 있을 때마다 직원들을 모아놓고, 중세 한국의 전사들이 새끼손가락을 깨물어 피로 맹세했다는 이야기를 들려주곤 했다. 헨더슨은 미셸 리가 교육감이 될 리 없기 때문에 새끼손가락을 깨물 필요가 없을 거라며 이렇게 말했다.

"넌 안 한다고 할 거고, 그 사람들도 너는 아니라고 할 거야."

미셸 리는 그 말도 안 되는 일이 혹시 일어날지도 모르니 빨리 새끼손가락을 깨물어 맹세하라고 재촉했다. 결국 헨더슨은 그렇게 했다.

카야 헨더슨과 애비게일 스미스 같은 인물을 고용함으로써 엄밀히 말하자면 외부 인사였던 미셸 리는 워싱턴 D.C. 공립학교들에 대해 자세히 파악할 수 있었다.

스미스는 즉각 공립학교 폐교 조치를 맡았다. 그녀가 가장 잘할 수 있는 일이었다. 수년 동안 워싱턴 D.C. 공립학교 교장들과 교사들의 채용 문제에 관여해왔던 헨더슨은 어떤 인재들이 어디에 숨어 있는지 정확히 알고 있었다. 또한 워싱턴 교육청의 끔찍한 상태도 이미 알고 있었다. 하지만 그 문제에 대해서는 미셸 리와 의견이 약간 달랐다. 문제는 말단 직원들이 아니라 그들을 잘 끌어줘야 할 간부들이라고 그녀는 생각했다.

"불필요한 직원이 너무 많다고 해서 직원들의 능력을 제대로 평가하지도 않고 해고할 수는 없다고 생각해요. 그 사람들 잘못이 아니니까요. 직원들은 피드백을 받아본 적이 전혀 없어요. 다른 방법으로 일해보라고 말해주었던 사람이 없었던 거죠. 그러니 그 사람들 잘못이 아니에요. … 물론 그래도 해고할 수밖에 없겠지만요."

분위기는 절박했고 시간은 많지 않았다. 하지만 미셸 리에게는 집행 계획을 세우고 이를 실행하는 데 누구보다도 뛰어난 퇴역 준장이 있었다. 바로 앤서니 타타였다. 보통 군인 출신으로 교육계에 뛰어드는 사람은 책임감 없는 학교와 통제하기 힘든 학생들을 대상으로 군대식 규율을 도입한다. 하지만 그런 방법은 좀처럼 효과를 발휘하지 못한다. 군인들이 도심 지역 아이들을 교육시키는 것에 대해 알면 얼마나 알겠는가. 하지만 워싱턴 D.C. 공립학교에 뛰어든 군인은 자신이 가장 잘할 수 있는 일을 맡았다. 바로 작전을 세우고 이를 실행하는 것으로 아프가니스탄에 주둔했던 10산악사단에서 그가 했던 바로 그 일이었다. 육군 사관학교를 졸업한 타타는 악명 높은 워싱턴 D.C. 공립학교들의 혼란스러운 상태를 보고도 당황하지 않고 이렇게 말했다.

"혼란을 바로잡는 것이 바로 제가 늘 하던 일이었습니다."

사실 타타는 교육계의 업무 보고체계도 대수롭지 않게 받아들였다. 교육계의 보고체계는 기본적으로 교육감이 교장을 감독하고 교장이 교사들을 감독하는, 군대의 지휘체계와 비슷했다. 아프가니스탄에서 가장 중요했던 것도 전방작전 기지를 지휘하는 장교들이 누군지 아는 것이었고 이는 학교에서도 마찬가지였다. 타타는 아프가니스탄에서 그랬던 것처럼 지도를 그리고 그 위에 학교별 방문 날짜를 기록했다. 또한 전장에서 사용했던 것과 비슷한 확실한 의사소통 체계를 도입했다.

"전장에서처럼 작전 협조회의를 했습니다. 전쟁터에서는 매일 간략히 상황 변화를 보고하는 회의를 합니다. 전국에 흩어져 있는 지휘관들이 온라인상에 모여 약 한 시간에 걸쳐 각자 위치의 상태를 보고하는데 한 사람도 빠짐없이 듣죠. 학교에서도 그와 비슷한 회의가 필요하다고 생각했습니다. 하루에 한 시간, 모든 팀원이 빠짐없이 모여 상황을 공유하고 필요한 내용을 전달하기 위해서죠."

워싱턴 D.C. 작전회의는 하루에 한 번이 아니라 일주일에 한 번 열렸다. 매주 수요일 오후 1시부터 2시까지 80~90명의 행정 실장들이 모여 급식 배송부터 재량활동 교사 수당 지급까지 모든 문제에 대해 의논했다. 타타에게 학교에 필요한 물품을 공급하는 문제는 전방작전 기지에 군수품을 공급하는 문제나 마찬가지였다. 무기와 식량이 교과서로 대체된 것뿐이었다. 하지만 전쟁터든 교실이든 사람들이 가장 불평하는 것은 언제나 음식이었다.

급식의 질과 비용 두 가지 문제를 해결하는 것이 타타에게 주어진 가장 큰 과제였다. 122개 업체와 2,800만 달러에 달하는 급식 관련 계약을 감독해야 하는 타타는 가장 먼저 큰 공급업체 하나를 더 건강한 음식을 제공하는 다양한 업체로 변경했다. 그리고 그 지역에서 생산되는 음식을 더 많이 구입하고 고과당 옥수수 시럽이 첨가된 우유를 없애는 데 힘썼다. 타타는 급식 상태를 개선하는 것이 학생들의 학업 성취도를 높이고자 하는 미셸 리의 목표와 맞아떨어진다고 생각했다. 타타는 이렇게 말했다.

"저는 급식에 사용될 예산을 줄여 미셸 리가 학업적인 면에 더 투자할 수 있도록 돕고 싶었습니다."

타타는 또한 워싱턴 D.C. 공립학교 학생들의 70퍼센트가 몹시 가난하며, 배가 고픈 아이들은 공부를 잘할 수 없다는 사실도 알고 있었다. 또한 워싱턴 교육청에서 일하고 싶어 하는 유능한 인재들이 많다는 사실에 몹시 놀라기도 했다.

그는 월스트리트에서 일하던 엔지니어, 맨해튼에서 레스토랑을

운영하던 급식 관리자, 미국 제 82공수사단 출신 육군 대위를 데려와
실질적인 업무 처리를 맡겼다. 그들은 미셸 리와 함께 일해보고 싶다
며 전부 즉석에서 제안을 수락했다. 수많은 사람들이 '미셸 리의 신
비한 능력'을 옆에서 지켜보고 싶어 했다.

기준은 교육 역량,
부실 학교의 폐쇄

2010년 가을 개봉한 데이비스 구겐하임 감독의 다큐멘터리 〈슈퍼맨을 기다리며Waiting for Superman〉는 제대로 된 교육을 받고 싶어 하는 도심 지역 학생들에 관한 기록이다. 영화에는 입을 굳게 다문 미셸 리가 성난 얼굴로 분노한 시위대에 둘러싸여 있는 장면이 있다. 하지만 미셸 리는 그런 상황에서도 눈 하나 깜짝하지 않는다.

많은 사람들이 미셸 리의 그 냉정하고 오만한 눈빛을 보고 '얼음 여왕'이라는 명성에 걸맞다고 생각했다. 하지만 그런 인상은 감정이 없고 계산적이라는 아시아인들에 대한 편견에서 비롯된 것일 뿐이다. 영화의 그 부분은 2008년 초, 공립학교 폐쇄에 관한 청문회에서 촬영한 것이었다. 미셸 리는 이렇게 말했다.

"제가 등장하는 장면이 많았어요. 사람들이 '미셸 리 퇴진!'이라고 쓰인 피켓을 들고 저한테 소리를 지르던 장면이 많았죠. 저는 당시 수백 회가 넘는 모임에 참가했는데 가는 곳마다 늘 똑같았어요. ‘당신은 우리 아이들한테 관심이 없어요’라거나 ‘말도 안 되는 생각입니다’, ‘우리 아이들한테는 작은 학교가 더 좋아요’라는 말들을 들었습니다. 사람들은 저한테 욕을 하고 물건을 집어던지고 제 사무실 앞에서 시위를 했습니다. 정말 대단했어요.”

2010년, 미셸 리는 자신이 감정이라고는 눈곱만큼도 없는 인물로 묘사되었던 그 다큐멘터리에 대해 그저 쓴웃음을 지으며 이렇게 말했다.

“아마 제 생각이 충분히 깊이 보이지 않았을 거예요.”

그렇다면 시위대들이 고함을 치고 있는 동안 그녀는 무슨 생각을 하고 있었을까?

“저는 워싱턴 D.C. 공립학교에서 수년 동안 벌어진 일들을 반드시 바로잡아야 한다는 생각밖에 안 했죠. 결과를 좀 보세요! 그 사람들이 얼마나 소리를 지르든 제가 이 자리에 있는 한 그런 말도 안 되는 일은 더는 용납할 수 없었습니다. 이전 교육감들이 학교를 폐쇄하지 않은 이유도 바로 그겁니다. 쉽지 않은 일일뿐더러 사람들한테 비난까지 들어야 하니까요. 예민한 사람들은 그런 상황을 분명히 개인적으로 받아들일 것이고 그렇게 되면 학교를 폐쇄하겠다는 마음은 흔들릴 수밖에 없죠.”

목적은 단 하나, 수준 높은 역량을 위하여

미셸 리가 워싱턴 D.C.에 도착했을 때 워싱턴 D.C. 공립학교들의 상태는 그야말로 끔찍했다. 워싱턴 D.C.에는 진작 문을 닫았어야 할 공립학교들이 즐비했다. 하지만 이를 해결하려고 나섰던 사람은 아무도 없었다. 오래 되고 보기 흉한 건물들이 해마다 엄청난 예산을 낭비하는 동안 학생들은 사립학교나 차터스쿨, 교외로 하나 둘씩 빠져나갔다. 2001년 워싱턴 D.C. 공립학교 재학생은 6만 6,000명이었는데 그중 1만 1,000명이 차터스쿨에 다니고 있었다. 그 후 8년 동안 공립학교 학생 수는 4만 5,000명으로 줄었고, 차터스쿨 재학생은 2만 8,000명으로 증가했다.

남아 있는 아이들을 위해 쓰여야 할 예산은 텅 빈 교실에 보일러를 틀고 사용하지도 않는 복도에 페인트칠을 하는 데 쓰였다. 미셸 리가 취임할 당시 워싱턴 D.C.의 공립 초등학교는 전부 101개였는데, 그 당시는 물론 나중에 늘어날 학생 수를 고려해도 86개로 충분했다. 워싱턴 D.C.는 급식 부문에서만 한 해 1,800만 달러를 낭비했다. 정부에서 받는 보조금을 고려하면 이익을 남길 수도 있는 지역이었지만 학생 수가 적은 학교들이 여기저기 흩어져 있어서 온 도시를 돌며 음식을 배달하는 데 쓸데없이 자원이 낭비되고 있었다.

문제의 원인은 명확했지만 교육위원회와 시의회가 현 체제가 유지되길 바라는 여러 집단을 볼모로 잡고 버티는 한 불필요한 학교 폐쇄는 불가능해 보였다. 그리고 이를 바로잡겠다고 나서서 비난을 자초할 사람도 없었다. 하지만 펜티 시장이 공립학교 통제권을 장악한

2007년 이후 모든 것이 바뀌었다. 이제 교육감이 쓸데없는 정치적 간섭을 적절히 차단할 수 있었다. 그리고 필요 없는 학교는 반드시 폐쇄되어야 했다. 미셸 리는 이렇게 말했다.

"전교생이 90명인 학교는 효율적으로 운영할 수 없습니다."

문제는 학교 폐쇄 여부가 아니라 그 방법이었다. 학교 폐쇄에 대한 펜티 시장의 결심은 확고했다. 그는 학교를 쉽게 폐쇄할 수 있는 방법은 없다는 사실도 알고 있었다. 미셸 리는 학교 폐쇄에 관한 세 가지 기본 원칙을 세웠다.

첫째, 학교 폐쇄 과정에 사람들을 참여시킬 수 있지만 어떤 식으로 하든 불만이 있는 사람은 많을 것이다. 그러므로 반창고는 최대한 빨리 떼어내는 게 좋다. 이는 펜티 시장의 제안이기도 했다.

둘째, 학교를 폐쇄한다는 사실을 미리 알려 일찍부터 비판을 초래하지 않는다. 그보다는 학교 폐쇄에 대한 기준을 세우고 폐쇄 대상 학교를 확정한 다음 대중들에게 완벽한 안을 제시한다.

셋째, 가장 까다로운 문제로 정치적 이해관계에 매몰되지 않는다. 다시 말해 폐쇄해야 하는 학교는 지역 형평성이나 정치적 비난에 상관없이 폐쇄하겠다는 것이다. 세 번째 문제는 특히 지역 모임에서 공론화하는 것보다 회의실에서 은밀하게 검토한다.

학교 폐쇄를 준비하는 동안 미셸 리는 워싱턴 교육청 내부 업무를 정상화시키기 위해서도 애써야 했다. 학교 폐쇄 과정에서 표면에 드러나는 사람은 미셸 리였지만 무대 뒤의 일은 대부분 애비게일 스미스와 교육 부시장 빅토르 레이노소의 비서실장 에릭 레럼이 도맡았다. 레럼은 2000년 워싱턴 D.C.의 아메리카 대학교 로스쿨에 입학했고 거기서 차터스쿨 고등학생들에게 헌법에 대해 가르치는 펠로십 프로그램에 참가했다. 처음에 그는 교육에 대한 지식이 전혀 없었다. 하지만 얼마 지나지 않아 교육과 인권, 정의의 관계에 대해 생각하기 시작했다. 그가 평소 관심을 가졌던 분야였다. 로스쿨을 마친 레럼은 워싱턴 D.C. 교육위원회에서 2년 동안 일하며 교육정책을 입안했다. 그리고 펜티가 시장에 당선되자 레이노소와 함께 워싱턴 교육청에 입성했다.

레럼은 폐쇄됐어야 할 학교들이 계속 유지될 수 있었던 이유를 전 교육감 클리포드 제이니나 교육위원회의 탓으로 돌리지 않았다. 레럼은 이렇게 말했다.

"제이니는 아홉 명의 교육위원들에게 보고하고 그들의 승인을 받아야만 변화와 개혁을 추진할 수 있었습니다. 교육위원들이 나쁘거나 무능한 건 아니었지만 모든 결정에 제각각인 사람들의 승인을 받아야 했죠. 교육위원들은 세세한 부분까지 전부 참견하고 싶어 했고요."

하지만 이는 시장이 공립학교 통제권을 장악하고 미셸 리의 '추진력과 결단력, 그녀가 퍼트린 분위기가 자리 잡으면서' 바뀌기 시작했다고 레럼은 말했다.

레럼과 스미스가 워싱턴 D.C. 공교육을 재정비하기 위해 필요한 사전 연구를 진행하고 계획을 수립했다. 그중에는 전 교육감 제이니가 추진하던 프로젝트도 포함되어 있었다. 스미스는 제이니가 교육감 재임 당시 13년에 걸쳐 20개의 학교를 폐쇄할 계획을 세운 바 있다고 말하며 이렇게 덧붙였다.

"미셸 리는 이 일을 오래 끌면 안 된다고 했습니다. 우리는 몇 십

개 학교를 한꺼번에 폐쇄한 다음 비난을 감수할 생각이었습니다."

충분히 활용되지 않고 있는 시설에 대한 지역별, 건물별 분석 등의 까다로운 일은 이미 마무리된 상태였다. 레럼과 스미스는 최대한 조용히 폐쇄 대상 학교 목록을 작성했다. 레럼은 이렇게 말했다.

"사람들에게 시간을 많이 줄수록 더 오래 싸워야 합니다. 우리는 사람들이 납득할 수 있는 완벽한 계획을 세우고 이를 공개할 생각이었습니다. 섣부른 계획을 제시했다가는 틀림없이 논란의 수렁에 빠질 테니까요."

일은 신속하게 진행되었고 폐쇄 기준은 명확했다. 전교생이 90명인 슬로웨 초등학교가 가장 대표적인 예였다. 최근 5년 동안 학생 수가 줄어들고 있는 학교가 주요 대상이었지만 학생 수만 고려한 건 아니었다. 레럼은 이렇게 말했다.

"학교가 비어 있다고 무조건 없애는 것이 지역 주민들에게 가장 좋은 결정은 아니었습니다. 그 주변의 다른 학교 몇 개를 폐쇄하고 그 학교를 다시 세우는 것이 나을 수도 있었죠."

그리고 2007년 11월 말, 워싱턴 교육청은 23개 공립학교를 폐쇄할 예정이며 이로 인해 한 해 약 2,360만 달러의 예산을 절감할 수 있을 것이라고 발표했다. 그 돈은 텅 빈 복도를 유지하고 보수하는 대신 학생들을 교육하는 데 쓰여야 하는 돈이었다. 예산 절감이 가장 중요한 요소였지만 교육의 질 향상 역시 무엇보다 중요했다. 레럼은 교사들을 훈련시킬 수 있는 역량을 결집하지 못하면 교사들의 전문성 제고 역시 힘들어진다는 걸 잘 알았다. '학생들이 여기저기 흩어져 있으면 수준 높은 프로그램을 제공하기 어려운 일 아닌가'. 그렇다. 넓기만 하고 깊이가 없으면 자원은 반드시 낭비될 수밖에 없다.

안타까운 공교육 현실과의 사투

폐쇄 대상 학교 목록은 아침 일찍 시의회 의장에게 가장 먼저 보고하고 그 직후에 폐쇄 대상 학교 교장들에게 공지할 예정이었다. 하지만 일은 계획대로 풀리지 않았다. 단순히 계획이 틀어진 정도가 아니었다.

스미스에 따르면 공립학교 시설 현대화 사무소 직원 한 명이 학교 목록을 〈워싱턴 포스트〉에 미리 흘렸고, 2007년 11월 28일자 신문에 그에 대한 기사가 실리고 말았다. 스미스는 이렇게 말했다.

"짐작이 가는 사람이 있습니다. 그는 아직도 거기서 일하고 있죠."

최종 목록은 아니었지만 나쁜 영향을 끼칠 수 있을 만큼 정확한 편이었다. 곧바로 여론이 들끓기 시작했다. 이유도 모른 채 교육청으로 호출되었던 교장들도 신문을 보고 그 사실을 알게 되었다. 시의원들 역시 시 정부가 아니라 언론을 통해 학교 폐쇄에 대해 소식을 접했다. 확정 목록이 아니었기 때문에 잘못된 정보가 퍼지기도 했다. 레럼은 이렇게 말했다.

"우리는 몹시 분노했습니다. 펜티 시장도 마찬가지였지요. 우리는 정확하지 않은 정보에 맞서 싸워야 했습니다."

섣부른 발표 이후 상황은 갈수록 꼬였고 수많은 회의가 잇따랐다. 보통 미셸 리가 회의를 주재했지만 스미스와 레럼이 회의를 이끌기도 했다. 대부분은 세 사람 모두 참가했는데, 흑인 학생이 대부분인 학교를 폐쇄하겠다는 세 사람 중 둘은 백인이고 한 사람은 한국계 미국인이라는 사실은 전혀 도움이 되지 않았다. 가끔 워싱턴 교육청의 소수민족 직원이 청문회에 등장하기도 했지만 레럼과 스미스, 그리고 미셸 리가 모든 비난을 감수해야 했다. 언제나 그렇듯 인종 문제는 겉으로 쉽사리 드러나지 않았다. 레럼은 이렇게 말했다.

"인종 문제가 부각되지는 않았습니다. 주로 '당신은 우리 아이들과 우리 학교에 대해 잘 모른다'는 식이었죠. 그리고 '외부 인사'라는 이유로 공격받기도 했습니다. '당신이 어디서 왔는지 모르겠지만 당신은 이 학교가 얼마나 중요한지 몰라요'라는 말을 수도 없이 들었습니다."

폐쇄 대상 학교가 가장 많은 곳은 시의원 해리 토머스의 지역구이자 워싱턴 D.C. 북동쪽에 위치한 5구역이었다. 2006년에 246명이었던 벙커 힐 초등학교 학생 수는 지난 5년 동안 42퍼센트 감소했다. 슬로웨 초등학교 학생 수는 전부 83명으로 64퍼센트 감소한 수치였다. 학생 수가 감소하는 가장 큰 이유는 인구 노령화와 차터스쿨에 대한 인기 급증 때문이었다. 이처럼 눈에 띄게 학생 수가 줄어들고 있었지만 학교를 폐쇄하겠다는 주장은 쉽게 받아들여지지 않았다. 학교 폐쇄 계획에 참여하지 못했던 토머스까지 지역 주민들의 비난을 받기 시작했다. 그는 5구역에서 열린 모임에서 미셸 리에게 질문을 퍼붓는 성난 주민들을 진정시키려다가 야유를 받기도 했다. 여자아이를 안고 있던 한 학부모가 벌떡 일어나 이렇게 말했다.

"왜 우리 의견은 듣지도 않는 겁니까? 우리한테 전화해서 물어본

적 있습니까?"

토머스가 학교 폐쇄에 대한 권한을 의회가 가질 수 있도록 하는 법안을 제출했을 때는 모든 일이 벌어지고 난 뒤였다. 의회는 이미 펜티에게 공립학교 통제권을 넘겨준 후였고, 펜티는 다시 미셸 리에게 지금까지 실패해왔던 워싱턴 D.C. 공교육 개혁에 대한 전권을 위임한 상태였다. 그것이 바로 미셸 리의 임무이자 짐이었다. 미셸 리가 학교 폐쇄에 대해 미리 알려주지 않았다는 사실은 폐쇄 대상 학교가 가장 많았던 5구역 시의원 토머스에게 결코 잊지 못할 모욕이었다. 그 후 토머스는 펜티에게 도전했던 빈센트 그레이의 열혈 지지자가 된다. 그는 나중에 이렇게 말했다.

"그때 저는 정말 심한 모욕을 느꼈습니다."

미셸 리와 레럼 그리고 스미스에게 학교 폐쇄 과정에서 가장 힘들었던 부분은 성난 시의원들이나 소리치는 학부모들이 아니었다. 청문회에서 자기 아이들, 어쩌면 자기 자신까지 망치고 있는 학교를 보호하려는 학부모들의 모습을 지켜보는 것이었다. 그것은 슬로웨 초등학교 표지판에서 엿볼 수 있었던 워싱턴 D.C. 공교육의 실상, 즉 '교사들도 눈앞에 있는 아이들을 위해서는 최선을 다하고 있다'는 태도를 고스란히 드러내는 모습이기도 했다. 비관주의가 깊이 뿌리박힌 학부모들의 이야기를 듣는 것은 쉽지 않은 일이었다. 비단 자기 아이들에 대한 이야기에서도 뿌리 깊은 비관주의가 여실히 드러났다.

레럼이 가장 안타깝게 생각했던 학교는 5구역에 있는 M.M. 워싱턴 고등학교였다. 2007년 읽기에서 '우수'한 학생은 33퍼센트밖에 되지 않았으며 수학에서는 20퍼센트뿐이었다. 레럼은 스미스와 함께 그 학교를 방문했던 일을 결코 잊을 수 없었다.

"학교 건물에는 창문도 없었습니다. 아이들은 대부분 학교 식당에 모여 있었는데 무슨 모임이나 사건이 있었던 것도 아니었습니다. 그저 할 일 없이 소란을 피우며 시간을 때우고 있었죠. 뭔가를 하고 있는 어른들도 없었습니다. 우리가 학교를 돌아다녀도 아무도 신경 쓰지 않더군요. 그것이 바로 직업학교라는 고등학교의 모습이었습니다. 지저분하고 어두컴컴했으며 배움이라고는 어디에도 없었습니다. 그 학교에서 나오면서 우리는 다시 돌아가 당장 어떤 조치라도 취해야 하는 건 아닐까 하는 생각을 떨치기 힘들었죠."

미셸 리가 가장 안타까워했던 학교는 8구역의 드레이퍼 초등학교였다. 드레이퍼 초등학교 학생 수는 100여 명밖에 되지 않았다. 2007년 읽기에서 '우수'한 학생은 절반이 약간 넘었고 수학에서는 20퍼센트였다. 폐쇄 대상 학교를 발표하기 전에 미셸 리는 그 학교에서 시의원 마리온 배리를 만나기로 했다. 약속 시간에 늦는 것으로 유명했던 배리는 그날도 늦게 나타났고 미셸 리는 그를 기다리느라 저소득층 주택단지 주변을 거닐었다. 미셸 리는 그때를 떠올리며 이렇게 말했다.

"중년 남자들이 모여 앉아 있다가 이렇게 말하더군요. '정말 훌륭한 학교죠. 우리 동네에 이제 텅 빈 건물은 더 필요 없습니다.' 하지만 그 학교는 전혀 좋은 학교가 아니었습니다. 학업성취도가 터무니없이 낮았어요. 슬픈 일은 두 블록 너머에 있는 KIPP 차터스쿨 학생들은 90퍼센트가 '우수'했습니다. 이 학교가 얼마나 내팽개쳐져 있는지 보여주는 슬픈 현실이었죠. 그 학교 교장이 그 학교에서 30여 년 정도 근무해서 그런지 모두들 그가 좋은 사람이라고 믿고 있는 것 같았어요. 하지만 아이들이 책을 잘 읽을 수 있는지에 대해서는 아무도 신경 쓰지 않았죠."

스미스도 이에 공감했다.

"그런 학교를 감싸고도는 학부모들의 모습을 지켜보면서 몹시 마음이 아팠습니다. 학부모들은 아이들이 그 학교에서 훌륭한 교육을 받고 있기 때문에 학교를 지키려고 하는 것이 아니었습니다. 단지 자기 지역에 있는 학교니까 지키려고 한 것이죠. 자기들이 다녔고 자기 부모들도 다녔던 학교니까요. 그러니 그 학교에 애착이 가는 것도 당연해요. 우리가 그런 감정을 무시하는 것은 아닙니다. 하지만 아이들에게 전혀 도움이 되지 않는 학교를 지키겠다고 외치는 소리를 듣는 것이 학교 폐쇄 과정에서 가장 힘든 일이었습니다."

한 예로 스미스는 애너코스티아에 있는 해리스 교육센터를 지적했다. 해리스 교육센터는 유치원생부터 8학년까지 다니는 학교였는데 2007년 재학생 중 또래만큼 읽을 수 있는 학생은 다섯 명 중 한 명뿐이었다.

"그 학교도 실력이 형편없었는데 학부모들은 자기 아이들이 그 학교에서 얼마나 안도감을 느끼는지, 훌륭한 교사들이 얼마나 많은지에 대해 말했습니다. 그 학교는 수년 동안 무능한 교사들을 위한 쓰레기장이나 다름없었습니다. 퇴직을 앞둔 교사들이 마지막으로 거쳐 가는 학교들이 몇 개 있는데 해리스가 바로 그런 학교였죠."

학부모들은 자기 아이들이 다니고 있는 학교가 실패하고 있다는 사실을 인정하지 않았다. 스미스는 이렇게 말했다.

"학부모들은 해리스가 어떻게 되길 바라는지 말할 권리가 있다고 말했습니다. 물론 학부모들은 해리스가 훌륭한 학교라고 말했죠. 하지만 어떤 객관적인 기준으로 봐도 해리스는 실패하고 있는 학교였습니다.”

스미스는 부시장 레이노소와 함께 일했던 경험 덕분에 워싱턴 D.C. 공립학교를 둘러싼 정치적 이해관계에 대해 샅샅이 알고 있었다. 그래서 학교 폐쇄에 대해 의회에 미리 알리지 않음으로써 미셸 리가 어떤 위험을 감수해야 할지도 충분히 알고 있었다. 시의원들은 갑작스런 학교 폐쇄 발표에 몹시 불쾌해했다. 스미스는 이렇게 말했다.

“의회 입장에서 보면, ‘저 여자는 대충 하는 게 아니라 진짜 밀어붙이네’라는 것을 처음 경험했을 겁니다. 바로 눈앞에 닥친 일이었으니까요.”

완충제 역할을 해줄 교육위원회가 이미 해산된 상태였기 때문에 시의원들은 불편한 상황을 직접 마주해야 했다. 그리고 선택의 기로에 섰다. 교육위원회라도 되는 양 반대한다고 나설 것인가 아니면 펜티 시장에게 만장일치로 넘겨준 공립학교 통제권을 존중할 것인가? 몇몇 시의원들은 당연히 전자를 택했다. 사적인 자리에서는 자기 구역에도 제대로 운영되지 않는 텅 빈 학교가 많으며 폐쇄하는 것이 당연하다고 선뜻 인정했지만 청문회에서는 학부모들을 선동하며 항의하던 시의원도 있었다. 스미스는 이렇게 말했다.

“그 사람은 교육감 앞에서는 그렇게 말해놓고 집회란 집회는 다 쫓아다니면서 사람들을 선동했습니다.”

하지만 상황은 이미 돌이킬 수 없었다. 의회는 체면을 지키기 위해 반대하는 척할 수는 있었지만 시장에게 넘겨준 권한을 다시 가져올 수는 없었다. 사실 시의원들은 그 권한을 되찾아 워싱턴 D.C. 공립학교를 책임지고 싶은 마음은 추호도 없었을 것이다. 그저 미셸 리에게 정치적 비난을 돌리고 싶었을 뿐이었다. 그리고 그 작전은 성공했으며 미셸 리는 고스란히 정치적 대가를 치러야 했다. 이번 일로 그녀에 대한 인식이 몹시 나빠진 것이다.

정치적 이해관계는 장벽이 될 수 없다

학교 폐쇄에 관한 원칙 중에서 가장 문제를 일으켰던 것은 바로 정치적 이해관계에 매몰되지 않겠다는 결정이었다. 나중에 미셸 리가 제시했듯이 부유한 3구역 학교에는 이미 학생들이 넘쳐나고 있었다. 물론 그렇다 해도 거의 모두가 백인인 3구역 학교도 하나쯤 폐쇄했다면 흑인이 대부분인 5구역 학교 다섯 개는 폐쇄할 수 있는 명분을 얻을 수 있었을 것이다. 레럼은 이렇게 말했다.

"모든 시의원들이 각 구에서 한 학교는 반드시 폐쇄해야 한다고 주장했습니다. 아이들을 위해 옳은 것이 무엇이냐를 두고 판단하는 것이 아니라 공정성인지 뭔지에 대한 자신들의 생각에 비춰봤을 때 반드시 그래야 한다는 거죠."

하지만 미셸 리는 시의원 토머스의 압박에도 끝내 입장을 바꾸지 않았다. 그 즈음 토머스는 미셸 리를 비판하는 데 앞장서고 있었다. 미셸 리는 토머스에게 자료를 보여주며 5구역의 폐쇄 대상 학교를 전부 폐쇄한다 해도 5구역의 학생 1인당 학교 용지는 여전히 가장 넓을 것이라는 사실을 알려주었다. 미셸 리에 따르면 토머스는 이렇게 말했다고 한다.

"백인들을 좋아한다더니 역시나 3구역 학교는 하나도 폐쇄하지 않는군요."

이에 미셸 리는 아니라고 대답했다. 3구역 학교들은 지금도 학생들이 넘쳐난다고 말한 것이다. 그리고 학생 1인당 학교 용지가 가장 좁고 학업성취도도 우수한 학교를 왜 폐쇄하냐고 반박했다.

나중에 토머스는 미셸 리가 백인들을 편애한다고 말한 적이 없다고 부인했다.

학교 폐쇄는 의회와의 껄끄러운 관계의 시작일 뿐이었다. 돌이켜 보면 미셸 리가 선택할 수 있는 폭은 넓지 않았다. 만약 학교 폐쇄의 필요성을 널리 알리고 이에 대한 의견을 구했다면 사람들은 '우리 학교는 안 돼!'라고 외치며 비난을 퍼부었을 것이고, 의회는 거부권을 행사했을지도 모른다. 그리고 폐쇄할 수 있는 학교는 거의 없었을 것이다. 하지만 미셸 리는 완벽한 계획을 제시했고, 그 결과 사람들은 '왜 조언을 구하지 않았느냐'고 항의했다. 스미스는 만약 학교 폐쇄를 처음부터 다시 추진해야 한다면 어느 학교를 폐쇄할 것인지 의견을 구하는 것이 아니라 폐쇄 대상 학교 선정 기준에 대한 의견을 구할 것이라고 말했다.

"물론 그렇게 한다 해도 똑똑한 기자들은 결국 어떤 학교가 문을 닫게 될지 다 알아낼 겁니다."

미셸 리는 다른 어떤 주제보다 학교 폐쇄에 대해 지역사회와 가장 많은 대화를 했다고 생각했다. 하지만 사람들은 주변의 조언을 무시하고 학교 폐쇄를 밀어붙이는 감정 없는 독재자로 자신을 기억할 거라고 담담히 말하기도 했다. 학교 폐쇄를 재빨리 추진했던 것은 잘한 일이었다. 반창고는 재빨리, 그리고 한번에 떼어내야 한다는 펜티의 비유는 현명했다. 미셸 리는 이렇게 말했다.

"학교 폐쇄 과정에 모든 사람들을 포함시켰다 해도 만족하지 못하는 사람은 있었을 겁니다. 그럴 거면 오랫동안 불쾌해하는 것보다 잠깐 기분 나쁘고 마는 것이 더 낫죠."

학교 폐쇄 과정에서 얻은 예상치 못했던 교훈은, 고통을 이겨내기 위해 일단 칼을 들었으면 더 많은 학교를 폐쇄하는 것도 쉬워진다는 것이었다. 학교 폐쇄 초기의 분노 이후, 워싱턴 교육청은 매해 그보다 적은 수의 학교를 차근차근 폐쇄해나갔다. 조금씩 반발이 줄어들었다. 신문에 한 줄도 언급되지 않고 문을 닫은 학교도 있었다.

23개 공립학교를 한번에 폐쇄하는 데 성공하고 반발도 비교적 짧았던 것은 대단히 고무적인 일이었다.

"23개 학교를 폐쇄시킨 사람은 아무도 없었습니다. 미셸 리가 처음이었죠."

스미스는 놀라움에 고개를 흔들며 이렇게 말했다. 하지만 그 임무는 완성되었다고 할 수 없었다. 2010년, 미셸 리 개혁의 최고 집행책임자 앤서니 타타는 2010년 브로드 프라이즈 인 어번 에듀케이션 Broad Prize in Urban Education(미국에서 해마다 가장 우수한 교육구를 선정해 수여하는 상—옮긴이)의 최종 수상 후보로 오른 다섯 개 교육구 평가팀에 며칠 동안 합류해달라는 부탁을 받았다. 타타는 애틀랜타 외곽에 있는 귀넷 교육구 평가팀에 배정되었다. 평가팀에 합류하자마자 타타의 관심을 끄는 것이 있었다. 귀넷 교육구는 11만 5,000명의 학생들의 110개 학교에서 공부하고 있었다. 반면에 워싱턴 D.C.는 그보다 훨씬 적은 4만 5,000명의 학생들이 123개 학교에서 공부하고 있었다. 미셸 리가 23개 공립학교를 폐쇄한 이후에도 귀넷 교육구보다 훨씬 적은 학생들이 더 많은 학교에서 공부하고 있었던 것이다.

하지만 안타깝게도 그런 수치가 워싱턴 D.C. 주민들을 설득하지는 못했다. 그들은 미셸 리가 다른 사람들의 조언을 받아들이지 않는 오만한 사람이라고 생각했을 뿐만 아니라 백인 중산층이 다니는 3구역 학교를 편애한다고 생각했다. 그리고 그 생각은 모든 정치 문제가 인종 문제로 귀결되는 워싱턴 D.C.에서 미셸 리에게 가장 나쁜 영향을 끼쳤다. 그 싸움은 또한 미셸 리와 의회의 몇몇 핵심 멤버들 간의 대립을 초래했다.

학교 폐쇄에 대한 문제는 논란의 소지가 많았던 미셸 리의 다른 결정들과 크게 다르지 않았다. 학교 폐쇄를 위한 '더 좋은' 방법이 있었을까? 그녀가 만약 웃으며 협력했다고 해도 23개의 학교를 폐쇄할 수 있었을까? 토머스는 내게 이렇게 말했다.

"당신이라면 할 수 있었을 겁니다. 학부모들과 함께 앉아 의견을 수렴하고 타협할 수 있었겠죠."

하지만 미셸 리의 직원들은 이에 동의하지 않는다. 여기서 확실한 것 한 가지는 바로 정치적 피해였다. 그 사건 이후로 해리 토머스, 빈센트 그레이, 마리온 배리와 같은 반대자들이 이미 포기했던 교육위원회의 역할을 흉내 내기 시작했고, 이는 미셸 리와 펜티 시장 두 사람을 오랫동안 괴롭히는 요인이 되었다.

교사들의 전문성과
자질을 높여라

교육계는 남보다 뛰어난 인물이 자라기 힘든 토양이다. 모험을 싫어하는 교육위원회가 불같은 학교 지도자들을 일찌감치 제거해버리기 때문이다. 마찬가지로 연방 정부의 역대 교육부 장관들 역시 대부분 친절하고 영리하지만 몹시 따분한 사람들이었다. 클린턴 재임 당시 교육부 장관 리처드 라일리Richard Riley를 보자. 그보다 더 친절한 사람이 있을까? 하지만 그의 연설을 5분만 듣다 보면 틀림없이 졸음이 쏟아질 것이다.

그러다 보니 키도 크고 가끔 대통령과 농구도 하는 현 교육부 장관 아른 던컨 정도면 '흥미로운' 사람 축에 속한다. 교육계 인사들에 대한 기대치는 그 정도로 낮다. 조지 부시 대통령 당시 교육부 장관이었던 마거릿 스펠링Margaret Spelling은 당시 한참 유행하던 독특한 안경을 쓰고 가끔 텍사스 풍의 독특한 말투를 쓴다는 이유로 괴짜 대접을 받았다. 보통 유쾌하고 외향적인 사람들이라고 여겨지는 교육 개혁 운동가들은 사실 일에 파묻혀 안타까울 만큼 성실하게 일하는 사람들이다. 그 사람들은 주로 앤드루 로더햄이 만든 교육 관련 웹사이트 www.Eduwonk.com(wonk는 '일벌레' 혹은 '지나치게 꼼꼼한 사람'이라는 뜻이다─옮긴이)에 모여 따분한 논쟁을 한다. 그 웹사이트에서 그나마 재미있는 부분은 로더햄이 사람들의 흥미를 끌기 위해 매주 금요일에 올리는 낚시 사진 정도라고 할 수 있는데, 주로 여러 교육계 인사들이 직접 잡은 물고기를 들고 환하게 웃고 있는 모습이다.

그것이 바로 사람들이 미셸 리와 랜디 웨인가튼의 대결에 주목하지 않을 수 없는 이유다. 역사에서 자신의 자리를 누구보다도 확실히 알고 있으며 자신의 핵심 가치가 공격받을 때 한 치도 물러서지 않겠다고 굳게 결심한 걸출한 두 여장부의 대결이기 때문이다. 두 사람은 코넬 대학교 동문이지만 서로 이를 가는 사이이기도 하다. 또한 서로 고함을 치다가도 다음 날 소프트볼 기금 마련 행사에서는 몹시 다정한 모습을 보일 수 있는 상원의원들의 가식과는 거리가 먼 사람들이다. 전 교육부 차관보이자 스탠퍼드 대학교 후버 연구소의 선임 연구원이었던 체스터 핀 주니어 Chester Finn Jr.는 〈뉴스위크 Newsweek〉와의 인터뷰에서 이렇게 말했다.

"무척 영리하고 단호하며 의지가 강한 두 여장부가 서로 상반된 의제를 갖고 있습니다. 대단한 구경거리가 될 조건을 갖춘 셈이죠."

워싱턴 D.C.에서 다시 만난 미셸 리와 랜디 웨인가튼의 마지막 결전은 두 사람 각자의 커리어에 있어서 몹시 중대한 시기에 벌어졌다.

위원장으로서 뉴욕 교사연합의 세력 기반을 훌륭하게 지켜냈던 웨인가튼은 미국 교원연맹 위원장이 되어 워싱턴 D.C.에 갓 입성했으며, 노조 자체가 문제라는 생각을 노조가 문제 해결의 주체가 될 수 있다는 생각으로 전환시키는 데에도 일정 부분 성공했다고 할 수 있었다. 웨인가튼은 몹시 존경받던 미국 교원연맹의 전 의장이자 개혁 지지자였던 고故 앨버트 솅커처럼 정치 지도자의 역할을 하기 위해 최선을 다하고 있었다.

하지만 불행히도 웨인가튼의 시대는 교원노조 지도부가 개혁을 말하기만 해도 칭찬받던 솅커의 시대와는 달랐다. 웨인가튼은 쇠락하는 K-12 학교들에 대한 뉴스가 넘쳐나는 시대를 헤쳐나가야 했다. 또한 미국 전역에서 수많은 도전에 직면해야 했다. 차터스쿨은 노조에 가입하지 않은 교사를 채용하기 위해 기를 쓰고, 입법부는 공립학교들의 엉터리 같은 상태가 노조의 임용 규정 때문이라고 앞장서서 비난했다. 언론 역시 대놓고 회의적인 태도를 보였다. 심지어 2010년에는 가난한 아이들의 아메리칸 드림을 방해하는 악당이 바로 교원노조라고 주장하는 영화가 제작되기도 했다. 〈슈퍼맨을 기다리며〉에서 웨인가튼이 등장할 때 흐르는 오싹한 음악을 한번 들어보라.

그 시기는 웨인가튼에게 몹시 중요한 시기였으며 도심 지역 교육구에 쏟아지고 있던 불만은 곧 교원노조에 대한 불만이나 마찬가지였다. 과연 이런 상황에서 웨인가튼의 노조는 정치적으로 공격을 선도하며 살아남을 수 있을 것인가? 아니면 실패하고 있는 공립학교들을 바꿔놓겠다는 공약으로 당선된 주지사들에게 밀려날 것인가? 경제적으로 힘든 시기를 보내고 있던 노조원들 역시 웨인가튼을 압박했다. 언론이 교원노조의 과도한 고용 보장 규정을 파헤쳐 당황하기도 했지만 교원노조는 힘들게 얻은 고용 안정성을 포기할 생각이 전혀 없었다.

미셸 리가 처한 상황 역시 만만치 않았다. 펜티 시장은 자신의 정치적 생명을 걸고 무명이나 다름없었던 미셸 리를 변혁의 주도자로 앞세웠다. 워싱턴 D.C.가 최고의 도시로 발돋움하는 데 필요한 마지막 퍼즐 한 조각을 그녀의 손에 쥐어준 것이다. 워싱턴 D.C. 공립학교들은 미국의 수치나 다름없었으며 전 시장이나 교육감들이 결코 넘지 못했던 벽이었다.

미셸 리는 워싱턴 D.C. 공립학교 개혁 전략의 핵심을 교사의 자질 신장에 두고 있었는데, 이는 곧 교사를 임용하고 평가하는 방법은 물론 전문성을 제고하고 해고하는 데 있어서까지 급격한 변화가 필요하다는 뜻이었다. 그리고 이 모든 문제는 한 가지 문제로 귀결되었다. 즉 그때까지 실현 불가능하다고 여겼을 뿐만 아니라 허무맹랑한 주장이라고 일축되었던 새로운 교원 임용 규정을 도입하는 것이었다. 아무리 일이 잘 풀린다 해도 뉴욕의 첨예한 정치판에서 잔뼈가 굵은 웨인가튼에 비해 굴러들어온 돌이나 다름없는 미셸 리가 이 게임에서 이길 확률은 거의 없었다.

공교육을 위한 비전

이 두 여장부는 반대 의견에도 굴하지 않고 사람들을 설득할 수 있는 능력이 있었다. 미셸 리나 웨인가튼 모두 눈물로 호소하는 타입은 아니었다. 두 사람의 능력을 이해하기 위해서는 각자의 연설에서 드러나는 가치관을 살펴보는 것이 좋을 것이다. 웨인가튼의 연설은 주로 교원노조를 향한 냉혹한 비판에 대한 것이며, 미셸 리의 연설은 보통 워싱턴 D.C. 공립학교 학생들의 형편없는 학업성취도에 대한 것이라고 할 수 있다.

여기서 2010년 7월 시애틀에서 열린 미국 교원노조 총회에서 웨인가튼이 했던 연설의 일부를 살펴보자.

제가 오늘 여러분께 드리고 싶은 말씀은 바로 이것입니다. 우리는 노조의 정책을 검토하고 활동을 들여다보며 바꿀 부분이 있으면 과감히 바꿔야 합니다. 물론 쉽지 않겠지만 그래야만 다른 사람들을 설득할 수 있습니다.

하지만 솔직히 말하자면 저는 뿌리부터 흔들렸습니다. 네, 저는 두렵습니다. 공공 서비스 분야에 대한, 특히 이 나라 권력의 중심부에 존재하는 공교육에 대한 어마어마한 위협 때문입니다. 저는 여기 계신 많은 분들 또한 제 의견에 공감할 거라고 생각합니다.

저는 주요 도시의 교육감들이 공교육은 '쓰레기'와 같다고 말하리라고는 결코 생각하지 못했습니다. 또한 주요 언론이 우리를 '가난한 아이들의 선택권을 박탈하는 이기적인 어른들'로 묘사하리라고도 결코 생각하지 못했습니다.

물론 공화당 하원 지도부가 교사의 해고를 막는 것은 '교육계의 관료제를 부풀리는' 책략이라고 말할 수도 있다고는 생각했습니다.

하지만 우리 덕분에 당선되었던 민주당 출신 대통령과 그의 교육부 장관이 89명의 교사와 직원을 대량 해고한 로드아일랜드의 센트럴 폴스Central Falls에 박수갈채를 보내리라고는 결코 생각하지 못했습니다. 그중에 만족스럽지 못한 평가를 받은 교사는 단 한 명도 없었습니다.

저는 또한 열악한 상황에 처한 아이들을 도와야 한다는 다큐멘터리에서 무너져가는 학교나 계속되는 빈곤, 커리큘럼의 부재나 초만원인 교실, 낙오아동방지법의 완전한 실패가, 공교육을 갉아먹는 악당이 아니라고 말하리라고는 결코 생각하지 못했습니다.

네, 그 악당은 바로 우리였습니다.

물론 저는 받아들일 수 있습니다. 이것 또한 우리 직업의 일부이기 때문입니다. 하지만 올바른 교사가 되기 위해 날마다 열심히 노력하고 있는 300만 명 이상의 공립학교 교사들이 그러한 모욕을 받아서는 안 됩니다.

… 교사들을 비난하는 사람들은 전 국민에게 공교육에 대한 흑백논리를 들이대고 있습니다. 그들은 우리에게 학생들 편에 설 것인지 교사들 편에 설 것인지 선택하라고 강요합니다.

하지만 이는 말도 안 되는 선택을 강요하는 것입니다.

학생들에게 좋은 학교가 교사들에게도 좋은 학교이며 그 반대도 성립합니다. 만약 정치 지도자들이 이를 인식하지 못하고 공립학교를 위한 긍정적인 비전을 제시하지 못한다면 바로 우리가 앞장서야 합니다.

다음은 미셸 리가 2009년 오하이오 주립대학교의 존 글렌 공공정책연구소에서 수여하는 상을 받을 때 했던 연설의 일부이다.

가장 먼저 여러분께 몇 년 전 제가 처음 이 일을 맡을 당시 워싱턴 D.C.와 워싱턴 D.C. 공립학교들의 상태에 대해 말씀드리고 싶습니다. 당시 워싱턴 D.C.는 미국 전역에서 학업성취도가 가장 낮고 가장 열악한 교육구로 유명했습니다. 워싱턴 D.C.는 미국 교육부 입장에서 볼 때 연방기금을 남용할 가능성이 높은 유일한 교육구이기도 했습니다.

워싱턴 D.C.의 백인 학생들과 흑인 학생들의 학업성취도 차이는 무려 70퍼센트 포인트였습니다. … 워싱턴 D.C.의 중등학교 9학년 학생들이 대학을 졸업할 확률은 9퍼센트입니다. 그리고 … 수학에서 평균 수준의 학업성취도를 보이는 학생은 8퍼센트밖에 되지 않습니다. 8퍼센트입니다. 다시 말하면 워싱턴 D.C. 공립학교에 다니는 학생들 92퍼센트가 사회의 생산적인 구성원이 되기 위해 필요한 기술과 지식을 갖추지 못한다는 뜻입니다.

어린 학생들에 관한 자료는 아마 이보다 더 실망스러울 것입니다. 자료를 살펴보면 워싱턴 D.C. 아이들이 유치원에 들어갈 때는 미국 전역의 다른 도심 지역 아이들과 크게 다르지 않다는 것을 알 수 있습니다. 교외 지역이 아니라 필라델피아, 댈러스, 휴스턴, 샌프란시스코 등 도심 지역의 비슷한 조건의 아이들과 크게 다르지 않습니다. 문제는 그 아이들이 워싱턴 D.C. 공립학교에 오래 다닐수록 더 많이 뒤처지게 된다는 사실입니다. 3학년쯤 되면 그 차이는 엄청나게 벌어지죠.

또 한 가지 흥미로운 사실은 워싱턴 D.C.의 가난한 흑인 4학년생들은 뉴욕 시의 가난한 흑인 4학년생들보다 꼬박 2년이나 뒤처져 있다는 것입니다.

그래서 저는 우리 아이들의 저조한 학업성취도를 한 부모 가정과 가난, 의료 서비스 부족 등의 탓으로 돌리고 싶어 하는 사람들에게 이렇게 말했습니다. 지난번에 확인한 바에 따르면 할렘의 빈곤은 워싱턴 D.C. 동남부의 빈곤과 크게 다르지 않지만 할렘의 아이들은 우리 아이들보다 2년이나 앞서 있습니다.

제가 여기서 감히 말씀드리자면 당신이 만약 워싱턴 D.C. 공립학교에 다니는 학생이라면 날마다 학교에 가는 것보다 차라리 집에 있는 편이 훨씬 나을 것입니다. 학교에 갈수록 점점 뒤처지기만 할 테니까요. 그것이 바로 현실입니다.

웨인가튼을 비롯한 미국 교원노조 지도부가 보기에 미셸 리는 도심 지역 교육 문제를 해결하려면 실력 없는 교사들을 쓸어 없애기만 하면 된다고 주장하는 기회주의적인 교육 개혁가들의 우두머리였다. 그들은 또한 미셸 리가 다른 개혁가들보다 훨씬 위험한 인물이라고 생각했다. 이는 자신의 말이 곧 진실이라고, 타인을 특히 전국의 언론을 설득하는 미셸 리의 신비한 능력 때문이었다. 미국 교원노조는 미셸 리가 아무것도 모르면서 제멋대로 날뛰는 망아지와 같기 때문에 고삐를 단단히 묶어놓아야 한다고 생각했다.

반대로 미셸 리나 그녀를 지지하는 사람들에게 웨인가튼은 수년 동안 말과 행동이 다른 모습을 너무 많이 보여서 도무지 신뢰할 수 없는 인물이었다. 웨인가튼에 대한 미셸 리의 불신은 〈슈퍼맨을 기다리며〉에 관한 NBC의 토론 프로그램에서 한 미셸 리의 발언으로 고스란히 드러났다.

"당신은 무능한 교사 퇴출을 지지한다고 말할 수 없습니다. 제가 무능한 교사들을 해고하자 불만을 터뜨리며 법정 공방으로 맞대응하지 않았습니까?"

두 사람의 대결 장소였던 워싱턴 D.C.는 웨인가튼이 싸움을 지휘하기에는 다소 까다로운 곳이었다. 워싱턴 D.C.는 미국의 수도로 전국민의 관심이 집중되는 곳이었기 때문에 만약 미셸 리가 원하는 바를 달성하면 전국의 모든 교육위원회 역시 같은 것을 요구할 터였다. 게다가 미국 교원노조의 워싱턴 분회인 워싱턴 교원노조는 최근 노조위원장 바버라 블록이 노조 자금을 횡령한 혐의로 수감되어 있어서 입지가 많이 약해져 있었다.

블록의 후임자 조지 파커는 목소리가 멋지고 악수할 때 손을 꽉 쥐는 거구의 남자였지만 흔히 말하는 빛 좋은 개살구였다. 파커는 자신을 위원장직에서 몰아내겠다고 큰소리치며 자신의 모든 행동에 사사건건 간섭하는 부위원장 네이선 사운더스 때문에 늘 마음을 졸여야 했다. 이런 이유로 파커는 웨인가튼에게(그리고 미셸 리에게도) 믿음직한 협상 파트너가 될 수 없었다.

물론 미셸 리에게도 불리한 조건은 있었다. 불필요한 학교들을 강제로 폐쇄해 예산을 절약하고 학교 통제력을 높일 수 있었지만 달리는 기차에서 내동댕이쳐졌다고 느낀 시의원들부터 무시당했다고 느낀 학부모들까지 다양한 반대자들이 생겨났다. 어쨌든 두 여장부의 결투를 위한 무대는 워싱턴 D.C.에 마련되었다.

많은 사람들이 워싱턴 D.C. 교사 계약 문제로 웨인가튼과 미셸 리가 처음 칼을 빼들었다고 생각하지만 알 만한 사람들은 두 사람이 2005년 뉴욕에서 이미 맞붙은 적이 있다는 사실을 알고 있었다. 거의 무명으로 TNTP를 이끌고 있었던 미셸 리는 당시 뉴욕 시 교육감 조엘 클레인을 대신해 세간의 이목이 집중된 교원 임용 규정에 대해 증언했었다. 교원노조의 막강한 권력 때문에 선뜻 그 일에 나서는 사람은 없었지만 미셸 리는 아니었다.

하지만 권력 게임에서 승자와 패자를 가리는 것은 쉽지 않은 일이다. 그 싸움의 승자는 조엘 클레인과 미셸 리였지만 그 덕분에 미국 교원노조 지도부는 앞으로 있을 대결을 위해 만반의 준비를 갖추게 된다. 미셸 리가 워싱턴 D.C. 교육감으로 임명되었던 2007년까지 미국 교원노조 지도부는 뉴욕에서 열렸던 중재위원회를 마치 어제 일처럼 생생하게 기억하고 있었다. 그리고 어마어마한 복수 또한 준비하고 있었다.

웨인가튼의 미국 교원노조 위원장 취임이 거의 확실했던 2009년 여름, 두 사람이 관계를 회복할 수 있는 기회가 있었다. 미셸 리의 자문위원 한 사람이 웨인가튼과 화해의 만남을 마련해보는 것이 어떻겠냐고 조언했고, 미셸 리도 마지못해 이에 동의했지만 곧 후회하고 말았다. 미셸 리에 따르면 웨인가튼은 이렇게 대꾸했다고 한다.

"분명히 말하지만 당신은 지금까지 많은 실수를 했습니다. 다시 한 번 분명히 말하건대 이제 중요한 자리를 맡았으니 더는 그런 실수를 하지 말길 바랍니다."

미셸 리는 하고 싶은 말도 참으며 좋은 모습을 보이려고 노력했다. 하지만 얼마 안 가 관계 회복은 물 건너가고 말았다. 미셸 리가 마침 워싱턴 D.C.에서 열린 뉴스쿨 벤처 펀드 연례회의에 잠깐 들렀는데, 바로 그때 웨인가튼이 TNTP가 작성한 보고서를 공격하고 있었던 것이다. 그 보고서의 내용은 뉴욕에 과잉 공급된 많은 교사들이 한 학교에서 퇴출당하고도 다른 학교에 지원하지 않고 노조 계약에 따라 월급만 받아가고 있다는 것이었다. 웨인가튼은 그 보고서가 '당장 써먹기 위해' 급하게 대충 작성된 '완전 엉터리' 보고서라고 말했다. 미셸 리는 웨인가튼의 말에 이의를 제기하는 사람이 한 사람도 없다는 것에 깜짝 놀랐다. 그리고 더는 참지 못하고 앞으로 나가 웨인가튼의 주장에 반박했고 웨인가튼 역시 물러서지 않았다. 미셸 리는 그 언쟁에서 두 사람이 서로 악의적인 말을 하기도 했다고 시인했다.

그 일이 있고 얼마 지나지 않아 미셸 리가 혁신적인 교사 계약안을 제안하면서 두 사람의 타협은 불가능해졌다. 미셸 리가 제안한 계약안은 학생들의 학업성취도를 토대로 교사를 평가하겠다는 내용으로 지금까지 미국 어디서도 쉽게 받아들여지지 않던 주장이었다. 미셸 리는 우수한 교사들에게 가장 많은 급여를 지급하고 무능한 교사들은 즉시 해고해야 한다고 생각했다. 또 실력이 부족한 교사들은 따로 교육을 시키고 그래도 나아지지 않으면 마찬가지로 해고해야 한다고 생각했다.

워싱턴 D.C. 모든 학교의 모든 교실에 유능한 교사를 배치하겠다는 미셸 리의 목표는 학생들을 위한 정책이라고 할 수도 있었지만, 어떻게 보면 아무리 교육을 받아도 결코 구제할 수 없는 교사들은 내쫓겠다는 생각이었다. 모든 교실에 마땅한 교사들이 배치될 때까지 워싱턴 D.C.는 다른 도심 지역 교육구에서 성공적으로 추진하고 있는 수준 높은 커리큘럼 개혁은 시작도 할 수 없었다.

미셸 리의 성공 가능성은 아주 적었다. 무능하다는 이유로 교사들을 소수나마 해고할 수 있었던 교육감은 전국에서 지금껏 단 한 명도 없었으니 말이다. 그럼에도 불구하고 미셸 리는 반드시 이를 실현시키겠다고 결심했다. 다만 이를 더 어렵게 하는 것은 10여 년 동안의 계약 협상 과정에서 단련된 웨인가튼의 능력과 경험을 따라잡을 수 없다는 사실이었다.

미셸 리 측에서는 워싱턴 D.C. 부교육감이자 미셸 리의 오랜 친구인 카야 헨더슨과 '올해의 교사' 출신으로 IMPACT 교사평가시스템을 개발한 제이슨 캄라스가 협상자로 나섰다. 두 사람은 도심 지역 공립학교에 대해서라면 믿을 수 있는 인물들이었지만 위험 부담이 큰 단체 교섭에 대해서는 어린아이에 불과했다. 그뿐 아니라 그들이 제안한 계약 조건은 웨인가튼과 미국 교원노조의 존재 자체를 뒤흔드는 도전이었다. 노조원들의 고용도 보장해주지 못하는 노조는 존재할 필요가 없기 때문이다.

새로운 교사 계약안, 레드 앤 그린

불리한 상황에서도 움츠러들지 않았던 미셸 리는 즉각 새로운 계약안을 들고 나왔는데, 이는 곧 '레드 앤 그린red and green'으로 세간에 알려졌다. 레드 트랙을 선택한 교사들은 별다른 변화 없이 교직을 유지할 수 있고, 그린 트랙을 선택한 교사들은 자신의 능력을 증명할 경우 급여가 올라가지만 종신 재직권은 포기해야 한다. 이는 지금까지 어떤 교육감이 제안했던 것보다 과감한 제안이었다. 노스캐롤라이나 주 채플 힐에 위치한 교육연구 컨설팅 기업 퍼블릭 임팩트_{Public} Impact의 공동이사 브라이언 하셀은 〈워싱턴 포스트〉에 기고한 글에서 이렇게 말했다.

"미셸 리가 이 계약을 성사시킨다면 이는 곧 전국을 뒤흔들며 곳곳에 영향을 끼칠 겁니다."

미셸 리는 교사들이 그린 트랙을 선택하도록 장려하기 위해 몇몇 재단으로부터 추가 급여로 지출할 수백만 달러의 기부 약속을 받아냈다. 눈이 휘둥그레질 당근을 든 미셸 리는 2008년 봄, 그 계약안을 투표에 부치자고 파커를 설득하는 데 거의 성공했다. 그 즈음 웨인가튼과 미국 교원노조는 파커가 무엇을 포기하려 하는지 놀란 눈으로 보고 있을 수밖에 없었다. 하지만 웨인가튼으로서는 다행스럽게도 투표는 성사되지 않았다. 2008년 7월 3일, 〈워싱턴 포스트〉가 그에 관한 기사를 실었고 많은 교사들이 그 기사를 읽고 두려움에 떨었다. 헤드라인만 봐도 무슨 내용인지 한눈에 알 수 있었다.

"리, 교사 종신 재직권과 급여 인상 교환에 나서다."

물론 근속 연수를 유지하는 '레드 트랙'을 선택할 수 있다는 내용도 포함되어 있었지만, 미셸 리에 따르면 불안해하던 파커가 그 기사 때문에 마음을 바꿔 투표가 무산되고 만 것이다.

그 기사 때문에 새로운 계약안 비준이 약 2년 정도 미뤄졌을 거라고 미셸 리는 말했다. 미셸 리는 투표가 무산되자 몹시 화를 냈지만 돌이켜 생각해보면 차라리 잘된 일이었다. 해고당하지 않을까 걱정하던 교사들은 오히려 그 계약 조건을 반겼다. 하지만 만약 투표로 그 계약이 성사되고 교사들이 단체로 레드 트랙을 선택해버린다면 미셸 리의 개혁은 시작도 못 해보고 묻혔을 것이다. 그리고 어쩌면 교육감 자리에서 물러나야 했을지도 모른다. 미셸 리가 언젠가 파커에게 이렇게 말했던 것처럼 말이다.

"당신이 정말 나를 골탕 먹이고 싶다면 그 계약을 승인하고 모든 교사들에게 레드 트랙을 선택하라고 하면 됩니다. 그러면 근무 햇수만큼 급여를 받을 수 있고 연공서열을 바꿀 필요도 없으니까요."

2008년 계약 협상 과정은 이 시점에서 몹시 다른 방향으로 전개되었다. 워싱턴 교원노조의 요청에 따라 미국 교원노조가 공식적인 파트너 협상가로, 말하자면 '자문위원'으로 함께하게 된 것이다. 웨인가튼 역시 이 협상은 파커가 주도하는 협상이라고 조심스럽게 못 박았지만 그렇게 생각하는 사람은 아무도 없었다. 이 싸움은 이제 웨인가튼과 미셸 리의 대결이었다.

웨인가튼은 파커가 큰 것을 잃을 뻔했다는 것을 알고 참을 수 없었다. 그래서 자신의 최고 협상가 롭 웨일을 파견해 전체적인 협상 전략을 감독하게 했다. 콜로라도 주 더글라스 카운티에서 수학을 가르쳤던 웨일은 그 지역에서 학생들의 학업능력에 따라 급여를 달리하자는 교사 계약 협상을 진행했었다. 그 계약 협상을 통해 그는 웨인가튼으로부터 앨버트 솅커와 같은 신임을 얻을 수 있었다. 비록 웨일이 전면에 나서긴 했지만 웨인가튼 역시 두 손 놓고 방관하지만은 않았다. 전국의 눈이 이 계약을 주시하고 있었기 때문이다.

다음 해, 계약 협상은 미셸 리와 웨인가튼의 권력 싸움으로 바뀌게 된다. 2008년 1월 31일, 미국 교원노조는 미셸 리의 애초 개혁 목표조차 인정하지 않고 미셸 리의 계약안에 사사건건 반대하는 계약안을 제시하며 레드 앤 그린에 제동을 걸었다. 하지만 미셸 리는 차분히 대응했다. 양측은 늦은 밤까지 수십 차례의 회의를 진행하며 10여 가지 제안을 주고받았지만 아무런 성과를 보지 못했다. 결국 2009년 봄, 양측은 전 볼티모어 시장 커트 슈모크를 중재인으로 받아들이는 데 동의했다. 그로부터 1년 동안 슈모크는 인내심을 발휘하며 양측의 물밑 협상을 진행했다.

근무년차가 아닌 실력이 기준이다

이야기는 여기서 재미있는 방향으로 다시 한 번 꼬인다. 돌이켜보면 물밑 협상 과정에서 일어났던 일들은 두 가지 드라마로 인해 빛을 잃을 수밖에 없었다. 첫 번째는 워싱턴 D.C.의 교사 대량 해고였고, 두 번째는 교사의 자질 향상에 대한 전국적 요구였다. 워싱턴 D.C.를 배경으로 한 첫 번째 드라마의 시작은 바로 2009년 10월, 교사 266명을 해고한다는 미셸 리의 갑작스러운 발표였다.

시의회의 예산 삭감 때문에 어쩔 수 없는 일이었다고 말했지만, 미셸 리는 그 일로 대외적으로 큰 낭패를 보게 되었다. 시의원들은 해고 대상자 수에 이의를 제기했고, 의회와 워싱턴 교원노조는 바로 몇 달 전에 평소보다 훨씬 많은 900명 이상을 신규 채용한 이유를 밝히라고 요구했다. 그들은 미셸 리가 예산 삭감을 사전에 알고 있었으며, 이를 핑계로 해고하고 싶었던 교사들을 해고한 것이라고 비난했다.

설상가상으로 미셸 리가 잡지 〈패스트 컴퍼니 Fast Company〉와의 인터뷰에서 다음과 같은 발언을 하면서 상황은 더욱 악화되었다.

"저는 아이들을 체벌하고 아이들과 부적절한 성관계를 맺거나 연간 78일씩 결근했던 교사들을 해고했습니다."

미셸 리의 적들에게 신중하지 못했던 이 발언은 넝쿨째 굴러들어온 호박이나 마찬가지였다. 〈워싱턴 포스트〉 역시 미셸 리의 발언을 널리 알리기 위해 두 팔을 걷어붙였다. 적들은 미셸 리가 나이 많은 교사들을 해고하기 위해 계략을 꾸몄으며 이제 교사들을 성범죄자와 아동학대자로 몰아가면서까지 얼렁뚱땅 해고하고 있다며 열을 올렸다. 결국 미셸 리는 2007년 7월 이후에 체벌로 해고당한 교사는 10명, 부적절한 성관계로 해고당한 교사는 2명이라고 정확한 수치를 밝혀야만 했다.

물론 이제 와서 생각해보면 〈패스트 컴퍼니〉와의 인터뷰에서 미셸 리가 했던 말 중에 논란의 소지가 될 만한 내용은 하나도 없었다. 아이들을 체벌하거나 학대했던 교사들을 해고한 것은 사실이었다. 하지만 진실은 중요하지 않았다. 중요한 것은 그 당시 그녀의 발언이 어떻게 해석되었느냐 하는 것이었다.

하지만 해고 논란에서 가장 큰 쟁점이 되었던 부분은 근무 햇수에 상관없이 해고하겠다는 미셸 리의 결정이었다. 지금까지는 가장 늦게 임용된 사람이 가장 먼저 해고당하는 것이 관례였다. 하지만 미셸 리는 각 학교 교장들에게 자질이 부족해 해고해야 할 교사들을 추천해달라고 부탁했다. 그것이 바로 대혼란의 시작이었다. 미셸 리는 이에 대해 이렇게 말했다.

"노조는 이에 격분했습니다. 교원노조뿐만이 아니었죠. 워싱턴

D.C. 프리덤 플라자에서 무대와 조명, 간이 화장실까지 모두 갖춘 대규모 집회가 열렸는데, 워싱턴 교원노조와 미국 교원연맹 지도부는 물론 미국 노동총연맹 산업별 조합회의의 리처드 트룸카까지 함께 했으니까요. 집회 참가자들은 우리가 아이들에게 피해를 주고 있으며 아이들을 실험 대상으로 여기고 있다고 맹렬히 비난했습니다. 몇 천 명이 그 자리에 모였는데 그중에는 '여기가 리지스탄Rheezistan(미셸 리의 성姓과 아프가니스탄의 합성어–옮긴이)인가!'라고 쓰인 피켓을 들고 독재이자 노조 분쇄를 위한 조치라고 외치는 사람들도 있었습니다. 그 당시 미국 전역의 수백 개 교육구에서 교사들을 해고하고 있었지만 노조 지도부가 단체로 항의했던 곳은 워싱턴 D.C.뿐이었습니다. 성인들에게만 이로웠던 견고한 관습에 누군가 최초로 의문을 제기했기 때문입니다."

그때가 바로 미셸 리의 워싱턴 D.C. 교육감 재임 기간 중 상황이 가장 안 좋았던 시기였다. 해고당한 교사들은 대부분 흑인일 수밖에 없었고(워싱턴 D.C. 교사 대부분이 흑인이었던 점을 감안하면 어쩔 수 없는 일이었다) 미셸 리의 적들은 이 기회를 잡아 그녀의 개혁이 인종 편견에 사로잡힌 개혁이라고 비난해대기 시작했다. 잡지에 인용된 미셸 리의 발언은 그녀가 해고당한 교사들에게 아동학대죄를 뒤집어씌웠다는 인상을 주었다. 게다가 대량 해고는 새로운 교사 계약 논의에도 커다란 지장을 주었다. 눈앞에서 엄청난 사람들이 해고당하는 꼴을 보고 누가 협상에 나서고 싶겠는가?

그래서 가장 중요한 문제가 묻혀버리고 말았다. 미셸 리는 교장들에게 무능한 교사들을 직접 선별하라고 했으며 더불어 가장 나중에 고용된 사람이 가장 먼저 해고당해야 한다는 고정관념을 깼다. 그때 미셸 리에게 가장 필요했던 인물은 자기 편에 서서 이 모든 논란으로 무엇이 묻혀버리고 있는지 정확히 지적해줄 교육부 장관 아른 던컨과 같은 인물이었다. 묻혀버린 사실은 바로 해고된 많은 교사들은 당연히 퇴출되어야 하는 무능한 교사들이었다는 사실이었다.

하지만 미셸 리는 연방 정부 공무원들까지 불안하게 만들었다. 노조에 대한 연방 정부의 전략은 노조를 개혁의 파트너로 치켜세우며 함께 장단을 맞추게 하는 것이었다. 물론 파트너 전략이 효과가 좋았던 것은 아니었다. 두 개의 전국적 교원노조는 던컨의 개혁을 공개적으로 거부하고 나섰다. 하지만 던컨은 이에 굴하지 않고 자신의 전략을 고수했다. 한편 미셸 리는 가만히 있으면서 당하는 스타일이 아니었다. 장단에 맞춰 춤을 추는 사람은 더더욱 아니었다.

이러한 언론의 뭇매로 인해 많은 교육구에서 즉각 미셸 리에 대한 반대 의견을 표명했다. 하지만 펜티는 변함없이 미셸 리를 지지했고 시간이 흐르면서 대량 해고 논란은 미셸 리에게 두 가지 성과를 가져다주었다. 무능한 교사들을 해고함으로써 실력 있는 교사들을 채용할 수 있게 되었을 뿐만 아니라, 미셸 리와 미국 교원노조 협상가들 모두 인정한 바에 따르면, 대량 해고는 결국 새로운 계약 승인에도 도움이 되었다. 미셸 리는 대량 해고 덕분에 언론에서 공개적으로 두들겨 맞았지만 워싱턴 D.C. 교사들은 대량 해고를 그와 다른 의미로 받아들였다. 미셸 리는 이렇게 말했다.

"대량 해고를 직접 목격하면서 노조에 가입한 일반 교사들은 고용을 보장해줄 보호막이 사라졌다는 사실을 깨달았을 겁니다. 아마 이렇게 느꼈겠죠. '세상에! 이 여자는 보통내기가 아니잖아! 절대 대충 넘어가지 않을 사람이네.' 교사들은 현실이 그렇다면 월급을 많이 받는 편이 낫겠다고 생각했을 겁니다."

예상치 못했던 성과를 거둔 몇 달 후, 미셸 리는 처음부터 이것을 계획했었냐는 질문에 이렇게 대답했다.

"저는 그렇게 똑똑하거나 계획적이지 않아요. 그저 우리에게 도움이 되는 방향으로 일이 진행되었을 뿐입니다."

교직사회 혁신의 불길이 퍼져나가다

물밑 협상을 무색하게 했던 두 번째 드라마의 배경은 비단 워싱턴 D.C.만이 아니었다. 미국 전역의 주지사들과 몇몇 대도시 교육감들이 교사의 자질 향상을, 다시 말하자면 교원 임용 규정, 종신 재직권 개혁, 성과에 따른 급여 등 이전에는 정치적으로 불가능하다고 생각했던 개혁들을 전면적으로 요구하고 나선 것이다.

이에 일부 사회과학자들은 특정 이슈가 갑자기 전 국민의 관심을 사로잡는 이유가 무엇인지 정확히 파악할 필요가 있다고 주장했다. 내가 보기에 그 이유는 여전히 수수께끼일 뿐이다. 그냥 그렇게 된 것이다. 그 문제에 대한 뉴스 보도가 전국적으로 수백여 개에 달했는데, 교사라는 직업에 대한 이와 같은 재고가 없었다면 2010년 봄 미셸 리가 성사시킨 새로운 교사 계약은 여전히 요원한 일이었을 것이다.

미국에서 교사들은 보통 다른 민간 부문 노동자들과 달리 능력이 아니라 근무 기간과 학위에 따라 보상을 받았다. 그리고 이는 의도하지 않았던 결과를 초래할 수밖에 없었다. 예를 들어 워싱턴 주는 더 많은 급여를 주더라도 우수한 수학 교사와 과학 교사를 채용할 필요가 있다는 논의를 수년 동안 해왔으면서도 정작 그 우수한 교사들에게 평균 이하의 급여를 지불했다. 사회 교사나 체육 교사들보다 경력이 짧다는 이유에서였다. 교사들은 또한 일반적인 미국 노동자들과 달리 능력에 상관없이 언제나 최고의 평가를 받는다. 미셸 리가 연설에서 종종 언급했던 것처럼, 그녀가 워싱턴 D.C.에 도착했을 때 워싱턴 D.C. 공립학교 8학년 중 수학에서 '우수'한 학생은 8퍼센트밖에 되지 않았고, 읽기에서 '우수'한 학생은 12퍼센트밖에 되지 않았다. 그런데도 교사 95퍼센트가 '만족스럽다' 혹은 그보다 더 나은 평가를 받았다.

교직에 종사하지 않는 외부인들의 눈에는 철밥통이나 마찬가지인 교사들의 고용 보장 규정은 정말 놀라운 조항이었다. 심지어 교사들은 학생들을 성적으로 학대하는 등의 극단적인 범죄를 저질러도 좀처럼 해고되지 않았다. 2007년 어소시에이티드 프레스Associated Press의 조사에 따르면 그런 교사들은 보통 자신의 범죄 사실에 대해 아무것도 모르는 다른 지역으로 전근했다. 그런 심각한 범죄를 저지르고도 거의 해고당하지 않으니 무능하다는 이유만으로 해고당하는 교사가 얼마나 적을지는 굳이 말하지 않아도 알 수 있었다.

뉴욕 시 교육감 조엘 클레인이 무능한 교사들을 해고하기 전까지 전국의 교육감들은 대부분 그것이 가능하다는 생각조차 하지 못했다. 하지만 클레인도 별다른 성과를 거두지 못했다. 2008년에서 2010년까지 클레인이 무능하다는 이유로 해고할 수 있었던 교사는 단 3명뿐이었다. 2000년 이래로 로스앤젤레스 교육청은 교사 3만 3,000명 중 수업 능력이 부족한 7명을 해고하기 위해 교사 1인당 50만 달러를 소송 비용으로 지출해야 했다. 그중에서 해고된 교사는 4명뿐이었다. 한 명은 복귀했고 나머지 셋 중 두 명은 막대한 퇴직금을 받았다. 오리건 주 포틀랜드의 교장들은 교사 한 명을 해고하려면 매주 다섯 시간에서 열 시간 정도 더 일해야 한다고 말했다. 노조 지도부나 다른 교사들과 벌이는 소모적인 논쟁과 감정 싸움은 말할 것도 없이 말이다. 그렇다 보니 무능한 교사들과 대놓고 혹은 강압적으로 타협을 시도하는 경우가 더 많았다. 해고하기 전에 알아서 사표를 내고 학교를 떠나라고 말이다.

웨인가튼은 실력 없는 건축가나 변호사들이 있는 것처럼 실력 없는 교사들도 있을 수 있다고 변명했다. 얼핏 들으면 그럴듯하지만 따져보면 그렇지도 않다. 자유시장 경제에서 무능한 건축가나 무능한 변호사들이 결국 어떻게 되는지는 누구나 알고 있다. 결함 있는 건물을 많이 짓고 소송에서 패하기를 밥 먹듯 한다면 결국 일자리를 잃는다. 단지 시간문제일 뿐이다. 하지만 교사들은 그렇지 않았다. 2007년 미셸 리가 교육감이 되었을 때 워싱턴 D.C.는 로스앤젤레스와 함께 미국에서 가장 형편없는 교육구로 명성을 날리고 있었음에도 불구하고 바로 전해에 무능하다는 이유로 직장을 잃은 교사는 단 한 명도 없었다.

하지만 2007년 즈음, 무슨 이유에선지 모르겠지만 전 국민이 갑자기 관심을 기울이기 시작하면서 모든 것이 바뀌었다. 그리고 미국 전역의 교장들은 지난 수년 동안 소용없었던 개혁이 어쩌면 가능할지도 모른다는 사실을 깨달았다. 2009년 로드아일랜드의 교육국장 데보라 지스트Deborah Gist는 교사들의 연공서열에 따라 학교를 배정하지 말라고 지시해(보통 가장 가난한 학교에 가장 실력 없는 교사가 배정되는 제도) 전국적인 갈채를 받았다. 이에 노조는 당황했다. 그리고 2010년, 그녀는 오랫동안 부진을 면치 못했던 센트럴 폴즈 고등학교 교사 전원 해고를 전적으로 지지해 오바마 대통령의 공개적인 찬사를 받았을 뿐만 아니라 〈타임〉지에서 선정한 가장 영향력 있는 인물 100명에 선정되기도 했다. 교원노조는 몹시 반발하면서도 그냥 지켜볼 수밖에 없었다.

변화는 시시각각 다가오고 있었다. 공화당 출신 루이지애나 주지사 보비 진달Bobby Jindal은 루이지애나 교육자협회Louisiana Association of Educators가 고수하는 거의 모든 정책을 다각도로 공격하며 더 많은 차터스쿨 설립, 학생들의 시험 성적에 입각한 교사평가, 종신 재직권과 선임자 특권 폐지 등을 추진하기 시작했다. 또한 콜로라도 국회의원들은 노조의 반발에도 불구하고 종신 재직권을 얻을 수 있는 기준을 강화하고 이를 쉽게 박탈할 수 있도록 하는 법안을 발의했다.

변화의 흐름은 할리우드에도 영향을 미쳤다. 2010년 여름, 미국 도심 지역 공립학교들의 열악한 상태를 전국적으로 널리 알리는 다큐멘터리 네 편이 만들어졌다. 네 편 모두에서 악역은 노조였다. 수년 동안 그림자도 밟히지 않는다는 스승의 이미지를 고수했던 교사들에게 이는 눈엣가시였다. 그중 가장 유명한 영화가 〈슈퍼맨을 기다리며〉였고, 그 영화의 주인공이 바로 미셸 리였다. 영화의 제목은 도심 지역의 가난한 학생들이 미셸 리와 같은 개혁 운동가나 그들을 받아줄 우수한 차터스쿨, 혹은 자신을 구해줄 슈퍼맨을 기다리고 있다는 뜻이었다. 미국 교원노조 위원장 랜디 웨인가튼도 워싱턴 D.C.에서 열린 영화 시사회에 용감하게 참여했지만 노조를 악당으로 묘사하는 영화를 보며 꽤나 속을 끓였을 것이다.

유능한 교사를 더 대우하는 새로운 계약안

이처럼 격렬한 여론전이 한창일 때 커트 슈모크가 주재하는 물밑협상도 마침내 마무리되었다. 2010년 6월 2일, 워싱턴 D.C. 교사들은 새로운 계약안을 1,425표 대 425표로 비준했다. 자칫하면 이를 미셸 리에 대한 전적인 신뢰로 오해할 수도 있을 것이다. 하지만 새로운 개혁, 특히 IMPACT 교사평가시스템을 증오하는 수많은 교사들은 여전히 미셸 리를 몹시 아니꼬워했다. 투표 결과가 한쪽으로 치우친 이유는 대부분 3년 동안의 급여 삭감을 보충하고자 하는 갈망과 대중의 의견이 급격히 변화하는 것을 보고 미셸 리의 개혁은 쉽사리 막을 수 없다는 사실을 교사들이 인식했기 때문이다. 그 투표 이후에 협상을 중재했던 슈모크 역시 이렇게 말했다.

"공립학교 개혁을 위한 미셸 리의 방안이 전국적인 신뢰를 얻었습니다. 지나치다고 여겨졌던 제안들도 이제 혁명이 아니라 개선으로 받아들여지고 있지요."

자, 그렇다면 이 싸움의 승자는 과연 누구일까? 미셸 리일까 랜디 웨인가튼일까? 새로운 계약안이 비준된 후 양측은 각자 주장하던 핵심 가치를 한 치의 양보도 없이 지켜냈다고 주장하며 말을 아꼈다. 승자가 누구인가라는 질문에 제대로 대답하기 위해서는 새로운 계약안이 이후에 어떤 영향을 끼쳤는지 살펴보면 될 것이다. 과연 그 새로운 계약안은 미셸 리가 추진하던 개혁이 다음 학년도까지 이어지는데 어떤 면으로든 걸림돌이 되었는가? 결과는 정반대였던 것 같다.

새로운 계약안은 미셸 리의 개혁에 불을 붙였다. 그해, 능력 있는 새로운 교사를 초빙하고 기존의 우수한 교사들이 계속 교직에 몸담을 수 있도록 설득하는 핵심 수단이었던 능력 기반 급여제의 효과가 나타나기 시작했다. 9월 10일, 미셸 리는 IMPACT 평가에서 '몹시 우수'하다는 평가를 받았던 650명 이상의 교사들에게 지난 월급 인상분까지 포함해 4,500만 달러를 지급했다. 그와 동시에 2010년 여름, 수업 능력이 형편없는 교사 165명을 해고하고, '부족'이라는 평가를 받은 교사 737명에게 1년 안에 수업 능력을 향상시키지 않으면 해고당할 수 있다고 경고했다.

가장 큰 성과는 열악한 공립학교를 재정비하는 과정에서 일자리를 잃은 교사들을 제도 안의 다른 학교에 채용해야 했던 '고용 보장' 제도를 철폐한 것이었다. 예를 들어 2008년과 2009년에 걸친 던바 고등학교 개편 과정에서 미셸 리는 던바 고등학교 상담교사들이 학생들이 졸업할 수 있도록 도와주지 못하고 있다는 증거를 찾아냈다. 그 교사들은 던바 고등학교에서 퇴출되었지만 해고되지는 않았다. 미셸 리는 계약에 따라 그들에게 다른 일자리를 찾아주어야 했다. 그 결과 던바 고등학교의 교사, 상담교사, 직원 등 100여 명은 안 그래도 열악한 다른 학교들로 여기저기 흩어졌다. 그에 대해 미셸 리는 이렇게 말했다.

"여러 학교에서 우수한 교사들을 채용하는 대신 던바 고등학교에서 온 교사들을 10여 명씩 강제로 채용해야 했습니다."

하지만 새로운 계약안이 비준된 후에는 그럴 필요가 없었다. 2009~2010학년도 말, 벌로우 고등학교 개편 과정에서는 교사 40퍼센트가 해고당했다. 전체 교사들 중 '우수' 평가를 받은 교사는 여덟 명뿐이었는데 그 여덟 명도 다른 학교에서 일자리를 보장받지 못했다.

그렇다면 미셸 리는 웨인가튼과의 싸움에서 진정으로 승리한 것일까? 미셸 리는 무능한 교사들을 학교 밖으로 몰아냈다. 워싱턴 D.C.에서는 처음 있는 일이었다. 또한 도심 지역을 떠나 더 편안한 교외로 자리를 옮기던 우수한 교사들을 붙잡기 위해 급여 인센티브 제도를 도입했다. 미셸 리는 워싱턴 D.C.를 미국 교육 개혁의 최전선이라고 생각했다. 고전을 면치 못하고 있는 도심 지역 교육구가 개혁을 원한다면 워싱턴 D.C.가 그 모델이 될 수 있다고 생각한 것이다. 하지만 더 넓은 관점으로 보자면 미셸 리가 성사시켰던 새로운 계약안은 펜티 시장의 정치적 관에 박힐 못이나 다름없었고, 이는 곧 미셸 리의 퇴임 또한 불러올 수밖에 없었다.

또한 워싱턴 D.C. 교육감직 수락을 고려하고 있을 때 미셸 리가 친구들에게 들었던 경고, 즉 '인종 정치가 널 죽일 거야'라는 말은 결국 사실로 드러났다. 다가오는 시장 선거에서 곧 나타났지만 많은 사람들이 교사 대량 해고를 인종적인 관점으로 바라보았다. 선거를 앞두고 실시한 여론조사에서 워싱턴 D.C.의 아프리카계 미국인 여성 중 미셀 리에 대해 긍정적으로 생각하는 사람은 25퍼센트밖에 되지 않았다. 자신 역시 열악한 학교로 인해 피해를 받았으며 자기 아이들 역시 똑같은 문제에서 벗어나지 못하고 있는 바로 그 학부모들이 미셀 리와 그녀의 개혁에 반감을 드러낸 것이다.

그런 터무니없는 생각은 사실 아무것도 아니었다. 워싱턴 D.C. 공립학교 학부모들은 자기 아이들이 다른 도시의 또래 아이들보다 2년씩 뒤처지고 있다는 사실을 전혀 몰랐다. 아무도 그 사실을 알려주지 않았기 때문이다. 그들은 학교를 성인들의 일자리 제공 수단으로 바라보는, 경제적으로 어려운 지역에 살고 있었다. 또한 대부분 슬로웨 초등학교의 표지판을 당연한 듯 받아들였다. 가장 먼저 가난을 해결하라. 학업성취도는 그다음 문제다.

그들은 이웃이나 친척, 친구들이 중산층의 몇 안 되는 삶의 수단인 교사나 보조교사 자리에서 해고당하는 모습을 쉽게 받아들이지 못했다. 게다가 뉴스를 접할 수단이 많지 않은 워싱턴 D.C. 학부모들은, 〈워싱턴 포스트〉가 칼럼에서 언급했듯이 해고당한 교사들은 무능하기 때문이 아니라 '룰렛에 화살을 던져' 무작위로 뽑혔다는 말을 믿을 수밖에 없었다. 누군가는 반드시 그에 대한 대가를 치러야 했다. 그리고 그 대가는 9월 14일 예비선거에서 펜티와 미셀 리가 고스란히 치르게 된다.

강한 의지로 학교를
책임질 새로운 인재들

2007년, 미셸 리가 바통을 이어받은 워싱턴 D.C. 공립학교들은 끝없이 추락하고 있었다. 학생 수가 곤두박질치고 있었고 전국 단위 시험 성적은 늘 바닥을 긁고 있었을 뿐 아니라 교장들은 전혀 학교를 통제하지 못하고 있었다. 마지막 문제에 대한 미셸 리의 해결책은 이를 방관해왔던 50명에 달하는 교장들을 쫓아내는 (혹은 희망퇴직을 권하는) 것이었다.

새로운 교장들에게 미셸 리가 바라는 것은 명확했다. 새로 부임한 교장은 첫해 안에 반드시 학교를 장악해야 했다. 복도, 화장실, 식당에서 학생들을 통제하고, 하교 시간에 학교 주변을 관리하며, 학생들을 조용히 시키고 교사를 존경하게 만들어야 했다. 학업성취도에 진전이 없더라도 첫해 학교 장악에 성공한다면 무사히 넘어갈 수 있었다. 하지만 2~3년째에는 객관적으로 측정할 수 있는 '교수-학습'이 자리를 잡아야 했다. 그렇지 못하면 그 교장은 재임용되지 않았다. 재임용되지 않는다는 말은 '해고'에 대한 워싱턴 교육청의 완곡어법이었다. 당연히 수많은 교장들이 기대 이하로 휘청거렸고 대다수가 재임용되지 못했다.

그에 따라 새로운 교장을 초빙하기 위한 수차례의 인터뷰가 진행되었다. 워싱턴 D.C. 공립학교들은 상태가 매우 안 좋았으므로 성공을 바라는 교장들이 선호하지 않을 거라고 생각할 수도 있겠지만 사실은 전혀 그렇지 않았다. 미셸 리의 개혁에 자극받은 수많은 교장 지원자들이 열악한 조건에서 전 국민의 주목과 관심을 받으며 자신의 능력을 증명해 보이고 싶어 했다.

하지만 문제 많은 공립학교를 변화시킬 적임자를 찾는 과정은 매우 까다로웠다. 다른 교육구에서, 심지어 문제 많은 도심 지역 교육구에서 능력을 발휘했던 유능한 교육자들도 워싱턴 D.C.의 미셸 리 아래서는 맥을 추지 못했다. 미셸 리는 이렇게 말했다.

"워싱턴 D.C.의 교장 신규 채용은 조건도 좋았고 지원자도 많았습니다. 문제는 채용 기준이 엄청나게 높았다는 거죠."

미셸 리의 재임 기간 동안 매해 1,000여 명 정도가 교장에 지원했다. 채용 가능성이 조금이라도 보이는 지원자들은 미셸 리가 직접 인터뷰했다. 미셸 리는 이렇게 말했다.

"저는 3분 안에 그 사람이 이 일을 할 수 있을지 없을지 판단할 수 있었습니다. 정말 골치가 아팠어요. 지원자들은 이렇게 말하죠. '문제는 전부 자료 중심 의사결정 때문입니다.' 그리고 제가 그게 무슨 뜻이냐고 물으면 멍한 얼굴로 저를 쳐다보죠. 전문 용어는 훤히 꿰뚫고 있었지만 그게 다였습니다. 이런 질문을 하기도 했어요. ‘이전 학교에서 맡았던 업무를 성공적으로 수행했다고 생각하십니까?’ 그러면 다들 ‘그렇다’고 대답하죠. 그렇게 생각하는 이유를 물으면, 학부모들과 학생들이 자기를 좋아했기 때문에 그렇다는 말도 안 되는 이유를 내세웁니다. 그 시점이 되면 그 사람은 아니라는 걸 알 수 있지요.”

과연 어떤 인물이 미셸 리의 기대를 충족시킬 수 있었을까? 그건 전 학교에서 읽기 능력이 평균에 해당하는 학생 수치를 20퍼센트에서 70퍼센트로 끌어올린 사람이라면 충분했다.

지원자들 중에는 화려하게 차려입고 나타나는 사람들이 많았다. 흰 셔츠와 붉은 타이를 기본으로 완벽하게 갖춰 입은 남자들이었다. 하지만 그런 부류는 대부분 겉만 번지르르했다. 말주변은 좋았지만 학교 개선 방향에 대한 미셸 리의 질문 공세 앞에서는 꼼짝도 못했다. 2008년, 말쑥한 차림새로 나타난 돈 조던 역시 처음에는 딱 그런 부류로 보였다. 하지만 미셸 리는 1분도 안 돼서 그가 다른 사람들처럼 겉만 멀쩡한 사람은 아니라는 것을 알아챘다.

워싱턴 D.C. 토박이였던 조던은 당시 워싱턴 D.C. 근처 프린스 조지스 카운티에 있는 한 중학교 교감이었다. 그 지역은 워싱턴 D.C.에 살던 흑인들이 더 안전하고 더 좋은 교육을 받을 수 있는 곳을 찾다가 결국 정착하는 곳이었다.

상대에 대한 강렬한 첫 인상은 두 사람 모두 마찬가지였다. 조던은 이렇게 말했다.

“미셸 리는 달랐습니다. 수완이 아주 좋은 사람 같았습니다.”

미셸 리는 조던에게 최악의 시나리오를 제시하고 그 해법을 물었다.

"자, 당신이 학교라고 할 수도 없는 학교를 맡았다고 해봅시다. 아이들은 싸우고 있고 교사들은 그 자리에 없습니다. 이런 상황에서 어떻게 하시겠습니까?"

이는 가정이 아니라 워싱턴 D.C. 공립학교에서 실제 벌어지고 있는 상황이었다. 미셸 리가 워싱턴 D.C. 교육감이 되었을 때 대다수 학교가 그런 모습이었다. 첫 번째 인터뷰에서 조던이 학교를 어떻게 장악할지 자세히 설명하는 동안 미셸 리는 조던을 채용해야겠다고 마음먹었다. 또 어느 학교를 맡겨야 할지도 알 수 있었다. 바로 애너코스티아에 있는 존 필립 수자 중학교였다. 존 필립 수자 중학교는 전교생 267명 중 99퍼센트가 아프리카계 미국인이었고 10명 중 9명이 무료 급식을 먹거나 급식비를 할인받고 있었다. 미셸 리는 이렇게 말했다.

"조던과 이야기를 나누면서 저는 그가 강한 의지로 변화를 일굴 사람이라는 것을 알았습니다. 그는 음악과 예술에도 관심이 무척 많았습니다. 수자 중학교가 예술학교로서 전통이 깊은 곳이라는 점에서도 그가 적임자라고 생각했습니다."

좋은 생각이었지만 조던의 성공 가능성도 따져보아야 했다. 수자 중학교는 워싱턴 D.C. 공립학교 중에서도 최악으로 손꼽히는 학교였으며, 워싱턴 D.C. 백인 주민들에게 그 지역은 〈워싱턴 포스트〉의 범죄 기사에서나 접할 수 있는 곳이었다. 〈슈퍼맨을 기다리며〉를 본 사람이라면 앤서니가 확률이 거의 없는 차터스쿨 입학 결과를 기다리면서 가장 기피하던 학교인 수자 중학교를 기억할 것이다.

내 아이가 우리 학교에서 공부해도 괜찮은가?

톰 울프Tom wlofe의 1987년 소설 《허영의 불꽃The Bonfire of the Vanities》
에서 '세상의 주인'으로 묘사되는 월스트리트의 채권거래자 서면 맥
코이는 정부와 함께 케네디 공항에서 맨해튼으로 차를 몰고 가다가
길을 잘못 들어 브롱크스까지 가게 되고 그곳에서 몹시 불쾌한 사건
에 부딪힌다. 워싱턴 D.C.와 그 교외 지역에 사는 많은 백인들에게
《허영의 불꽃》에서처럼 길을 잘못 들기 쉬운 교차로가 있다면 바로
애너코스티아 강을 가로지르는 펜실베이니아 애버뉴 다리 끝이라고
할 수 있다. 다리 끝에서 좌회전을 하면 요트가 정박해 있는 아나폴
리스나 주말 별장이 즐비한 동부 해안으로 가게 된다.

이 좌측으로 빠져나오지 못할 때 만나게 되는 곳이 바로 애너코스
티아로, 주민들은 대부분 흑인이며 외부인들에게는 주로 마약 거래
나 총격 사건, 열악한 학교, 전 시장 마리온 배리의 가벼운 정치 스캔
들로 신문의 헤드라인을 장식하는 곳으로 알려져 있다. 하지만 애너
코스티아의 8구역 주민들은 배리의 범죄를 용서하고 그를 영웅으로
치켜세우는데, 이는 그가 앨라배마 애버뉴에 세이프웨이 슈퍼마켓
과 부유한 지역에나 있는 상점들을 유치해주었기 때문이다.

워싱턴 D.C. 백인 주민들이 잘 모르는 한 가지는 애너코스티아가
영화에 빈번히 등장하는 빈민가의 모습처럼 타이어가 불타고 범죄
조직이 배회하는 곳이 아니라는 사실이다. 티 없이 깔끔하게 손질된
마당을 갖춘 멋진 집들도 많다. 또한 앨라배마 애버뉴의 세이프웨이
는 워싱턴 D.C. 교외의 어느 슈퍼마켓보다 물건이 다양하다. 물론 밤

이 되면 애너코스티아 일부 지역은 범죄 발생률이 말해주는 것처럼 어느 모로 보나 위험한 지역이며 끔찍한 빈곤 역시 부정할 수 없는 사실이다. 7구역과 8구역의 실업률은 25퍼센트에 이르고 제대로 된 일자리가 없거나 구직 활동을 포기한 사람들도 40퍼센트에 달한다.

7구역에 위치한 수자 중학교는 다리에서 가까워 찾아가기 쉬웠다. 몹시 더웠던 5월 말의 어느 날, 나는 수자 중학교 학생처장 타이론 피트먼을 따라 동네를 둘러볼 수 있었다. 수자 중학교는 국가 역사유적지로 미국 인권운동의 역사에서 리틀 록 센트럴 고등학교만큼이나 중요한 곳이었다. 1950년대 중반 이전에 수자 중학교는 백인들을 위한 고등학교였다. 1949년, 애너코스티아 지역 학부모 모임인 학부모 연합Consolidated Parents Group은 하워드 대학교 법대 교수로 후에 총장이 된 제임스 나브리트 주니어와 손잡고 '분리하되 평등하다'라는 주장에 저항하며 수자 중학교를 흑백 통합 중학교로 전환하라고 워싱턴 D.C. 교육위원회에 요구했다.

워싱턴 D.C. 흑인 인구가 1930년부터 1950년 사이에 두 배로 껑충 뛴 점을 고려하면 당연한 요구였다. 제2차 세계대전 중 새 학교는 한 곳도 신설되지 않았고 1947년까지 백인 학생들을 위한 학교는 텅 비어 있었지만 흑인 학생들은 대부분 이부제나 삼부제 수업을 해야 했다. 마침내 1950년, 학부모 연합 회장은 경찰과 변호사를 대동해 흑인 학생 11명을 수자 중학교로 데려가 입학시켜달라고 요구했다. 하지만 학교 측이 이를 거절해 사건은 결국 법정 공방으로 이어졌다. 1954년 5월 17일, 대법원은 그 유명한 브라운 대 교육위원회 판결과 함께 볼링 대 샤프 판결을 내리게 된다. 그 판결로 인해 백인들이 대거 애너코스티아를 떠났고 수자 중학교는 거의 하룻밤 사이에 백인 전용 학교에서 흑인 전용 학교로 바뀌었다.

오늘날 수자 중학교 맞은편의 높은 지대에는 지저분한 4층 벽돌 건물이 여기저기 널려 있다. 학교 주차장 바로 맞은편 건물은 감옥에서 출소한 성인 남성들의 사회 복귀 훈련 시설로 사용되고 있다. 언덕 위쪽에 있는 아파트들은 문이나 창문을 판자로 얼기설기 막아놓았을 뿐 잠금장치가 없는 경우도 많다. 그 아파트의 한 달 월세는 대략 400달러 정도로 집집마다 한 부모와 조부모, 아이들 몇 명이 살고 있다. 어른들은 대부분 일을 하는데 비정규직도 있고 정규직도 있지만 무슨 일은 하든 그 지역에서 빠져나올 수 있을 만큼 많은 돈을 벌지는 못한다. 한 달 월세로 1,000달러 정도를 지불할 수 있다면 그들은 아마 펜실베이니아 애버뉴 다리를 건너 그곳보다 더 안전한 노스 캐피톨 스트리트로 이사를 갈 것이다.

워싱턴 D.C. 백인들이 보기에는 두 지역 모두 위험하기는 마찬가지지만 흑인들에게 북서쪽으로 이사를 간다는 것은 곧 경찰의 보호를 더 받을 수 있다는 뜻이자 아이들을 더 좋은 고등학교에 보낼 수 있다는 뜻이기도 했다. 하지만 그들은 그만큼의 돈뿐만 아니라 아마 차도 없을 것이다. 그래서 계속 그 지역에 살 수밖에 없으며 수입은 전부 식료품과 잡화, 옷을 사는 데 들어간다. 밤 8시가 지나면 그들은 너무 가난해서 이사도 못 가는 것에 대한 대가를 치러야 한다. 피트먼은 이렇게 말했다.

"이곳은 밤이 되면 전쟁터와 같습니다. 길거리에서 마약을 거래하고 도박을 하지요. 여기 사는 아이들은 어느 시각이 되면 집 밖으로 나가지 말라고 교육을 받아요."

물론 경찰도 돌아다닌다. 끔찍한 사건이 터진 후에야.

학교를 완벽하게 통제할 수 있는가?

2008년 7월 1일, 수자 중학교에 도착한 돈 조던은 가장 먼저 시험 성적 자료를 검토했다. 조던은 당시에 대해 이렇게 말했다.

"정말 끔찍했습니다."

전교생 300명 중에 읽기 능력이 평균이거나 '능숙'한 학생은 22퍼센트밖에 되지 않았고, 수학에서는 16퍼센트뿐이었다. '우수'한 학생은 단 한 명도 없었다. 그가 부임하기 바로 1년 전 교사평가는 단 한 차례도 없었다. 관리자들도 그 문제에 대해 전혀 신경 쓰지 않았다. 조던이 보기에 정말 말도 안 되는 상황이었다. 하지만 2년 전 교사평가 자료를 검토해보니 교사 대부분이 '기대를 충족시킨다'는 평가를 받았고 '기대 이상'이라는 평가를 받은 교사도 몇 명 있었다. 미국 최악의 교육구에 있는 최악의 중학교에서 말이다.

조던은 교사들을 한 명씩 불러 시험 성적 자료를 검토하며 대화를 나누었다. 그때는 이미 그해 학교 예산이 승인된 후였고 기존 교사들에 대해 그가 할 수 있는 일도 거의 없었다. 하지만 조던은 빈자리를 채울 교사 일곱 명과 교감 두 명, 학습 코치 두 명을 채용해 분위기를 주도해갈 지도부를 꾸렸다. 새 학년을 앞두고 지금까지와는 아주 다른 분위기를 만들어갈 생각이었다.

그의 첫 번째 목표는 학교에 대한 통제력을 다시 장악하는 것이었다. 그 전까지 수자 중학교 학생들은 마음 놓고 뛰어다니고 매일같이 싸웠으며 심지어 학교 건물 안에서 성관계를 갖기도 했다. 조던은 이렇게 말했다.

"아이들은 교실 안에 있는 시간보다 교실 밖에 있는 시간이 더 많았습니다."

조던은 학생들에게 교복을 입히기로 결정하고 이에 필요한 보조금을 지급했다. 학부모들에게 가정통신문을 보내 이를 확실히 인지시켰고 개학 첫날 교복을 입지 않은 학생은 단 한 명밖에 없었다. 하지만 복도에서 학생들을 통제하는 것은 더 어려운 일이었다. 조던은 이렇게 말했다.

"첫 2주 동안 수자 중학교는 마치 군대 신병 훈련소 같았습니다. 저는 등교 시간부터 하교 시간까지 분 단위로 세심하게 계획을 짜서 모든 학생들이 그에 따라 움직이게 했습니다. 학생들은 등교하자마자 기다리고 있던 교사를 따라 강당으로 이동해 정해진 자리에 앉아 규율을 점검했습니다. 다시 교사와 함께 걸어서 교실로 돌아갔고 식당에 갈 때도 마찬가지였습니다. 2주가 되자 모든 체계가 잡혔습니다. 학교 문화가 완전히 바뀐 겁니다. 그러니까 사람들이 저한테 어떻게 그렇게 단기간에 학교를 통제할 수 있었냐고 묻더군요. 그래서 저는 성인들이 일관된 모습만 보인다면 아이들은 어른들이 하라는 대로 할 거라고 대답했습니다."

하지만 가장 어려운 문제가 남아 있었다. 학생들의 저조한 학업능력을 모른 척했던 교사들의 수업 능력을 신장시키는 것이었다. 조던은 미셸 리가 IMPACT라는 교사평가시스템을 개발하고 있다는 것을 알고 있었다. IMPACT 교사평가시스템에서는 학생들의 학업능력이 교사 평가 점수의 반을 차지한다. IMPACT 개발은 앞으로 1년 안에 완료될 예정이었다. 하지만 학생들의 학업성취도가 형편없었던 수자 중학교에서 1년은 기다리기에 너무 긴 시간이었다.

그래서 조던은 그 전까지 사용하던 평가시스템을 활용할 수 있는 방법을 찾았다. 워싱턴 D.C. 8학년 중 수학에서 평균 학업성취도를 보이는 학생이 8퍼센트밖에 되지 않아도 교사 95퍼센트가 훌륭하다는 평가를 받던 시스템이었다. 그 시스템 안에서 교사를 해고하기 위해서는 28단계의 심사가 필요했다. 교장이 그 28단계 중 어느 한 부분의 문서만 잘못 작성해도 해고는 없던 일이 되기 십상이었다. 조던은 이렇게 말했다.

"새 학년이 시작되었고 우리는 그야말로 시도 때도 없이 교사들의 수업을 관찰했습니다. 그리고 아주 구체적으로 피드백을 했죠. 학급의 모든 학생들에게 도움이 되는 '차별화'된 교수법 등 좋은 수업 모델을 직접 보여주기도 했습니다."

일부 교사들에게는 그대로 따라 하기만 하면 되는 수업지도안을 작성해주기도 했다.

"일상적인 수업을 1년 내내 쉬지 않고 관찰했습니다. 왜 그랬냐고요? 6학년인 제 아이가 워싱턴 D.C. 공립학교에 다니거든요. 제 판단 기준은 바로 그 아이였습니다. 내 아이가 우리 학교의 어느 반에서 공부해도 괜찮은가? 아니라는 대답이 나오면 문제가 있다는 겁니다. 그것이 바로 제 판단 기준이었습니다. 물론 따라오는 교사들도 있었고 따라오지 못하는 교사들도 있었습니다."

그해 말, 수자 중학교 교사 반 이상이 학교를 떠났다. 조던은 의미 없는 칭찬만 남발하며 지금껏 한 번도 제대로 활용된 적이 없는 평가 시스템을 토대로 교사들을 해고했다. 그렇다면 어떤 교사들이 해고되었을까? 조던은 예를 들었다.

"교실에 들어갔는데 교사가 자고 있지 뭡니까."

그런 교사는 당장 해고 대상이었다.

"또 1년 동안 네다섯 번 체벌을 가했던 교사도 있었습니다. 어떤 교사는 이 학교에서 20년 이상 근무했던 전문가라는데 수업 목표를 제시하는 방법을 몰랐습니다. 교사가 되기 위해 가장 먼저 배우는 것 중 하나가 바로 그것인데도 말이죠. 학생들이 이해하기 쉽게 수업 목표를 제시하고 이를 칠판에 적어놓는 것 말입니다."

마찬가지로 해고였다. 그리고 수학 문제 풀이를 잘못 가르치고 있는 교사도 있었다. 그 역시 학교를 떠났다. 나머지는 조던이 생각하는 좋은 수업의 기준을 충족시키지 못하는 교사들이었다.

미셸 리 밑에서 중학교 개혁을 담당했던 윌리엄 월호이트는 돈 조던과 미셸 리 두 사람이 몹시 비슷하다고 말했다.

"조던의 부임은 미셸 리가 워싱턴 D.C. 교육감으로 임명되던 과정과 비슷했습니다. 그는 수자 중학교에서 자기 뜻대로 임무를 수행할 수 있는 권한이 있었습니다. 물론 민주적인 방법과는 거리가 멀었죠. 말하자면 이런 식이었습니다. '자, 우리는 이 방향으로 갈 겁니다. 이 방법대로 이 길을 따라가면 됩니다. 잘 따라오면 문제는 없을 겁니다. 하지만 그렇지 않겠다면 조심하셔야 할 겁니다. 제가 지켜보고 있을 테니까요.' 우리는 그 첫해에 엄청나게 싸웠습니다. 노조와도 싸웠고 우리가 해서는 안 되는 일을 하고 있다고 주장하는 사람들과도 싸웠습니다. 하지만 우리는 교사들에게 맡은 일에 책임을 다하라고 한 것뿐이었습니다."

조던이 첫해 수자 중학교에서 얻은 실질적 수확은 학교에 대한 통제력을 높이고 워싱턴 D.C. 외부에서 새로운 교사 일곱 명을 채용한 덕분이었다. 그뿐만 아니라 학생들에게 낮은 곳에 열린 과일을 따는 법을 가르쳤던 것도 도움이 되었다. 바로 학생들에게 시험을 잘 보는 요령을 가르치는 것으로 교외 지역 학생들은 이미 다 알고 있는 내용이었다. 그러한 초기 조치들만으로도 수자 중학교는 놀랄 만한 성과를 거두었다.

그리고 2년째에 접어들었을 때 더 많은 교사를 교체하고 좋은 수업 모델을 지속적으로 강조하자 학생들의 시험 성적은 다시 한 번 껑충 뛰어올랐다. 2007년과 2010년 사이에 읽기에 '능숙'한 학생 비율은 15퍼센트에서 41퍼센트로 증가했고, 수학 부문에서는 14퍼센트에서 46퍼센트로 증가했다. 그러한 실력 향상은 전례가 없는 일이었다. 그 즈음 수자 중학교를 방문했던 미셸 리는 정말 많이 놀랐다. 학생들이 수업에 집중하며 배움에 전념하고 있었던 것이다. 하지만 조던은 거기에 만족하지 않았다.

"사람들은 이렇게 말했습니다. '와우, 어떻게 하신 겁니까?' 하지만 저는 그 상황을, 능숙하지 못한 학생들이 아직도 60퍼센트나 된다고 파악했습니다."

조던은 애너코스티아 지역 중학교의 '능숙'한 학생 비율을 록 크릭 파크 서쪽의 좀 더 부유한 지역 학교들과 같은 수준으로 끌어올리고 싶어 했다. 그는 이렇게 말했다.

"비결은 없습니다. 훌륭한 교사만 있다면 벌써 반은 이긴 싸움이라고 할 수 있죠."

2009 학년도가 끝날 무렵의 어느 날, 미셸 리는 수자 중학교 근처의 한 초등학교를 방문했다. 그리고 하교 시간 즈음 차를 타고 수자 중학교 근처를 지나게 되었다. 미셸 리는 이렇게 말했다.

"그날 기온은 36.6도쯤 되었을 겁니다. 수자 중학교에서 다섯 블록 정도 떨어진 곳을 지나고 있었죠. 그런데 거기서 조던이 무전기를 들고 사람들한테 길을 비켜달라고 하고 있었습니다. 마치 교통경찰 같았죠. 저는 자동차 창문을 내리고 조던에게 그게 바로 제가 원했던 교장의 모습이라고 말했습니다. 그는 정장에 타이까지 맨 채 땀을 흘리며 곧장 집으로 가서 숙제를 하라고 학생들을 지도하고 있었습니다."

미셸 리는 조던을 두고 고집불통이라고 말했다.

"그 때문에 몇몇 사람들이 소외감을 느꼈고 저는 꽤 일찍부터 그가 다른 사람 말을 듣지 않고 독재자처럼 군다는 등의 이메일을 받기 시작했습니다. 하지만 그런 불만을 제기하는 사람들은 보통 다른 사람들보다 더 신경 써서 관리해야 할 사람들이었습니다. 그러니 조던이 그들의 신경을 거슬리게 했다면 틀림없이 훌륭한 일을 했을 겁니다. 조던은 작년 한 해 누구보다 많은 교사를 해고했습니다. 그가 작성한 보고서는 방대하진 않았지만 다른 누구의 보고서보다 훌륭했고 이는 제 직원들도 전부 아는 사실일 겁니다.

제가 수자 중학교를 찾아갈 때마다 그는 교장실에 없었습니다. 언제나 복도나 교실에 있었죠. 그가 복도에서 뭘 하고 있는지 보면 그만한 학교 관리자가 없다는 걸 알 수 있을 겁니다. 조던은 작은 것 하나도 놓치지 않았어요. 셔츠를 넣어 입으라고 잔소리를 하고 어제 연습 시간에는 왜 안 보였냐고 묻죠. 물론 듣기 좋은 말만 하지는 않았습니다. 진지한 사람이었으니까요. 한번은 한 학부모한테 돈 조던에 관한 메일을 받았는데 제목이 '교도소장'이었습니다. 물론 그 학부모는 좋은 의미로 그를 그렇게 불렀죠."

교사는 아이들의 인생을 바꿔줄 수 있다

수자 중학교에 부임한 조던은 가장 먼저, 내가 서문에서 언급했던 '스냅'을 갖춘 교사들을 찾았다. 얼핏 보기에는 변변치 않은 교사들처럼 보였지만 그들이 교실에서 이룬 성과는 기대 이상으로 훌륭했다.

삶을 바꿔준 선생님

2008년 12월, 사혈 전문 의사였던 수나리아 테이텀은 병원에서 사람들에게 피를 뽑는 방법을 가르치고 있었다. 가르치는 일은 테이텀에게 딱 맞는 일 같았다. 사실 테이텀은 늘 교사가 되고 싶어 했지만 카리브 제도 출신 가족들이 그녀에게 교사 대신 다른 일을 찾아보라고 부추겼다. 가족들의 말에 따라 라과디아 예술 고등학교(뮤지컬 〈페임〉의 배경이 되는 학교다)에서 노래를 전공했던 테이텀은 졸업 후 웨스트 버지니아에 있는 웨스턴 주립대학교에 입학해 장학금을 받으며 생물학을 공부했고 결국 사혈 분야에서 일하게 되었다.

하지만 교사에 대한 열정을 한 번도 잊은 적이 없었다. 그러던 중 병원에서 가르치는 일에 재미를 느껴 교사자격증을 따야겠다고 결심했고, 마침내 자격을 갖춰 교사로 지원할 수 있었다. 테이텀은 남편과 함께 막 워싱턴 D.C.로 이사한 참이었고 그녀의 아들 역시 워싱턴 D.C. 공립학교에 입학할 예정이었다. 테이텀은 이렇게 말했다.

"저는 제 아들이 입학하기 전에 워싱턴 D.C. 공립학교들이 어떤지 알고 싶었어요. 그래서 저도 워싱턴 D.C. 공립학교에 지원했습니다."

테이텀은 수자 중학교가 마음에 들었다. 그리고 이렇게 말했다.

"제가 그 학교를 변화시킬 수 있을 거라고 생각했어요."

테이텀의 삶이 크게 변한 것은 2009년 1월이었다. 수자 중학교에 근무하던 한 교사가 학교를 떠나면서 테이텀이 그 반을 맡아 6학년 학생들에게 언어와 사회를 가르치게 된 것이다. 조던은 애너코스티아의 '흠 많은' 아이들을 가르치는 데에는 한계가 있다고 생각하지 않는 교사들을 찾고 있었고, 테이텀에게서 그 모습을 발견했다. 테이텀은 교육을 자기 계발의 핵심 열쇠로 바라보는 서인도 제도의 교육 윤리가 몸에 밴 사람으로, 조던이 찾던 바로 그 사람이었다. 테이텀은 마침내 교단에 서게 되었다.

읽기 교육은 아이들에게 단순히 텍스트를 '해독'하거나 단어를 소리 내어 읽는 방법을 가르치는 것에 그쳐서는 안 된다고 작가이자 커리큘럼 디자이너인 E. D. 허쉬는 말했다. 하지만 도심 지역 학교 저학년 학생들을 위한 읽기 교육은 보통 그 수준에 머물렀다. 문자 해독 기술만 강조하는 읽기 교육은 텍스트를 읽어낼 수 있다면 그 내용도 저절로 이해할 수 있다는 것을 전제로 한다. 그에 따라 조지 W. 부시 대통령 재임 당시 미국 교육부는 문자 해독 교육을 강조하는 리딩 퍼스트The Reading First 프로그램을 도입하고 이를 위해 수억 달러의 보조금을 지급했다. 하지만 효과는 거의 없었다. 허쉬의 말처럼 문자를 해독하는 것보다 글의 맥락을 이해하는 것이 더 중요하기 때문이다. 폭넓은 배경지식 없이는 텍스트의 내용을 이해하기 쉽지 않다며 허쉬는 다음과 같은 예를 들었다. 사우스 브롱크스의 한 학교에서 시험을 보는 남학생에 관한 내용이다.

시험이 시작되었다. 첫 단락은 네덜란드의 식민지였던 뉴암스테르담의 관습에 관한 내용이었다. 그는 관습이 무엇인지 모른다. 네덜란드가 나라 이름이라는 사실도 모를 뿐더러 식민지가 무엇인지도 모를 것이다. 뉴욕의 옛 지명으로든 현재 네덜란드의 수도든 암스테르담이라는 단어조차 처음 들어본다. 수업 중에 배운 내용도 물론 아니다. 배경지식이 없다면 시험 지문의 거의 모든 단락을 이해하기 힘들 것이다. 그러니 당연히 시험을 잘 볼 수 없다. 그와 반대로, 도시 건너편에 있는 부유한 지역의 학생들은 쉽게 시험을 치르고 통과한다. 그 학생들이 더 유능하거나 더 똑똑한 것은 아니다. 하지만 사회적 배경이 좋은 학생들이 대부분 그렇듯 상식이 풍부하기 때문에 훨씬 쉽게 시험을 치르는 것이다.

테이텀은 이를 이해하고 있었기 때문에 학생들의 배경지식을 넓혀주기 위해 많은 애를 썼다.

"저는 제가 가르치는 학생들이 정보를 제공하는 지문을 이해하기 힘들어할 거라는 사실을 처음부터 알고 있었습니다. 왜냐고요? 대부분 신문도 읽지 않고 뉴스도 보지 않으니까요. 위인전이나 자서전도 물론 안 읽죠. 그보다는 인터넷이나 BET(흑인들을 위한 케이블 텔레비전 채널—옮긴이) 같은 매체에 더 친숙할 겁니다."

테이텀은 학생들의 빈약한 배경지식을 채울 수 있는 방법을 찾았다. 예를 들자면 이렇다. 내가 방문했던 날, 테이텀은 등장인물 성격 형성에 관한 수업을 하고 있었다. 테이텀의 반 아이들이 처음 접하는 개념이었다. 테이텀은 이렇게 말했다.

"저는 수업을 멈추고 이렇게 물었죠. '혹시 〈말콤네 좀 말려줘 Malcolm in the Middle〉라는 드라마 본 적 있는 사람? 좋아. 그 드라마에서 인물의 성격이 어떻게 만들어지는지 한번 살펴보자'라고요."

테이텀은 말콤네 가족의 성격에 대해 이야기하다가 등장인물의 성격 형성에 대한 전반적인 설명으로 천천히 넘어갔다.

"자, 그는 나이에 비해 몹시 영리하고 그래서 따돌림을 받게 되지."

학생들이 등장인물 성격 형성이 무엇인지 정확히 이해하면 테이텀은 다시 수업 내용으로 돌아와 교과서에 등장하는 인물의 특성에 대해 이야기한다. 그렇게 함으로써 학생들은 등장인물의 성격 형성에 관한 교과서의 내용을 이해할 수 있게 된다. 〈말콤네 좀 말려줘〉가 워싱턴 D.C. 공립학교 시험지에 등장하는 일은 결코 없을 것이다. 하지만 학생들은 등장인물의 성격 형성에 대한 내용이 시험에 나올 때 이를 쉽게 기억할 수 있을 것이다.

테이텀의 방법은 효과가 있었다. 학생들은 수업에 몰두했고 성적 또한 월등히 높아졌다. 그해가 끝날 무렵, 학생들은 서른네 번째 생일을 맞은 테이텀을 위해 깜짝 파티를 열어주었다. 파티 장소를 장식할 리본이나 색종이 등 아주 사소한 것들까지 거의 모든 학생들과 학부모들이 함께 준비했다. 테이텀은 이렇게 말했다.

"그 멋진 파티에는 모든 사람들의 마음이 깃들어 있었습니다. 다 함께 힘을 모은 거죠. 저는 얼마나 감동을 받았는지 눈물이 그렁그렁한 채로 부모님 한 분 한 분의 이름을 부르며 감사의 인사를 드렸습니다. 그러자 부모님들은 이구동성으로 저로 인해 아이들의 삶이 완전히 바뀌었다고 말씀하셨지요."

항상 그 자리에 서 있는 선생님

힐러리 하퍼는 노스캐롤라이나 주 그린즈버러에서 자랐다. 워싱턴 D.C.와 포토맥 강을 사이에 두고 있는 버지니아 주 알렉산드리아에서 기숙학교를 다녔고 노스캐롤라이나 대학교에서 대인 커뮤니케이션을 전공했다. 하퍼는 스물세 살 때 워싱턴 D.C. 티칭 펠로즈 프로그램을 마치고 교사가 되었다. 티칭 펠로즈 프로그램은 미셸 리가 이끌던 TNTP가 주관하는 프로그램으로, 교직을 전공하지 않은 대학 졸업생들 중에서 유능한 교사가 될 만한 사람들을 발굴해 아이들을 가르칠 수 있도록 훈련시키고 일을 하는 동안 교사 자격을 획득할 수 있도록 돕는 프로그램이었다. 나와 인터뷰를 할 당시 하퍼는 수자 중학교에서 가장 젊은 교사이자 몇 안 되는 백인 교사 중 한 명이었다. 하퍼는 이렇게 말했다.

"제가 워싱턴 D.C.로 온 가장 큰 이유는 바로 미셸 리 때문이었어요. 저는 교육정책에 관심이 많았고 대학원에서도 공교육정책에 관해 공부했죠. 그리고 미셸 리가 추진하는 개혁에 깊은 인상을 받았어요. 수치화된 자료를 중시하는 것도 제가 미셸 리의 개혁에 동의하는 한 가지 이유예요. 자료는 거짓말을 하지 않으니까요."

하퍼에게 가장 인상적이었던 것은 미셸 리가 추진하던 급여 인센티브 프로그램으로 교사들도 실력만 좋다면 은행가만큼 많은 급여를 받을 수 있는 프로그램이었다.

"교사라는 직업을 다른 어떤 직업보다도 가치 있게 여기는 그 생각이 마음에 들었습니다."

하퍼는 워싱턴 D.C.에서도 애너코스티아를 선택했다.

"저는 도전을 원했고 교육 격차를 해소하는 데 기여하고 싶었습니다. 워싱턴 D.C.는 마치 《두 도시 이야기》(런던과 파리를 배경으로 찰스 디킨스가 쓴 소설―옮긴이) 같았어요. 애너코스티아 강을 건너자마자 도시 전체가 녹색에서 갈색으로 바뀌어요."

애너코스티아 지역에서 학교를 찾던 하퍼는 조던이 무척 마음에 들었다.

"그는 학생들의 학업성취도를 높이겠다는 목표가 매우 확실했고 어느 것도 이를 방해하지 못하게 하겠다는 의지가 강했습니다. 그리고 학생들의 학업성취도 향상이라는 절대 목표를 방해하는 장애물을 가리켜 '먹구름'이라고 불렀지요."

하지만 그렇게 자신감이 넘친다 해도, 볼티모어의 열악한 학교에서 고군분투했던 미셸 리를 비롯해 비슷한 경험을 했던 신참 교사들이 입을 모아 말했듯, 현실에 뛰어들어 머릿속의 비상벨 소리를 듣게 되면 이상주의만으로는 문제를 해결할 수 없다는 것을 깨닫는다. 하퍼는 남학생 11명과 여학생 1명인 특수학급을 맡으면서 처음으로 그 사실을 깨달았다.

"정말 끔찍했어요. 아이들은 저를 대놓고 무시했죠."

하지만 하퍼는 굽히지 않았다. 그리고 아이들을 통제하기 위해 노력하면서 난리법석 속에서도 아이들을 가르칠 수 있는 방법을 발견했다.

"저는 아이들의 마음을 얻는 것이 급선무라고 생각했습니다. 우리가 지금 뭘 공부하고 있는지 그리고 제가 아이들에게 관심을 기울이고 있다는 사실을 알게 하는 것이죠. 아이들은 절 화나게 하거나 심지어 거의 미치기 직전까지 만들어도 제가 다음 날이면 반갑게 웃으며 자기들을 맞아준다는 사실을 깨달았습니다. 그리고 절 실망시키고 싶어 하지 않았죠. 가정환경은 불우해도 저는 언제나 그 자리에 있을 거라는 사실을 아이들도 알게 되었으니까요."

하퍼가 수업을 하는 모습을 지켜보면 그녀가 초기에 어떤 경험을 했는지 알 수 있을 것이다. 목소리는 갈라지고 묶어 올린 머리카락이 여기저기 삐져나와 있었지만 하퍼는 조금도 쉬지 않고 교실을 돌며 그룹별로 수학 문제를 풀고 있는 아이들을 격려했다.

"포기하지 마, 더글라스!"

하퍼는 아이들의 경쟁심을 자극하기도 했는데, 그 방법은 특히 남학생들에게 효과가 좋았다. 각 테이블 별로 팀을 꾸려 조용히 앉아 있거나 정답을 맞히거나 협력을 잘하면 점수를 딸 수 있었고, 단계별로 추가 점수를 획득하면 사탕이나 피자를 먹을 수 있었다.

수자 중학교에서 하퍼가 사용한 방법은 무엇이든 효과가 있었다. 하퍼는 수학에 '능숙'한 학생 비율을 1년 만에 47퍼센트에서 78퍼센트까지 끌어올렸다. 수자 중학교 교감 라케이샤 웰스는 이렇게 말했다.

"17퍼센트는 '우수'한 단계까지 끌어올렸고, 기초 이하의 점수를 기록한 학생은 네 명밖에 되지 않았습니다."

그런 열정 덕분에 목소리는 쉴 대로 쉬었지만 하퍼는 수자 중학교에서 3년을 더 근무하기로 했다. 그리고 그 후에는 도심 지역 교육 격차 해소를 위한 교육정책을 개발하고 싶어 했다.

할 수 있다는 생각을 심어주는 선생님

코트니 알드리지는 워싱턴 D.C.에서 태어났지만 부모님 덕분에 용케 워싱턴 D.C. 공립학교를 피할 수 있었다. 알드리지의 아버지는 법대를 졸업하고 워싱턴 D.C. 주정부에서 일했다. 워싱턴 D.C. 북서쪽 지역에 살았던 알드리지는 엄격한 가톨릭계 학교를 거쳐 필라델피아의 라살 대학교를 졸업했다. 대학 졸업 후 아이들을 가르쳐야겠다고 마음먹고 고향인 워싱턴 D.C.로 돌아오고 싶었던 그녀는 반드시 쾌적한 북서쪽 지역일 필요는 없다고 생각했다. 알드리지는 애너코스티아 지역을 가리키며 이렇게 말했다.

"레크리에이션센터에서 일한 적이 있는데 이 지역에 올 때마다 늘 마음이 불편했어요. 부족한 환경 때문에 여기 아이들이 늘 무시당하는 게 느껴졌거든요."

알드리지는 워싱턴 D.C. 근교 프린스 조지스 카운티에서 교사 생활을 시작했지만 미셸 리가 교육감이 되자 그녀를 따라 워싱턴 D.C.

로 자리를 옮겼다.

"워싱턴 D.C. 출신으로 이곳의 변화에 기여하고 싶었거든요. 이 지역 학교에서 아이들을 가르치는 것은 몹시 고되고 힘든 일이라는 걸 알았지만 제가 성공할 수 있는지 보고 싶었어요."

그는 이곳에서 6학년 수학을 가르쳤다.

"학교에 오기는 하지만 공책이나 연필이 없어서 아무것도 배울 수 없다고 생각하는 아이들도 많았어요. 저는 이렇게 말했어요. '아니야, 내가 연필을 줄게. 공책도 줄 테니 우리 함께 공부해보자.' 아무것도 할 수 없다고 생각하는 아이들에게 할 수 있다는 생각을 심어주는 것이 가장 힘든 일이었습니다."

알드리지의 수업은 늘 활기차고 에너지가 넘쳤으며 재미도 있었다. 조용한 테이텀의 수업이나 다양한 게임을 통해 가르치는 하퍼의 수업과는 몹시 달랐다. 하지만 수업 방식은 달라도 결과는 비슷했다. 수자 중학교에서의 첫해, 알드리지의 반 아이들의 성적은 53퍼센트 이상 향상되었다. 애너코스티아 지역에서는 특히나 이례적인 일이었다.

어떻게 그 지역 아이들이 이처럼 훌륭한 결과를 얻을 수 있었을까?

"조던이 부임하기 전에 학생들은 무슨 일이든 하고 싶은 대로 했습니다. 교사들은 이렇게 말했죠. '오, 이 아이들은 남동 지역 아이들이야.' 혹은 '이 아이들은 정말 제멋대로이고 참을성도 없어서 도대체 가르쳐도 소용이 없었어요.' … 하지만 교사는 그런 아이들을 다듬어 빛이 날 수 있도록 도와야 합니다. '잠깐만, 꼭 그런 행동을 할 필요는 없단다'라고 말하면서요."

알드리지는 이 지역 학생들은 아무것도 배울 수 없다고 생각하는 교사가 많은 것이 워싱턴 D.C.의 문제라고 생각했다. 하지만 지금 수자 중학교 교사 대부분이 '스냅'을 갖고 있다고 알드리지는 말했다. 학생들이 환경을 극복하고 목표를 성취할 수 있다는 믿음 말이다. 알드리지는 이렇게 말했다.

"한계를 뛰어넘고자 하는 교사가 누구인지는 금방 알 수 있습니다. 열심히 한다고 급여를 더 받는 것도 아니지만 늘 자리를 지키면서 쉬지 않고 일하지요. 저도 벌써 서른이고 몹시 지쳐 있어요. 새벽 5시 15분에 일어나 7시면 출근해서 퇴근할 때가 되면 쓰러지기 일보 직전이니까요."

아이들이 계속 다니고 싶은 학교를 만들다

수자 중학교 학부모들 역시 그 극적인 변화를 느끼기 시작했다고 학생처장 피트먼은 말했다.

"과거에 형제나 자매들을 이 학교에 보냈던 학부모들이 점차 변화를 체감하기 시작했습니다. 이제 학부모들은 9학년이 신설되어 아이들이 계속 이 학교에 다닐 수 있기를 바라고 있습니다."

학부모들은 이러한 극적인 변화가 전부 조던 덕분이라고 생각한다. 그들에게 미셸 리는 훌륭한 코치를 고용하는 총감독이나 마찬가지로 조던보다 쉽게 만날 수 없는 인물이기 때문일 것이다. 워싱턴 D.C.에는 여전히 미셸 리에게 적대적인 사람들이 많았는데, 이는 어쩌면 흑인 교육감들이 오랫동안 이루지 못했던 성과를 한국계 미국인인 미셸 리가 이루었기 때문일지도 모른다. 그 사실을 쉽게 받아들이지 못하는 사람들도 많았지만 아프리카계 미국인이었던 피트먼은 그렇지 않았다. 피트먼은 이렇게 말했다.

"수자 중학교 학부모들은 이제 일이 잘 풀리지 않아도 피부색을 문제 삼지 않습니다. 미셸 리 역시 워싱턴 D.C.로 이사와 이곳 공립학교에 아이들을 보내는 학부모이니까요. 그게 중요한 거 아닙니까?"

지역 주민들이 수자 중학교에 긍지를 갖고 있다는 사실은 누가 봐도 알 수 있었다. 밤마다 각종 사건이 벌어지는 곳이었지만 반짝반짝 빛나는 수자 중학교 운동장에는(수자 중학교는 최근 완벽하게 리모델링을 했다) 누구 하나 손대지 않았다. 작은 낙서조차도 없었다. 피트먼은 한낮에 거리를 배회하는 젊은이들을 가리키며 이렇게 말했다.

"많은 사람들이 이 학교에 애정을 느끼고 이 학교를 보호하려 합니다. 낙서는커녕 개 한 마리도 학교 잔디에 못 들어가게 하죠. 학교 안에서는 술도 마시지 않고 운동장에 빈 병을 던지는 일도 없습니다. 동생들이 이 학교에 다니고 있으니까요. 저들과는 문제될 일이 없습니다."

워싱턴 D.C. 북서쪽 지역에 살고 있던 피트먼은 낮 동안(밤에는 절대 아니었다) 출석에 문제가 있는 학생들 집을 방문하기도 했는데 문제가 생긴 적은 한 번도 없었다. 퇴거 고지를 하러 온 집주인처럼 보이지 않기 위해 양복 상의를 벗기도 했다. 학부모들은 언제나 그를 환영했고 나이 많은 형제자매들도 마찬가지였다. 그들은 자녀나 동생이 학교에서 열심히 공부하고 있는지 늘 확인하고 싶어 했다.

이런 성과를 보이기 전까지 8학년을 마치고 수자 중학교를 졸업하는 학생들은 두 가지 중 한 가지를 선택할 수 있었다. 하나는 통제 불가능에 학업성취도도 형편없었던 애너코스티아 고등학교였고, 또 하나는 애너코스티아 반대편인 북쪽으로 1.6킬로미터 정도 떨어진 차터스쿨 프렌드십 아카데미였다. 학부모들은 규율도 정확하고 성적도 우수한 프렌드십 아카데미를 선호했다. 게다가 프렌드십으로 가는 길은 상업지구로 훨씬 안전했고 보는 눈도 많아 아이들이 다니기에도 훨씬 좋았다. 반면에 애너코스티아로 가려면 판자를 얼기설기 덧붙인아파트 주위에 불량배들이 모여 있는 위험한 동네를 지나야 했다.

하지만 최근 들어 성적이 오르고 명성이 높아지면서 수자 중학교 졸업생이 우수한 학생만 받아들이는 강 건너 공립학교에 들어가는 경우가 많아졌다. 피트먼은 이렇게 말했다.

"그들은 성적표를 보고 함께 이야기를 나눠본 다음 기꺼이 우리 학교 졸업생들을 받아들이겠다고 말했습니다."

수자 중학교 교사들은 학부모들에게 강 건너의 더 나은 공립 고등학교들에 대해 알리기 위해(별로 멀지 않은 곳이었지만 애너코스티아 지역 학부모들과 학생들 대부분이 한 번도 가보지 못한 곳이었다) 바네커나 스쿨 위다웃 월스School Without Walls(벽 없는 학교)처럼 추천으로만 학생들을 받는 우수한 학교들이 애너코스티아 지역 학생들을 모집할 수 있는 방법을 마련했다. 그리고 학생들과 학부모들에게 워싱턴 D.C.의 다른 고등학교들과 그 주변 지역을 둘러볼 수 있는 버스를 제공하기도 했다.

"지난해에는 한 학생이 듀크 앨링턴에 합격했습니다. 부유한 동네인 조지타운에 위치한 예술 고등학교였죠. 그러자 그 학생의 어머니가 이렇게 말씀하셨어요. '도대체 어디에 있는 학교랍니까? 한번 찾아가보고 싶은데 어떻게 가야 하죠?'"

10킬로미터 정도밖에 떨어지지 않은 곳이었지만 그녀는 그 동네에 한 번도 가본 적이 없었던 것이다.

조던은 결코 한눈을 팔지 않았다. 근무 시간에는 늘 교실이나 복도를 지켰고 학교 개혁에 도움이 되지 않는 활동은 전부 차단했다. 물론 나와의 인터뷰도 그런 활동에 포함되었다. 약속 시간에 맞춰 찾아갔다가 텅 빈 방에서 하염없이 기다려야 했던 적도 많았다. 한번은 조던과 함께 만나기로 했던 교사의 교실로 안내해달라고 경비원에게 부탁해 직접 교실로 찾아갔는데 그곳에도 조던은 없었다.

그렇다고 조던이 무례하다고 할 수는 없었다. 조던에게 나는 먹구름, 즉 방해물일 뿐이었으니까. 나는 학교 개혁과 전혀 상관없는 사람이었기 때문에 시간을 낭비할 이유가 없었던 것이다. 한번은 조던에게 그가 해고했던 교사들에 대해 말해달라고 했다. 하지만 조던은 묵묵부답이었다. 무능한 교사들에 대해 더는 생각조차 하고 싶지 않았기 때문이었다. 그들을 해고하는 데 이미 소중한 시간을 1년이나 허비해버렸으니 말이다.

워싱턴 D.C. 공립학교 발전의 시작

그렇다면 수자 중학교의 성과는 재능과 열정을 겸비한 교장 덕분으로 다른 학교에서 쉽사리 따라할 수 없는 특별한 경우였을까? 미셸 리가 성공적으로 변화시킨 학교는 많았지만 애너코스티아 지역에서는 수자 중학교가 유일했다. 그렇다면 이번에는 수자 중학교에서 차로 조금만 가면 되는 존슨 중학교에 대해 살펴보자. 두 학교의 인종 구성이나 지역 조건은 비슷했지만 학업성취도는 엄청나게 달랐다.

미셸 리는 존슨 중학교의 교장으로 데이비드 마커스를 선택했다. 데이비드 마커스는 보스턴 사투리를 쓰는 백인으로 하버드 대학교 석사 출신이다. 16년 동안 아이들을 가르쳤으며 남부에서 흑인 인권 운동 유적 답사를 진행하기도 했다. 또한 당시 한참 주목받고 있던 '새로운 학교를 위한 새로운 지도자New Leaders for New Schools' 프로그램을 이수한 후 워싱턴 D.C.의 카르도조 고등학교 교감으로 능력을 발휘했다.

미셸 리가 한숨을 내쉬며 그저 잘해내기만을 바랄 뿐인 교장들도 있었지만 마커스는 그렇지 않았다. 미셸 리는 마커스가 잘해낼 수 있을 거라고 생각했다. 마커스 역시 자신은 도전에 맞설 준비가 되어 있으며, 특히 중학교를 맡아 변화시켜보겠다고 말하기도 했다. 카르도조 고등학교 교감으로 근무하는 동안 중학교에서 기초를 충분히 닦지 못해 고등학교 졸업 가능성이 현저히 떨어지는 학생들이 너무 많다는 것을 두 눈으로 확인했기 때문이다. 마커스는 미셸 리에게 가장 상태가 심각한 중학교를 맡아보겠다고 말했다. 미셸 리가 마커스에게 맡긴 최악의 중학교가 바로 존슨 중학교였다.

때는 2009년이었고 그로부터 1년이 조금 지난 2010년 6월, 나는 마커스가 재임용되지 못했다는 소식을 들은 직후 존슨 중학교를 찾았다. 마커스의 재임용 탈락 소식은 그날 오후 3시 15분에 열릴 교사 회의에서 교사들에게 공지될 예정이었다. 마커스는 그런 어색한 상황에도 전혀 개의치 않고 점잖게 학교 구석구석을 안내해주며 이런저런 이야기를 들려주었다. 마커스가 부임하고 1년 후, 존슨 중학교 학생들 중 읽기에서 '능숙'한 학생은 12퍼센트뿐이었고, 수학에서는 15퍼센트였다. 이는 그가 교장으로 임명될 당시의 학업성취도와 크게 다르지 않았다(조던이 부임하기 전, 수자 중학교 학생들 중 읽기에서 '능숙'한 학생은 16퍼센트, 수학에서는 14퍼센트였지만, 2010년에는 각각 41퍼센트와 46퍼센트로 증가했다). 마커스는 이렇게 말했다.

"제가 부임했을 때 존슨 중학교는 거의 모든 면에서 최악이었습니다. 학교 건물은 쓰러지기 직전이었고 행정실은 텅 비어 있었죠."

학교 경영업무 처리를 도와줄 부유한 지역 출신 교감도 없었고, 많은 교사들이 해고 전 단계인 90일간의 유예 기간을 보내고 있었다. 존슨 중학교는 평판이 매우 좋지 않아 교사들 대부분이 근무하기를 꺼리는 학교였다. 그래서 전통적으로 다른 학교에서 퇴출당했지만 노조 계약에 따라 고용을 보장받은 교사들을 9월에 채용해왔다.

하지만 마커스가 부임한 후 상황은 더욱 악화되었다. 새로운 교사들과 새 학기를 시작하기 일주일 전에 마커스가 심장 발작으로 쓰러진 것이다. 그는 이렇게 말했다.

"수술을 하느라 새 학년이 시작하고 일주일이 지나서야 학교로 돌아올 수 있었습니다. 그래서 교사들에게 제 뜻을 전달하고 앞으로 1년을 위한 분위기를 조성해야 했던 가장 중요한 일주일을 놓치고 말았지요."

학교를 돌아보면서 마커스가 언급했던 심각한 상황을 눈으로 직접 확인할 수 있었다. 건물 전체에서 퀴퀴한 냄새가 진동했다. 천장에 피어 있는 곰팡이 냄새 같았다. 제대로 작동하지 않는 오래된 환기 파이프가 새면서 생긴 곰팡이였다. 창문은 동네 아이들이 전쟁놀이를 하면서 던져댄 페인트 자국으로 얼룩져 바깥이 거의 보이지 않았다. 도서관은커녕 자원봉사자가 관리하는 '자료실'밖에 없었는데, 그곳 냄새는 특히 더했다.

위층에 있는 교실 하나는 공예기술 교사의 말을 귓등으로도 안 듣는 학생들이 거의 쓰레기장 수준으로 만들어놓았다. 책상은 수업 시간에 사용하는 드라이버와 망치로 구멍을 숭숭 뚫어놓았고 벽에는 수업 중에 사용하는 페인트로 낙서를 잔뜩 해놓았다. 남자 화장실 변기는 세 개밖에 없었고 샤워실도 없었다. 화장지는 물론 비누와 수건도 없었다. 마커스는 학교 전체 리모델링이 예정되어 있었는데 예산 삭감 때문에 연기되었다고 말했다. 그리고 존슨 중학교 같은 학교를 변화시키려면 적어도 3년은 필요하다고 주장했다. 그런 학교를 1년 안에 변화시키겠다는 생각은 그야말로 비현실적인 생각이라면서 말이다.

만약 마커스가 옳다면 미셸 리가 너무 큰 기대를 하면서 교장들에게 무리한 요구를 하고 있는 것일지도 모른다. 또한 교장들을 뒤흔들어놓으면서 워싱턴 D.C. 공립학교들의 궁정적인 변화를 막고 있는 것일지도 모른다. 미셸 리의 교사 대량 해고 소식에 교외 지역뿐만 아니라 많은 도심 지역 교육감들이 움찔했던 것은 사실이다. 그들은 미셸 리가 일으킨 평지풍파가 시계를 원점으로 되돌리기만 할 것이라고 우려했다.

하지만 미셸 리는 마커스를 고용했을 때 그랬던 것처럼 그를 해고하는 데 있어서도 확고했다. 미셸 리는 돈 조던 역시 수자 중학교에 부임할 당시 학교 상태를 들먹이며 마커스처럼 변명할 수 있었을 거라고 말했다. 수자 중학교는 학생들의 학업성취도를 곤두박질치게 만드는 무능한 교사들의 무덤이었으니까. 미셸 리는 또한 도심 지역 중학교 학생 수가 보통 700명 가까이 되는 데 비해 존슨 중학교 학생 수는 300명도 되지 않았다고 지적했다.

"전교생이 300명인 학교를 변화시키는 것은 가능한 일입니다."

미셸 리는 페인트 자국이 얼룩진 창문에 안타까운 눈빛 따위는 보내지 않았다.

"건물을 어떻게 관리하고 있는지 감독하지 않은 겁니까? 사람들을 시켜 창문을 닦으면 되지 않습니까?"

한마디로 말하자면 마커스는 1년 안에 학교를 통제하는 데 실패함으로써 미셸 리의 기본 규칙을 깼다. 미셸 리는 이렇게 말했다.

"저는 몇 차례 존슨 중학교를 방문해 마커스를 지켜보았습니다. 인터뷰 과정에서 왜 발견하지 못했는지 모르겠지만 그는 아이들에게 존경받는 교장 선생님은 아니었습니다. 학생들은 저와 이야기를 나누고 있는 마커스 옆을 뛰어다니기도 했고 그한테 소리를 지르거나 물건을 던지기도 했습니다. 뛰어가던 학생들도 존경하는 교장 선생님을 보면 뛰던 걸 멈춥니다. 그게 기본이죠, 기본!"

과연 누구의 주장이 옳았을까? 내가 보기에는 미셸 리가 옳았다. 언젠가 마커스가 나를 한 선생님에게 소개시켜준 적이 있었다. 그 교실의 학생은 여학생 네 명이 전부였는데, 모두 학기말 특권으로 컴퓨터 게임을 하고 있었다. 우리가 이야기를 나누는 동안 여학생들은 누구 목소리가 더 큰지 내기라도 하는 것마냥 떠들며 게임을 했다. 마커스와 그 선생님은 '교실에 손님이 와 계신다'고 말하며 아이들을 진정시키기 위해 쩔쩔맸다. 교장이라면 어떤 비법을 써서라도 학교 안 어디서든 존경을 받아야 하는데 그날 마커스는 그렇지 못했다. 물론 조던은 새롭게 단장된 깨끗한 학교를 맡았고 마커스는 상태가 끔찍한 건물을 떠안았지만 그것 때문이라고는 말할 수 없었다. 애너코스티아 지역에는 마찬가지로 리모델링을 거쳤지만 수자 중학교에 비해 학업성취도가 현저히 떨어지는 다른 학교도 있었다. 그 학교 교장 역시 해고되었다.

미셸 리가 부임할 당시 교장 자리에 있던 사람들 중 여전히 워싱턴 D.C.에 남아 있는 사람은 절반 정도다. 미셸 리는 다른 지역 교육감들이 워싱턴 D.C. 공립학교들의 상태도 잘 모르면서 자신의 대량 해고 소식에 놀라기만 한다고 말했다.

"그들도 우리처럼 심각한 상황에 처해 있다면 언제 결단을 내려야 하는지 반드시 알아야 할 겁니다."

학생들 4분의 3정도가 '능숙'한 편에 속한다면 몇 년쯤은 인내심을 갖고 교장들을 독려하며 기다릴 수도 있을 것이다. 하지만 그런 학생이 10퍼센트밖에 되지 않거나 학생들이 정신없이 뛰어다니기만 하는 학교에 대해서라면… 그런 상황에서 마음 편히 학부모들을 바라보며 '2년 정도 교사 연수를 더 진행하면 데이비드 마커스도 곧 능력을 발휘할 거라고 믿습니다'라고 말할 수 있는 교육감이 과연 있을까?

애너코스티아의 '두 학교 이야기'에 대한 재미있는 사실은 미셸 리를 반대하는 사람들의 반응이었다. 2009~2010학년도가 끝난 후 〈워싱턴 포스트〉는 수자 중학교의 변화에 대한 특집 기사를 실었다. 기사 내용은 전반적으로 긍정적이었지만 해고당했던 한 교사의 말을 다음과 같이 인용했다. 그는 다른 지역에서 교직 생활을 계속하기 위해 익명을 요구했다고 한다.

"만약 교사가 진실하다면 시험 성적으로 모든 것을 판단할 수는 없다고 생각합니다. 그리고 이는 어떤 아이들을 가르치느냐에 달려 있는 문제이기도 합니다."

슬로웨 초등학교에 걸려 있던 글귀와 똑같은 의견이었다. 즉 우리는 우리가 떠맡은 부족한 아이들을 데리고 최선을 다하고 있다는 태도 말이다. 하지만 미셸 리를 가장 날카롭게 비판하는 사람들은 수자 중학교의 성공에도 불구하고 그 메시지를 기꺼이 받아들였다. 정기적으로 미셸 리를 비난하는 글이 올라오던 워싱턴 티처The Washington Teacher라는 웹사이트가 있었는데 〈워싱턴 포스트〉의 특집 기사 이후 그 웹사이트에 '워싱턴 D.C. 수자 중학교 교장 돈 조던의 폭정'이라는 제목의 글이 올라왔다. 작성자는 캔디 페터슨으로 그는 그 글을 쓴 이후 2010년에 워싱턴 교원노조 부위원장이 되었다(이 일은 당시

노조의 리더십에 관해 깊이 생각해볼 기회가 되기도 했다). 하지만 그 글에는 조던이 무능한 교사들을 해고했기 때문에 시험 성적이 향상되었다는 사실이 간과되어 있었다. 그보다는 해고당한 교사들이 쏟아낸 불만에만 집중했다. 한 교사는 일정 기간 내에 실력을 쌓지 못하면 그만두어야 한다는 '90일 계획'에 대해 이렇게 언급하기도 했다.

"90일 계획에 해당되는 교사들은 최소한 하루에 세 번씩 감시를 당했습니다. 네, 하루에 세 번이요."

사실 학생들을 잘 가르치지 못하는 교사들을 몇 번이고 관찰하는 것은 실력이 부족한 모든 학교에서 반드시 해야 하는 일이었다.

하지만 〈워싱턴 포스트〉와 미셸 리 비판자들은 애너코스티아의 '두 학교 이야기'에 관한 본질적인 물음에 전혀 관심을 기울이지 않았다. 바로 '미셸 리 부임 이전에 근무하던 교사 대부분을 해고한 것이 이와 같은 발전을 위해 반드시 필요했는가?'라는 물음이었다. 그 질문에서 다른 대답을 이끌어내기는 쉽지 않을 것이다. 워싱턴 D.C. 공립학교 학생들이 이룬 위대한 성과는 분명 기존 교사 3분의 2를 해고하고 그보다 훨씬 유능한 교사들을 채용했기 때문에 가능한 것이었다. 그리고 수자 중학교에서 이룬 성과는 워싱턴 D.C. 공립학교 발전의 시작에 불과했을지도 모른다. 만약 미셸 리가 그 자리를 떠나지 않았다면 말이다.

절망의 늪에 빠진 고등학교 구하기

조지 W. 부시 대통령은 자신의 가장 훌륭한 국내 업적으로 낙오아동방지법을 꼽는다. 하지만 공교롭게도 그의 두 번째 임기가 끝날 무렵에 맞춰 낙오아동방지법의 치명적인 단점이 수면 위로 떠올랐다. 말하자면 미국 교육부와 각 주정부는 물론 어떤 교육감이나 교장들도 낙오아동방지법에서 요구하는 '연간학력향상기준치adequate yearly progress, AYP'를 충족시키지 못하는 학교에 어떤 조치를 취해야 하는지 감조차 잡지 못했다. 5년 동안 계속해서 AYP를 충족시키지 못한 학교는 자체적으로 개혁에 돌입해야 한다. 하지만 과연 무엇을 개혁해야 AYP를 달성할 수 있는지 아는 사람은 아무도 없었다.

그야말로 대책 없는 정책이었다.

초등학교 개혁은 몹시 어려운 일이다. 중학교는 거의 불가능하다.

그렇다면 고등학교는 꿈도 꾸기 힘든 축에 속한다고 할 수 있을 것이다. KIPP와 언커먼 스쿨스처럼 크게 성공한 차터스쿨 관리 조직들도 문제 많은 고등학교는 잘 맡으려 하지 않는다. 차라리 직접 학교를 세우는 편을 선호하는데 그럴 경우도 8학년까지가 대부분이다. 그래서 열악한 도심 지역 고등학교를 바꿔보겠다고 나서는 사람이 있으면 수많은 정치가나 학교 개혁가, 전국의 기자들이 모두 대단한 관심을 보인다.

그린 닷 퍼블릭 스쿨스 차터그룹이 로스앤젤레스의 록 고등학교를 인수했을 때 하룻밤 만에 수많은 신문과 잡지가 앞다투어 그 사건을 보도한 것만 봐도 알 수 있다. 열악한 도심 지역 고등학교는 한마디로 총체적 난국이었다. 인종, 가난, 범죄 조직, 청소년 임신, 그리고 나아질 기미가 없는 지역 고용 불황 등의 문제가 혼란스럽게 뒤섞여 있었다.

워싱턴 D.C. 공립 고등학교는 미래의 중퇴자를 양산하는 형편없는 초등학교와 중학교로 쌓아올린 피라미드의 꼭대기였다. 학생들 대부분이 입학하기도 전에 이미 고등학교를 중퇴할 수밖에 없는 운명이었다. 이처럼 오랫동안 절망의 늪에서 허우적거려왔던 도심 지역 고등학교를 변화시킨다? 누가 과연 그런 말도 안 되는 일을 하겠다고 나서겠는가?

바로 미셸 리였다. 미셸 리가 워싱턴 D.C. 교육감으로 부임했을 때, 낙오아동방지법에 따르면 워싱턴 D.C. 소재 공립학교 27개가 개혁 대상이었다. 워싱턴 D.C.의 공립 고등학교 10개를 전부 포함해서 말이다. 2007년 벌로우 고등학교 재학생 중 읽기에 '능숙'한 학생은

5퍼센트밖에 되지 않았고 수학에서는 6퍼센트였다. 애너코스티아 고등학교의 경우는 각각 8퍼센트와 6퍼센트였다. 이 정도였으니 당연한 일이었다.

워싱턴 D.C.의 많은 사람들이, 심지어 각 학교 단위조차도 개혁 대상이라는 사실을 전혀 모르고 있었다. 미셸 리는 이렇게 말했다.

"교육청에서 개혁 대상 학교에 그 말을 전하지 않았습니다. 대부분 이런 반응을 보이더군요. '뭘 개혁하란 말입니까? AYP는 또 뭐죠?' 교육청은 각 학교와 학부모들에게 이를 알려야 할 의무가 있습니다. 올해 혹은 내년까지 목표를 달성하지 못하면 이런 일들이 벌어질 거라고 말이죠."

개혁 명령은 연방법에 근거한 것이었고, 오랫동안 예고되어왔다. 하지만 빗자루를 들고 나타난 미셸 리를 반갑게 맞이하는 사람은 아무도 없었다. 그렇다면 어떻게 해야 할까? 미셸 리 이전 교육감들은 개혁안만 작성하고 그에 대한 어떤 조치도 취하지 않았다. 그보다 상황을 모면하기 쉬운 방법이 있을까. 부시 행정부 역시 직접 개입해 채찍을 휘두를 생각은 없었다. 낙오아동방지법이 연방법으로 제정되긴 했지만 연방 정부는 이 타르 구덩이로 뛰어들 만큼 무모하지 않았다. 그런 이유로 실패하고 있는 워싱턴 D.C. 공립학교들은 워싱턴 교육청이 직접 해결해야 할 문제였다. 그래서 미셸 리는 워싱턴 D.C. 전 교육감들이 결코 하지 않던 일을 하기로 했다. 단지 몇 학교를 대상으로라도 사태의 심각성을 인지시키고 제대로 된 개혁을 추진하도록 강제하는 것 말이다.

물론 학교들은 불만을 표출했다. 미셸 리는 이렇게 말했다.

"학교들을 직접 찾아가기 시작하면서 저는 가장 먼저 그들이 충격을 받았다는 사실을 깨달았습니다. 그들은 몹시 분노했습니다. 그리고 개혁안을 직접 작성하고 싶어했지요. 그래서 저는 개혁안을 작성해 이를 추진할 능력이 있었다면, 지난 5년 동안 이미 추진해왔어야 하지 않았느냐고 되물었습니다."

미셸 리가 선택할 수 있는 폭은 넓지 않았다. 다른 도심 지역 교육청은 주 정부에 학교를 떠맡길 수도 있었다(거의 시도되지 않고 성공 가능성도 희박하지만 어쨌든 가능한 대안이기는 했다). 워싱턴 D.C.는 학교를 떠맡을 수 있는 주가 있는 것도 아니었다. 다른 방법으로는 다수의 도심 지역 교육감이 그 당시 사용하던, 규모가 큰 고등학교를 몇 개의 소규모 학교로 쪼개는 방법도 있었다. 이는 가장 큰 교육 개혁 그룹이라고 할 수 있는 게이츠 파운데이션Gates Foundation이 선호하는 방법이기도 했다. 미셸 리가 고등학교 개혁을 맡겼던 학교 개혁 전문가 저스틴 코헨은 이렇게 말했다.

"미셸은 그 방법을 사용하지 않겠다고 말했습니다. 학교의 크기 때문에 실패하는 것은 아니니까요. 바로 교육의 질, 그리고 학교 경영과 기반 시설의 질 때문이지요."

아무리 미셸 리라고 해도 워싱턴 D.C.의 모든 고등학교를 한번에 변화시킬 수는 없었을 것이다. 그래서 그녀는 미국 전역에서 워싱턴 D.C. 고등학교를 인수해 변화시킬 전문가들을 찾았다. 워싱턴 교육청과 긴밀히 협조하면서 학교 개혁을 추진할 '파트너'를 찾는 것이었다. 미셸 리는 두 명의 파트너를 찾아 세 개 고등학교를 맡기기로 했다. 그 세 학교 중 하나가 바로 던바 고등학교였다.

누구도 엄두내지 못했던 개혁의 시작

2007년, 워싱턴 D.C.의 모든 고등학교에 개혁이 필요한 상태였지만 역사적인 관점에서 볼 때 그중에서도 가장 큰 골칫거리는 바로 던바 고등학교였다. 5구역에 위치한 던바 고등학교는 워싱턴 D.C.에 새로 들어선 유명한 컨벤션센터에서 걸어서 10분 거리로, 한때 유색 청소년들을 위한 대입 준비 학교였다. 1916년 시인인 폴 로렌스 던바Paul Laurence Dunbar의 이름을 따서 개명한 던바 고등학교는 흑인 차별 정책이 시행되던 시기에, 그리고 그 후에 석사나 박사 학위를 갖고서도 대학에서 일자리를 얻지 못한 흑인 인텔리들이 학생들을 가르치면서 아프리카계 미국인 학생들을 위한, 대학이나 다름없는 학문의 메카로 자리 잡았다.

흑인들은 단지 아이들을 던바 고등학교에 보내기 위해 워싱턴 D.C.로 이사 오기도 했다. 던바 고등학교는 최초의 흑인 육군 장군 벤저민 오 데이비스 시니어Benjamin O. Davis Sr.나 제2차 세계대전 중 대규모 혈액은행을 설립하는 데 기여했던 수혈 분야 선구자 찰스 드루Charles R. Drew와 같은 20세기 흑인 지성인들을 다수 배출했다. 또한 시의회 의장으로 2010년 워싱턴 D.C. 시장 선거에서 애드리언 펜티를 누르고 당선된 빈센트 그레이의 모교이기도 했다.

하지만 시간이 흐르면서 던바 고등학교 주변 지역이 바뀌기 시작했다. 던바 고등학교 근처에 저소득층 주택단지가 들어서면서 흑인 중산층은 대부분 근교 메릴랜드 주의 프린스 조지스 카운티로 이주했고, 우수한 성적을 자랑하는 차터스쿨들이 유능한 학생들을 유치해갔다. 놀랄 만큼 짧은 기간에 던바 고등학교는 아프리카계 미국인들의 자랑에서 워싱턴 D.C.와 미국의 수치로 전락했다. 그것이 바로 미셸 리가 워싱턴 D.C. 교육감으로 부임했던 2007년 던바 고등학교의 상태였다. 내가 처음 던바 고등학교를 방문할 때 탔던 택시기사는 아프리카계 미국인이었는데, 학교 건물을 힐끗 보더니 이렇게 중얼거렸다.

"이게 고등학교라고? 꼭 교도소 같구먼."

미셸 리는 전교생이 750명인 던바 고등학교를 살펴보자마자 총체적인 개혁이 필요하다고 판단했다. 이는 곧 교사들을 다시 선발하고 학교를 맡을 외부 관리자를 선정해야 한다는 뜻이었다. 전국의 학교 개혁 전문가들을 검토한 미셸 리와 워싱턴 D.C.의 관련 단체들은 마지막으로 프렌즈 오브 베드포드Friends of Bedford로 의견을 모았다. 프렌즈 오브 베드포드는 카리스마 있고 야심찬 교육가들의 모임으로, 뉴욕 시에 베드포드 아카데미 고등학교를 설립해 큰 성공을 거두었으며, 이제 그 성공을 바탕으로 활동 지역을 확장할 준비를 하고 있었다. 던바가 바로 그들의 첫 번째 도전이 될 것이었다.

베드포드의 핵심 인물은 조지 레너드였다. 그는 온화하고 진지한 남자로 목소리가 몹시 부드럽고 유머감각이 대단했으며, 좌중을 사로잡는 신비한 능력이 있었다. 또한 통제하기 힘든 학생들을 설득하는 데에도 범접할 수 없는 재주를 발휘했다. 그뿐 아니라 재능 있는 부하직원들에게는 훌륭한 조언자였다. 베드포드의 직원들 역시 레너드만큼은 아니지만 모두 그와 비슷한 능력을 발휘했다.

누구든 조지 레너드를 처음 만난 순간을 쉽게 잊지 못할 것이다.

던바 고등학교를 맡길 파트너 선정 과정을 책임졌던 저스틴 코헨은 레너드와의 첫 만남을 그대로 설명해주었다.

"레너드는 듣는 사람 쪽으로 몸을 기울이며 얘기하는 그 특유의 자세로 베드포드 아카데미가 얼마나 훌륭한지 자랑스레 이야기했습니다."

베드포드 아카데미가 대단한 학교라는 것은 누구도 부인할 수 없는 사실이었다. 레너드가 문제투성이 브루클린 지역에 설립한 베드포드 아카데미는 어느 모로 보나 훌륭한 학교였다. 당시 베드포드 아카데미 재학생들은 한 명도 빠짐없이 전부 고등학교를 졸업했고 졸업생 대부분은 4년제 대학교에 진학했다.

이 시점부터 코헨은 레너드를 흉내 내기 시작했는데, 서류가방에서 새로운 자료를 꺼내 내 앞 탁자 위에 올려놓더니 몸을 기울여 내 눈을 똑바로 쳐다보며 요란하게 서류를 구겼다. 이는 레너드 자신이 목격했던, 워싱턴 D.C. 공립학교 학생들의 형편없는 실력을 상징적으로 드러낸 행동이었다.

"워싱턴 D.C. 학생들은 집중력이 하나도 없어요!"

그런 다음 레너드는 워싱턴 D.C. 공립학교의 엉터리 같은 상태에 대해 속사포처럼 잔소리를 쏟아냈다고 코헨은 말했다.

"레너드는 탁자를 내리치면서 워싱턴 D.C. 공립학교가 얼마나 형편없는지, 그리고 베드포드 아카데미가 얼마나 훌륭한지 설명했고 그 자리에 있던 사람들은 전부 고개를 끄덕였습니다. 저 역시 그의 의견에 동의했죠. 그리고 마지막으로 제가 말했습니다. '레너드, 당신과 프렌즈 오브 베드포드를 만날 수 있어서 얼마나 다행인지 모르겠습니다. 또한 당신이 도입한 개혁 모델과 프렌즈 오브 베드포드의 실력이 얼마나 대단한지 알 것 같습니다. 하지만 그것이 워싱턴 D.C.에서도 효과를 발휘할 수 있을까요?'라고 말이죠."

코헨에 따르면, 바로 그때 레너드가 비장하면서도 갑작스럽게 프렌즈 오브 베드포드 핵심 인력 전부를 워싱턴 D.C.로 옮기겠다고 제안했다고 한다. 아울러 프렌즈 오브 베드포드가 이미 뉴욕 학교 인계 프로그램 개발을 완료했으며 사업을 확장할 준비가 되어 있다고 덧붙였다는 것이다. 코헨은 이렇게 말했다.

"저는 '이제야 말이 좀 통하는군요. 자, 그렇다면 지금부터 더 흥미로운 주제에 대해 이야기해봅시다'라고 말했죠."

그로부터 얼마 지나지 않아 코헨은 뉴욕에 있는 베드포드 아카데미를 방문했다. 코헨은 학업성취도가 뛰어난 도심 지역 학교의 전형적인 모습, 즉 교복을 갖춰 입고 규율이 몸에 배어, 줄도 잘 맞추는 학생들을 볼 수 있을 거라고 생각했다.

"하지만 베드포드는 그렇지 않았습니다. 학생들은 자유롭게 사복을 입고 있었죠. 그렇다고 규율이 없는 문화는 아니었습니다. 학교 안에서는 욕설을 하거나 껌을 씹거나 불손한 태도를 보이지 않았습니다. 하지만 입고 싶은 옷을 입고 가끔은 복도에서 시간을 보내기도 했습니다. 교칙에 대해 말하자면, 모든 학생들이 교칙을 숙지하고 있었습니다. 한마디로 베드포드 아카데미는 일반적인 도심 지역 고등학교와 많이 달랐습니다."

코헨은 미셸 리에게 전화해 그 학교를 직접 살펴보는 것이 어떻겠냐고 말했고, 미셸 리 역시 몇 주 후에 베드포드 아카데미를 방문했다. 미셸 리는 베드포드 아카데미에 깊은 인상을 받긴 했지만 레너드의 스타일은 그다지 좋아하지 않았다.

"제가 보기에 조지는 약간 호들갑스러운 면이 있었습니다. 저는 직원들에게 늘 덜 약속하고 더해주라고 말하는 편입니다. 그런데 레너드는 약속은 거창하게 하고 실천은 그에 미치지 못하는 사람처럼 보였습니다. 별로 좋지 않은 모습이죠."

그럼에도 불구하고 뉴욕에서 베드포드가 이룬 성공은 부인할 수 없는 사실이었고, 던바를 위한 뾰족한 대안도 없었다. 얼마 지나지 않아 레너드는 던바 고등학교 열쇠를 건네받았다.

학생들의 학업 능력 향상을 위하여

레너드는 뉴욕에서 가장 문제 많은 지역에 훌륭한 학교를 세우는 데에는 성공했지만, 던바 고등학교에 대한 준비는 되어 있지 않았다. 레너드는 2008~2009학년도 동안 던바 고등학교가 어떻게 운영되는지 관찰하고 그다음 해 던바를 완전히 책임지기 위한 준비를 마쳐야 했다. 하지만 준비 단계는 계획대로 되지 않았다.

2010년 이른 봄, 나는 레너드를 찾아가 2년 전 처음 던바 고등학교에 왔을 때의 상황을 설명해달라고 부탁했다. 그는 내게 학교 이곳저곳을 보여주다가 도서관에서 잠시 멈추더니 창밖으로 보이는 운동장을 가리키고는 이렇게 말했다.

"학생들은 점심시간이면 운동장으로 모여들었습니다. 전교생이 운동장 스탠드에 앉아 있었죠. 마리화나를 피우고 담을 넘어 동네 사람들과 마약을 교환하기도 했습니다. 끔찍한 광경이었지만 어느 누구도 신경 쓰지 않았어요."

복도의 상황은 그보다 더했다. 층과 층을 연결하며 안으로 굽은 열린 구조의 경사로도 상황을 악화시켰다.

"쉬는 시간에 학생들이 이동하는 모습을 처음 봤는데, 모두들 복도에 붙박인 듯 움직이지 않았습니다. 태도는 몹시 불량했고요. 저하고 눈이 마주치기라도 하면 절 노려보며 이렇게 말하더군요. '뭘 봐요? 무슨 문제 있어요?' 초반에는 우리가 FBI라는 소문이 돌기도 했습니다. 늘 정장을 입고 다녔으니까요."

강당형 교실 구조도 혼란을 증폭시키는 데 한몫했다. 귀청이 터질 것처럼 시끄러운 것은 물론이고 도난 사건이 빈번하게 일어났다. 심지어 교문이 활짝 열려 있어 동네 십대들이 마음대로 들락거리며 학생들 물건에 손을 대기도 했다. 교실까지 들어와 여학생들의 목걸이나 팔찌를 낚아채가는 일도 있었다. 전부 수업 도중에 일어났다. 싸움은 늘상 있는 일이었고 심지어 학생이 위층 연결 통로에서 아래쪽에 있던 교사에게 소변이 담긴 컵을 던지기도 했다. 레너드는 이렇게 말했다.

"첫해에는 관찰만 하기로 되어 있었지만 학교 안에 위험 요소가 너무 많아 미리 손을 써야 했습니다."

프렌즈 오브 베드포드는 미셸 리의 허락을 받아 안전을 위한 몇 가지 조치를 취했다.

그다음 해, 레너드가 공식적으로 학교를 인수한 후 훨씬 많은 것이 바뀌었다. 거의 하룻밤 만에 뻥 뚫린 강당형 교실에 칸막이를 설치했다. 작업은 학생들이 등교하기 직전에 겨우 마무리되었다. 경사로에 깔려 있던 더럽기 짝이 없고 케케묵은 카펫도 없앴다. 도서관에서 잠자고 있던 컴퓨터도 수리했고 복장 규정은 엄격해졌다. 점심은 반드시 학교 식당에서 먹어야 했다.

레너드와 프렌즈 오브 베드포드 팀은 여전히 정장을 차려입고 다니며 학교 구석구석에서 학생들과 눈을 맞추는 데 주저하지 않았다. 레너드는 이렇게 말했다.

"이런 식이었습니다. '교실로 들어가거라. 바지를 올려 입어라. 그 여학생한테서 손을 떼라. 아니, 그 여학생한테 그렇게 말하면 안 되지. 그 여학생 위에서 뭐하고 있지? 그 여학생이 왜 네 위에 있지? 네 엄마에 대해 뭐라고 말했지? 저 남학생은 자기 엄마보고 뭐라고 한 거지? 모자를 벗어라. 액세서리가 너무 많다. 복장이 너무 불량하다. 몇 학년 몇 반이지? 이 학교 학생 맞니?' 1년 내내 이런 잔소리를 입에 달고 살았습니다."

베드포드 오브 프렌즈가 학교 인수 과정에서 가장 안타까워했던 부분은 바로 학생들을 위한 수강 신청 안내서였다. 상담교사들이 수강 신청 안내를 제대로 하지 않아서 많은 학생들이 필요 이상으로 학교를 오래 다니고 있었다. 학생들은 어떤 과목이 졸업 필수 과목인지도 몰랐다. 레너드가 상담교사들에게 어떻게 이런 일이 있을 수 있는지 물으면 대답은 늘 똑같았다.

"저는 최선을 다하고 있습니다."

거기서 더 다그치면 대부분 학생들, 학부모들, 지역 조건을 탓하기 시작했다. 레너드는 이렇게 말했다.

"이 학교에 근무하는 사람들은 대부분 이 지역 출신이라 이런 상황을 아무렇지도 않게 생각합니다. 몹시 안타까운 일이죠."

레너드는 상담교사 대부분을 해고하고 수강 신청 안내서를 처음부터 다시 작성하기 시작했다.

베드포드의 팀이 가장 의아해했던 부분은 결코 예상치 못한 부분이었다. 바로 운동선수들에 관한 문제였다. 많은 학생들이, 특히 남학생들이 학업 성적보다 운동을 더 중요시한다는 사실은 이미 알고 있었다. 특히 도심 지역 고등학교 운동선수라면 누구나 NFL이나 NBA 입단을 꿈꾸었다. 베드포드 오브 프렌즈가 전혀 예상치 못했던 부분은 학부모, 교사, 교장은 물론 정치인들까지 너무 많은 사람들이 학업 성적보다 운동을 강조하는 분위기에 동조한다는 것이었다. 경우에 따라 평균 학점이 D인 학생도, 혹은 대부분 F를 받은 학생들도 축구 연습을 우선시했다. 그렇게 성적이 낮으면 개인 교습을 받아야 하지만 그마저도 늘 축구 다음이었다. 운동부 코치들은 프로그램 운영에서 완벽한 자율권을 행사했다.

하지만 워싱턴 D.C. 공립학교 운동부에서 프로로 진출하는 학생은 가뭄에 콩 나듯 드물었다. 운동선수들은 전부 그 미미한 성공률만 바라보고 있었다. 베드포드 오브 프렌즈의 최고운영책임자 내키아 개스턴은 이렇게 말했다.

"축구팀에 소속된 선수는 약 50명인데 지난 4년 동안 NFL로 진출한 학생은 단 두 명이었습니다. 그럼 나머지 학생들은 어떻게 될까요?"

베드포드의 팀은 즉시 운동선수들의 학업 성취 기준을 도입하고 개인 교습을 강제로 받도록 했다. 하지만 변화는 쉽게 받아들여지지 않았고 다른 일자리를 찾아 학교를 떠나는 코치들도 있었다. 개스턴은 이렇게 말했다.

"그러니까 우리가 평화를 깨뜨린 겁니다. 하지만 우리는 반드시 필요한 변화를 가져오기 위해 여기 왔습니다. 우리는 언제나 학업능력을 최우선에 둘 것이기 때문에 우리와 생각이 다른 사람들은 불만을 가질 수밖에 없을 겁니다. … 워싱턴 D.C.는 기본적으로 운동부가 활발한 도시여서 사람들이 우리를 싫어할 수밖에 없었습니다."

워싱턴 D.C. 공립학교 운동선수들의 학업과 운동 사이의 불균형은 숨기기 어려운 문제였다. 2010년 6월, 〈워싱턴 포스트〉의 한 스포츠 전문 기자는 워싱턴 D.C. 고등학교 운동선수들이 대학 수업을 듣는 데 필요한 학업능력을 키우지 못한다는 기사를 싣기도 했다. 운동선수들도 좋은 학점을 받긴 했지만 실제로 수업을 듣고 졸업장을 따는 것은 아니었다.

서른여섯 차례에 달하는 면담을 통해 운동선수, 학부모, 코치, 지도교사, 학교 관리자들은 대학에서 선수생활을 지속하고자 하는 워싱턴 D.C. 공립학교 운동선수들을 망치는 네 가지 주된 문제를 확인했다. 시대에 뒤떨어진 졸업 자격, 표준시험 준비 부족, 미국대학체육협회 가입 조건에 대한 지도교사의 이해 부족, 선수 생활을 지속할 수 있는 자격 기준의 허점과 그로 인한 미국대학체육협회 기준 미달이었다.

미셸 리는 놀라지 않고 이렇게 말했다.

"워싱턴 D.C. 공립학교 학생들 대부분이 대학 진학을 위해 필요한 수업을 제대로 듣지 않고 있습니다."

그래서 워싱턴 D.C. 고등학교를 졸업하고 대학에 진학한 학생들은 대부분 학점에 포함되지 않는 보충수업을 들어야 했다. 미셸 리는 워싱턴 D.C. 고등학교 운동부를 진두지휘할 새로운 인물을 고용하고 그에게 이렇게 말했다.

"워싱턴 D.C. 운동부 코치들은 선수들이 경기에서 승리해 챔피언 재킷을 걸치길 바라지만 장학금을 받거나 지성을 갖춘 선수가 되라고 독려하지는 않습니다."

미셸 리는 주안점이 바뀌어야 한다고 말했다.

2010학년도까지 던바 고등학교의 혼란은 비교적 가라앉았고 많은 교사들이 새로 부임해 수업을 진행하고 있었다. 기존 교사들 중 계속 남아 있는 교사는 반도 안 되었다. 아이들을 가르쳐본 경험이 있는 교사라면 누구나 던바 고등학교에서 적당한 수준의 수업이 진행되고 있다는 것을 알 수 있었을 것이다. 미약한 발전이었지만 통제 불가능했던 던바 고등학교 상태에 비하면 가히 혁명적이라고 할 수 있었다. 레너드는 이렇게 말했다.

"우리는 던바 고등학교를 고교 심화수업을 더 많이 제공하는 프렙스쿨(대학 진학을 위한 준비학교-옮긴이) 수준으로 끌어올리고 싶습니다. 학생들은 대학에 갈 수도 있고 가지 않을 수도 있지만 반드시 이를 스스로 선택할 수 있어야 합니다."

나는 던바 고등학교 학생들과도 인터뷰를 했는데, 학생들 의견은 대부분 한결같았다. 프렌즈 오브 베드포드가 학교를 인수하기 전 던바 고등학교는 그야말로 거친 곳이었다. 기질에 따라 그 거친 분위기를 좋아하는 학생도 있었고 싫어하는 학생도 있었다. 어쨌든 솔직하게 대답해준 점은 높이 살 만했다.

졸업반이었던 에보니 베넷은 말했다.

"학교가 변하기 전에는 우리 마음대로 할 수 있어서 좋았어요. 자유로웠죠. 다른 학교에서 보기 힘든 장면도 볼 수 있었고요. 일찍 어른스러워진다고나 할까요. 복도에서 놀거나 수업에 들어가거나 마음대로였어요. 하기 싫은 일을 억지로 시키는 사람도 없었죠. 나름대로 우리끼리 만든 규칙도 있었어요. 어떻게 보면 그때가 더 재미있었죠."

학교 응원단장이었던 에보니는 교내 핵심 그룹과 어울렸기 때문에 위험한 일은 별로 겪지 않았다. 에보니는 미셸 리가 손쓰기 전의 던바가 정신없는 학교였다는 점은 인정했지만 위험하다고 느낀 적은 한 번도 없었다고 말했다.

10학년이었던 도널드 윌리엄스는 이전 던바 고등학교의 상태를 에보니만큼 좋아하지 않았다.

"거의 매주 싸움이 벌어졌어요. 학교가 꼭 동물원 같았죠."

또 다른 10학년 드미트리아 윌슨도 이에 동의했다.

"처음 이 학교에 왔을 때는 정말 너무 시끄럽고 모두들 제멋대로였어요. 학생들은 자기가 어디에 있어야 하는지도 몰랐죠. 교실에 안 들어가고 복도에서 친구들과 놀기만 하는 아이들도 있었어요. 계단에서 담배를 피우는 애들도 있었고요. 9학년 때는 어떤 여자애가 칼을 가져오기도 했다니까요. 정말 끔찍했죠."

던바 고등학교 학생들이 수업에 관해 떠올릴 수 있는 교사는 단 한 명이었다. 그는 오랫동안 근무했던 존경받는 생물 교사로 어떻게든 학생들의 학업성취도를 만족시키고 있었다. 던바와 같은 학교를 구제하기 위해서는 단지 소란을 가라앉히는 것 이상이 필요했다. 내가 관찰하고 학생들이 묘사한 바에 따르면 프렌즈 오브 베드포드가 학교의 소란을 잠재우는 데에는 성공한 것처럼 보였다.

하지만 학생들이 유능하다고 인정하는 교사가 한 명뿐인 학교에서 학생들의 학업능력까지 신장시키는 것은 쉽지 않은 목표일 것이다. 그 목표를 향해 레너드와 프렌즈 오브 베드포드가 전진하고 있었다. 던바에서의 첫해, 읽기에 '능숙'하거나 '우수'한 학생 비율이 18퍼센트에서 32퍼센트로 상승한 것이다.

성공의 문턱에서 다시 맞은 혼란

2009~2010학년도 말, 레너드는 베드포드 오브 프렌즈의 노력을 '손상시킨다'는 이유로 던바 고등학교 교장 스티븐 잭슨을 해고했다. 하지만 새로운 교장을 찾기가 쉽지 않았고 결국 레너드가 그 자리를 맡았다. 그 후 일어난 일들에 대해서는 아직 논란의 여지가 남아 있지만 워싱턴 교육청에 따르면 던바 고등학교는 수업 시간표조차 제때 준비되지 않을 만큼 회복할 수 없는 혼란을 겪고 있었다. 미셸 리가 물러난 다음 임시 교육감으로 임명된 카야 헨더슨은 2010년 11월 말, 예고 없이 던바 고등학교를 방문했다. 그런데 그때 많은 학

생들이 학교 앞에서 어슬렁거리고 있었다.

"학교 입구에 있는 금속 탐지기 주변이 마치 명절을 맞아 북적거리는 기차역 같았습니다. 저는 학교를 둘러보다가 교사 없이 학생들만 있는 교실 세 개를 발견했습니다. 학생들에게 물어보니 이렇게 대답하더군요. '가끔 선생님이 안 들어오실 때도 있어요. 그래도 저희는 괜찮아요.' 정말 심각한 문제였죠. 교사가 있지만 수업이 제대로 진행되지 않는 교실도 있었습니다."

그 갑작스런 방문과 교사들과의 만남을 통해 프렌즈 오브 베드포드의 운명이 결정되었다. 12월 9일, 헨더슨은 프렌즈 오브 베드포드와의 계약을 해지하고 잭슨을 다시 교장으로 임명했다. 프렌즈 오브 베드포드를 지지하는 사람들은 헨더슨이 미셸 리 개혁의 성과를 무마시키고 싶어 했던 시장 당선자 그레이의 정치적 압력에 굴복했다고 비난했다. 어쨌든 던바 고등학교의 변화는 헨더슨의 방문으로 막을 내렸다.

결국 던바 고등학교 사건으로 대책 없는 낙오아동방지법의 허점이 다시 한 번 드러나게 되었다. 실패하고 있는 학교, 특히 고등학교, 그중에서도 던바와 같은 학교를 구제할 방법을 확실히 아는 사람은 아무도 없었다. 헨더슨이 직접 언급하지는 않았겠지만 워싱턴 교육청은 그해 나머지 기간 동안 던바 고등학교의 학업성취도 목표를 포기할 수밖에 없었다. 던바 고등학교는 다시 혼란을 잠재우고 통제력을 높이는 수준의 첫해 목표로 되돌아가야 했다.

CHAPTER 3

THE BEE EATER

교실 혁명은 현재진행형이다

길이 막힌
교육 혁신 프로젝트

혁명은 저항 세력이 변화를 자신들의 구미에 맞게 재정의
하는 데 성공할 때 전기를 맞는다. 바로 그때 혁명은 아직 살아 있고
멈출 수 없는 것처럼 보이지만 사실은 막다른 골목에 다다른 것이나
다름없다.

이는 워싱턴 D.C. 공립학교에 새 기운을 불어넣고자 했던 미셸 리
의 노력에 있어서도 마찬가지였다. 미셸 리가 일으킨 혁명의 전기는
전혀 예상치 못했던 곳에서 일어났다.

바로 워싱턴 D.C.의 가장 쾌적한 지역에서 무리 없이 제 기능을 다
하고 있던 하디 중학교였다. 하지만 결정적 전기의 계기는 충분히 예
측 가능했다. 바로 인종 정치였다.

학교 개혁, 인종 문제에 부딪히다

하디 중학교는 백인 상류층 밀집 지역인 조지타운에 위치하고 있으며, 학부모들은 대부분 하디 중학교를 미술과 음악 분야 마그넷 스쿨magnet school(과학, 컴퓨터, 외국어, 예술 등의 특성화 교육 과정을 운영하는 공립학교. 해당 분야에 관심 있는 학생들을 자석magnet처럼 끌어당기는 학교라는 뜻이다. 인종이나 빈부에 따른 학력 격차가 심해지면서 슬럼화되는 공립학교를 개선하기 위해 도입되었다. 학군에 상관없이 학생들의 지원을 받아 선발한다—옮긴이)이라고 생각한다. 하지만 하디 중학교는 마그넷 스쿨이 아니었다. 학부모들에게 인기 있는 진취적인 교장 패트릭 포프가 미술과 음악에 집중하기로 결정한 일반 학교일 뿐이었다. 그러니까 입학을 위해 클라리넷 실기시험을 봐야 할 필요는 없었다. 물론 하디 중학교가 마그넷 스쿨처럼 비춰지는 이유는 있었다. 예술 분야에 관심이 많은 아프리카계 미국인 중산층 자녀들이 교육구에 상관없이 워싱턴 D.C. 전역에서 모여들었기 때문이다.

하디 중학교 학생들은 대부분 그런 경우에 속했다. 하디 중학교와 같은 지역구의 초등학생들은 대부분 백인이지만, 2010년 하디 중학교 재학생 중 3분의 2가 흑인이었고 백인은 10퍼센트 미만이었다(같은 지역구 공립 초등학교를 졸업한 백인 학생들은 대부분 사립 중고등학교로 진학한다). 하디 중학교의 흑인 학부모들에게 이 학교는 축복과도 같았다. 학업성취도도 만족할 만했고 예술 과목에 집중하는 것도 마음에 드는 안전한 공립학교였으니 말이다. 최근에 리모델링을 마친 학교 건물은 내가 방문했던 여느 엘리트 사립학교보다 더 나아 보였다.

이런 논리대로라면 하디 중학교는 미셸 리의 개혁 레이더에 걸리지 않아야 했다. 실패하고 있다고 말하기 어려운 공립학교였기 때문이다. 하디 중학교의 학부모들, 교장과 교사진, 이 모두를 대표하는 시의회 의원들까지 하디 중학교의 현재 상태에 만족스러워했다. 수치스러운 워싱턴 D.C. 공립학교 틈바구니에서도 하디 중학교는 그럭저럭 잘 굴러가는 학교였다. 여기서 가장 중요한 단어는 바로 '그럭저럭 잘'이다. 2010년, 하디 중학교 흑인 학생들 중 읽기에 능숙한 학생은 57퍼센트뿐이었고, 수학에 능숙한 학생은 50퍼센트밖에 되지 않았다. 워싱턴 D.C.의 기준으로 보자면 그 정도는 성공이나 마찬가지였다. 더 나빠지지만 않는다면 그대로 두어도 괜찮을 학교가 바로 하디 중학교였다.

미셸 리는 공교육 개혁을 추진하면서 학부모들과 허심탄회하게 이야기를 주고받을 수 있는 만남의 자리를 종종 마련했다. 그러던 중 하디 중학교 근처의 부유한 지역 학부모들에게서 깜짝 놀랄 만한 이야기를 들었다. 하디 중학교가 왜 그 지역구 아이들을 위한 일반 학교가 될 수 없냐는 것이었다. 미셸 리는 그 요구가 타당하다고 생각했다. 부족한 게 아무것도 없어 보이는 그 부유한 지역 사람들에게 부족한 것이 하나 있다면 바로 고등학교였다. 그 지역은 워싱턴 D.C.에서 고등학교가 부족한 유일한 지역이었다.

하디 중학교 주변 지역의 중산층 학생들을 더 많이 받아들여 오랫동안 회피해왔던 그 지역구 학교로서의 역할을 다할 수 있는 방법은 없을까? 그렇게 되면 언젠가 조지타운에도 그 지역구 학생들을 위한 고등학교가 생길 수도 있을 것이다. 그 문제에 대한 미셸 리의 해법은 다음과 같았다. 하디 중학교는 더 이상 마그넷 스쿨인 척하지 않고 그 지역구 아이들을 기꺼이 받아들인다. 그와 동시에 워싱턴 D.C. 전체 학생들을 위한 미술과 음악 분야 마그넷 스쿨을 설립하고 포프에게 그 학교를 맡긴다.

포프를 워싱턴 교육청으로 불러들여 새로운 학교 설립 준비를 맡기는 것은 일석이조의 완벽한 계획 같았다. 미셸 리에게 포프의 하디 중학교 선발 과정은 그 학교에 어울리지 않는 저소득층 흑인 아이들, 그리고 어쩌면 특수교육 대상 학생들까지 제외시키는 과정으로 보였다(이에 포프는 하디 중학교 학생 선발 과정에서 차별받는 학생은 없다고 강하게 이의를 제기했다). 하디 중학교와 같은 지역구에 있는 초등학교에서 새로운 교장을 초빙하면 그 지역구 학부모들이 보기에도 좋을 것이고 타 교육구 입학생이 많았던 하디 중학교의 문이 더 많은 아프리카계 미국인 학부모들에게 활짝 열릴 수 있을 것이었다. 그야말로 윈윈 전략이었다.

하지만 이는 눈 깜짝할 사이에 어느 쪽에도 도움되지 않는 전략이 되고 말았다. 미셸 리와 워싱턴 교육청은 포프가 그 새로운 계획을 승인했다는 소식을 들었다고, 그게 아니라면 적어도 당연히 승인할 줄 알았다고 말했다. 하지만 하룻밤 사이에 포프의 축복을 받고 있던 하디 중학교 학생들과 학부모들이 시위를 벌이기 시작했다. 미셸 리가 부유한 백인 학생들을 입학시키기 위해 흑인 학생들을 몰아내려 한다는 것이었다. 그리고 그 주장은 설득력을 얻기 시작했다. 처음에 하디 중학교에 관심을 보이던 그 지역 백인 학부모들은 뒤로 한 발 물러나 침묵하며 인종 정치에 말려들고 싶어 하지 않았다. 미셸 리는 이렇게 말했다.

"저는 흑인, 백인 모두에게 시도 때도 없이 이메일을 받았습니다. 다들 제가 올바른 일을 하고 있다는 건 알지만 표적이 되고 싶어 하지는 않았죠."

결국 미셸 리는 자신의 명성 때문에 곤란한 상황에 처하게 되었다. 사람들은 미셸 리가 옳다고 확신할 때 결코 물러서지 않을 거라는 사실을 알고 있었기 때문에 그녀가 총대를 메도록 내버려두었다.

그와 반대로 하디 중학교에 대한 미셸 리의 결정에 반대하는 사람들은 몹시 적극적이었다. 하디 중학교 밴드가 (수업 시간 중에) 워싱턴 교육청 앞에 나타나 미셸 리의 결정에 항의하며 포프의 복귀를 요구했다. 학생들은 미셸 리에게 우호적이지 않은 시의원들 앞에서 미셸 리의 정책에 반대하는 의견을 거침없이 내놓았다. 한 7학년 학생은 〈워싱턴 포스트〉와의 인터뷰에서 이렇게 말했다.

"안타깝지만 많은 학생들이 미셸 리 교육감을 해리포터 시리즈에서 뛰쳐나온 악당 돌로레스 엄브릿지라고 생각하기 시작했어요."

미셸 리의 입장은 점점 난처해졌다. 하디 중학교에 대해 한 번도 들어보지 못했던 미셸 리 지지자들 중에서도 그녀에게 입장을 바꾸라고 간청하는 사람들이 생기기 시작했다. TFA 설립자 웬디 콥부터 당시 뉴욕 시 교육감 조엘 클레인까지 그와 비슷한 전화와 이메일을 받았다. 미셸 리가 하디 중학교 개혁을 포기하게 만들라는 것이었다. 이에 클레인은 '미셸 리가 더 이상 논란을 일으키지 않는 순간은 곧 그녀가 그 자리에서 물러나는 순간일 겁니다'라고 답했다.

하디 중학교 문제는 분명 미셸 리에게 좋지 않은 영향을 끼쳤다.

그리고 그때 미셸 리가 내린 결정은 워싱턴 D.C.에서 그녀의 운명을 결정했다. 그녀는 물러서지 않기로 결심했다. 하지만 그리 유명하지도 않고 그럭저럭 잘 굴러가고 있으며 교사와 학생 모두 만족스러워하는 중학교를 뒤흔들겠다는 고집 때문에 미셸 리의 공교육 개혁 전반이 위태로워질 수 있었다. 하지만 미셸 리는 워싱턴 D.C. 이해 관계자들은 물론 미국 전역의 교육 개혁가들까지 이에 대해 확신할 때에도 자신의 결정을 번복하지 않았다. 그리고 그녀의 고집은 결국 전국적으로 영향을 끼쳤다.

당시 미셸 리의 개혁은 미국 교육계에서 가장 관심을 기울이고 있던 중요한 실험이었다. 교육부 장관 아른 던컨은 미셸 리가 워싱턴 D.C.에서 도입한 정책들을 문제 많은 다른 교육구에도 적극 권하고 있었다. 비단 워싱턴 D.C.에서뿐만 아니라 전국적으로도 수많은 교육 관련 문제가, 워싱턴 D.C. 유권자들과 미셸 리가 원만한 관계를 유지하는 것에 달려 있었다. 학부모들을 만족시키는 것이 곧 펜티가 시장직을 유지할 수 있는 방법이자 미셸 리가 교육감직을 유지할 수 있는 방법이었다. 그럼에도 불구하고 미셸 리는 하디 중학교 문제에서 강경노선을 취하며 모든 것을 위태롭게 만들었다.

하디 중학교에 대한 미셸 리의 결정은 아이들에게 가장 좋은 것이 무엇이냐는 논리를 토대로 한 것이었다. 하디 중학교 학부모들도 하디 중학교가 학업적인 면에서 뛰어나다고 주장하지는 않았다. 분명 하디 중학교는 학업성취도를 높일 필요가 있었다. 보통 가난하고 인종적으로 고립되어 있는 교육구에 인종에 상관없이 더 많은 중산층 학생을 유치하는 것은 아주 쉬운 축에 속하는 결정이었다. 그리고 마지막으로, 미셸 리가 '부절절한' 흑인 학생들을 걸러내는 과정이라고 판단한 포프의 학생 선발 절차는 그야말로 부적절한 방법이었다. 미셸 리는 반대 의견에 상관없이 개혁을 추진하기로 마음먹었다. 미셸 리는 이렇게 말했다.

"과거에 이와 비슷한 일이 일어났다면 워싱턴 교육청은 그냥 포기했을 겁니다. 반대 의견이 조금만 거세지면 좋은 게 좋다고 하며 그냥 그대로 가자고 하죠. 하지만 저는 그런 식으로 일하지 않습니다."

그 말에 담긴 미셸 리의 결심이 어느 정도인지 제대로 파악하려면 미셸 리가 이렇게 말하는 것을 상상해보라. 무뚝뚝한 표정에 낮은 목소리로 '저는 그런 식으로 일하지 않습니다'라고 숨도 쉬지 않고 쏟아붓는 모습을. 아이들을 위해 가장 좋은 것이 무엇이냐는 논쟁에서 미셸 리는 언제나 그런 모습이었다. 〈타임〉의 표지를 장식한 모습도 바로 그런 모습이었다.

하지만 아이들을 최우선에 두겠다는 미셸 리의 논리도 인종 문제에서 자유롭지 못한 워싱턴 D.C. 유권자들에게는 소용없었다. 미셸 리와 펜티가 2010년 9월 14일 워싱턴 D.C. 예비선거 결과에서 알게 되었듯이 (그리고 뉴어크와 디트로이트를 비롯한 다른 도시의 흑인 시장들이 발견했듯이) 인종 문제는 여전히 중요한 이슈였다. 경제적 불황이 한창이었을 때 워싱턴 D.C. 유권자들이 원했던 두 가지를 살펴보면 이 논란의 뿌리가 무엇인지 알 수 있을 것이다. 그 두 가지는 바로 훌륭한 학교와 시에서 제공하는 믿을 만한 직장이었다.

미셸 리는 당황스러울 정도로 무능한 워싱턴 교육청 직원들을 해고하면서 워싱턴 D.C. 공립학교 상태가 나아질 거라는 기대로 지역 주민들이 기뻐할 거라고 생각했다. 하지만 많은 사람들이 친구와 이웃이 말도 안 되는 이유로 직장에서 해고당했다고 생각했다. 무능한 교사들을 해고했을 때도 마찬가지였다. 백인들은 공립학교 상태가 나아질 거라고 생각했지만 흑인들은 무능하다고는 상상조차 할 수 없는 가장이 일자리를 잃었다고 생각했다. 하디 중학교의 경우도 마찬가지였다. 백인 학생들에게 유리하도록 흑인 학생들을 몰아내려 한다는 것은 얼핏 봐도 인종 문제로 비화되기 쉬운 문제였다. 그리고 결국 하디 중학교의 많은 흑인 중산층 학부모들은 다음과 같은 질문을 던지기 시작했다.

"왜 우리는 이 학교에 다닐 수 없는가?"

혁신은 언제나 반대세력을 낳는다

워싱턴 D.C. 시의원들도 워싱턴 D.C.에 여전히 인종 차별이 존재한다는 사실을 잘 알고 있었다. 그리고 그 문제에 촉각을 곤두세우고 있던 시의원들에게 하디 중학교 사건은 미셸 리에 대한 반감을 조성할 수 있는 절호의 기회였다. 드디어 복수할 시간이 다가온 것이다.

하디 중학교 논쟁에 말려들었을 때 미셸 리는 여론과의 관계에서, 특히 시의원들과의 관계에서 불리한 입장에 처해 있었다. 이는 미셸 리가 워싱턴 D.C. 교육감으로 부임할 때부터 예고된 일이었다. 빈센트 그레이는 교육감 임명 바로 전날 저녁에 미셸 리를 소개받았고 나머지 시의원들은 그보다 더 늦은 다음 날 아침에 그 사실을 알게 되었다. 그레이와 시의회는 이를 몹시 불쾌해했으며 그 때문에 미셸 리와 시의회는 애초부터 우호적인 관계를 유지할 수 없었다.

비록 시의원들이 미셸 리의 교육감 임명을 만장일치로 승인하긴 했지만 교육감 인준 청문회는 앞으로 점차 격렬해질 싸움의 시작일 뿐이었다. 미셸 리는 토론에서 절대 자신의 주장을 굽히지 않았다. 상대가 누구든 얼마나 오랜 시간이 걸리든 끝까지 자신의 의견을 관철시켰다. 미셸 리의 친구들도 그녀의 그런 태도가 상대방을 미치게 할 수 있다고 말했다. 미셸 리는 또한 낙타 같은 체질로 간식을 먹기는커녕 물도 마시지 않고 화장실도 가지 않으면서 몇 시간이고 토론할 수 있었다. 인준 청문회에서 미셸 리의 모습이 바로 그랬다. 11시간 동안 화장실도 가지 않고 모든 사람들을 상대했다. 미셸 리는 그레이가 그 인내력 시합에서 이기기 위해 애를 썼다며 이렇게 말했다.

"저는 저 남자가 자리를 뜨기 전까지 절대 일어나지 않겠다고 생각했습니다."

그 싸움의 승자는 미셸 리였고 그녀의 지적 능력과 신체적 강인함은 시의원들에게 깊은 인상을 남겼다. 시의원들이 느낀 것은 그뿐만이 아니었다. 그때부터 시의원들은 미셸 리가 의회와의 관계를 대결 구도로 바라본다고 생각했다.

2008년 3월, 미셸 리는 노조에 가입하지 않은 교육청 직원들을 해고하는 문제를 놓고 의회와 또 다른 마라톤 회의를 진행했다. 그 회의에서 미셸 리의 태도는 전보다 더 전투적이었다.

"그 청문회를 통해 시의원들은 제가 결코 물러나거나 패배하지 않을 거라는 점에 대해 조금 알게 되었을 겁니다."

시장 재임 당시 워싱턴 교육청을 성인 고용센터로 활용했던 시의원 마리온 배리가 직원들은 실력을 키울 기회를 보장받아야 한다고 주장하자 미셸 리는 가차 없이 반박했다.

"이건 성인들에 관한 문제가 아닙니다. 바로 아이들에 관한 문제입니다. 성인들이 과연 나아질 수 있을까요? 그렇다 해도 도대체 얼마나 오래 기다려야 합니까?"

결국 시의회는 미셸 리에게 해고 권한을 넘겨주었다. 만장일치는 아니었지만 10대 3이었다. 시의원들은 미셸 리가 그 정도로 만족할 거라고 생각했기 때문에 그녀의 손을 들어준 것이었다.

하지만 얼마 지나지 않아 시의원들은 미셸 리가 그보다 훨씬 많은 개혁을 마음에 두고 있다는 사실을 알게 되었다. 그 표결 직후 미셸 리가 학교 폐쇄 계획을 발표한 것이다. 그것도 〈워싱턴 포스트〉를 통해서였다. 학교 폐쇄 발표 덕분에, 구체적으로 말하자면 학교를 폐쇄한다는 사실뿐만 아니라 시의회의 조언 없이 이를 진행했다는 사실 덕분에, 미셸 리는 조금이나마 남아 있던 시의원들의 좋은 감정까지 전부 잃고 말았다. 심지어 폐쇄 대상 학교 중에 백인 상류층 밀집 지역인 3구역 학교는 하나도 없었다. 그 지역 학교들은 이미 학생들로 넘쳐나고 있다는 아주 단순한 논리 때문이었다. 하지만 논리와 정치는 태생부터 몹시 다른 분야였다.

시의회의 가장 큰 불만은 미셸 리가 단 한 번도 지역사회의 자문을 구하지 않았다는 것이었다. 하지만 미셸 리가 신속하게 추진했던 다른 개혁들에 대해서라면 모를까, 학교 폐쇄 결정에 관해서는 그런 비난이 타당하지 않았다. 미셸 리와 그녀의 측근들은 학교 폐쇄와 관련

해 수많은 지역 청문회에 참여했다. 왜 가장 먼저 '자신들의 허락을 구하지 않았냐'는 것이 아마 시의원들의 본심이었을 것이다.

이로 인해 텅 빈 교실의 난방 비용을 다른 곳에 투자하겠다는 미셸 리의 개혁은 불행한 결말로 이어졌다. 그럼에도 미셸 리는 시의원들에게 학교 개혁에 함께한다는 느낌을 주기 위해 괜히 조언을 구하는 척하지는 않겠다고 말했다. 가식적인 모습은 보이지 않겠다고 공개적으로 말하면서 시의원들의 반감을 증폭시킨 것이다(개혁 자금을 제공하는 개인 투자자들에게도 마찬가지였다).

바로 그때 하디 중학교 사건이 일어났다. 시의원들은 미셸 리를 무자비하게 다그쳤고, 미셸 리는 그 당시를 이렇게 회상했다.

"한 청문회 도중에 빈센트 그레이가 이렇게 말했습니다. '그냥 마음을 바꿔요! 누구나 실수를 합니다. 괜찮아요! 그냥 마음을 바꾸란 말입니다!' 그래서 저는 제가 실수했다는 것을 깨달으면 언제든 마음을 바꿀 수 있다고 대답했습니다. 그리고 이 문제에 대해서는 제 생각이 옳다고 확신한다고 말했죠."

미셸 리는 장기적인 목표를 달성하기 위해 단기간의 여론전에 대해서는 크게 신경 쓰지 않겠다고 결심했다. 반대를 무릅쓰고 오이스터 애덤스 이중언어 학교 교장을 해고한 것도 그 결심 때문이었다. 미셸 리의 두 딸도 다니고 있던 오이스터 애덤스는 좋은 학교라고 소문난 학교였다. 미셸 리의 측근들은 그 모든 과정에서 변함없이 그녀를 지지했다. 미셸 리의 학교 개혁 팀장 애비게일 스미스는 이렇게 말했다.

"두 학교 모두 그럭저럭 괜찮은 학교였습니다. 아이들을 입학시키려는 학부모들도 많았고 교사들도 대체로 만족스러워했습니다. 그런데 왜 괜한 문제를 일으켰냐고요? 궁극적으로 모든 학교를 우수한 학교로 만드는 것이 우리의 목표이기 때문입니다. 열악한 학교는 괜찮은 상태로 끌어올리고 괜찮은 학교는 그보다 더 나은 상태로 만들어야 합니다. 그리고 좋은 학교는 더 훌륭해져야 하지요. 물론 그 과정에서 엄청난 반대에 부딪칠 것이고 어리석은 짓이라며 나설 때와 물러설 때를 좀 가리라고 말하는 사람들도 있겠죠. 하지만 미셸 리는 결코 물러서지 않을 겁니다."

미셸 리 교육 혁신에 대한 〈워싱턴 포스트〉의 도발

그 즈음 〈워싱턴 포스트〉의 메트로 섹션은 미셸 리가 시의원들이나 노조 지도부와 벌이는 논쟁에 대해서는 자세히 보도하는 반면, 그보다 덜 자극적인 공립학교의 실태에 대해서는 거의 관심을 기울이지 않았다. 결국 그로 인해 미셸 리의 적들이 빠른 속도로 늘어났다. 이는 미셸 리에 관한 기사를 담당했던 경험 많은 정치부 기자 빌 투르크의 잘못만은 아니었다. 투르크는 〈워싱턴 포스트〉의 방침을 따른 것뿐이었다. 〈워싱턴 포스트〉 편집장 리즈 스페이드는 이렇게 말했다.

"우리는 미셸 리에 대해 대도시 시장과 비슷한 수준으로 보도하라고 투르크에게 지시했습니다."

투르크는 미셸 리와 그녀의 개혁에 대해 정치적인 각도에서 다루는 것이 '자신의 임무'라고 말했다. 그 전해에는 미셸 리를 담당했던 기자가 두 명이었지만 그해에는 투르크 혼자 미셸 리에 관한 보도를 맡았다. 그리고 투르크가 작성했던 기사는 계약 협상에서부터 교사 해고에 이르기까지 미셸 리의 연이은 정치적 논쟁에 대한 것이 대부분이었다. 투르크는 이렇게 말했다.

"원칙적으로는 공립학교 실태에 대해서도 더 깊이 취재해야 했겠지만 그것 말고도 보도할 사건이 많았습니다."

그 결과, 하디 중학교를 예로 들자면 〈워싱턴 포스트〉 메트로 섹션에 실린 기사는 워싱턴 D.C. 공립학교에 만연한 인종과 경제력에 따른 분리를 줄임으로써 얻을 수 있는 이점은 무시한 채 학생과 학부모들의 시위에 대해서만 보도했다. 한 잡지 인터뷰 역시 예산상의 이유로 교사 266명을 해고했던 미셸 리의 조치에 대해서만 주로 보도했는데, 그 내용을 보면 마치 미셸 리가 해고당한 교사들을 폭력적인 교사나 학생들을 대상으로 성범죄를 저지른 파렴치한으로 몰아갔다고 오해할 만했다. 해고당한 교사들 중 많은 수가 학부모들이 아이들을 맡기기 싫어하는 무능한 교사였다는 점은 결코 언급되지 않았다.

투르크는 〈워싱턴 포스트〉가 지시한 바대로 워싱턴 D.C. 공립학교에 얽혀 있는 성인들에 관한 논쟁은 물론 미셸 리에 관한 모든 논쟁을 집중 취재했다. 그리고 내가 보기에는 그 논쟁 중심 보도로 인해 그 지역의 가난한 아이들이 다른 도시의 비슷한 조건의 아이들보다 한참이나 뒤처져 있는 이유는 완전히 간과되고 말았다. 선거를 1년 앞둔 시점이었다.

가끔 변함없이 미셸 리를 지지하던 〈워싱턴 포스트〉의 논설위원 조앤 아르마오와 〈워싱턴 포스트〉 메트로 섹션 사이의 갈등이 사람들의 이목을 집중시키기도 했다. 한 잡지 인터뷰가 촉발한 폭력 교사에 관한 논쟁이 한창이었을 때, 투르크와 이메일로만 의견을 주고받으려고 했던 미셸 리는 아르마오에게 전화해 자신의 입장을 피력했다. 이에 투르크는 자신의 블로그에 다음과 같은 글을 남겼다.

미셸 리 교육감은 분명 조앤과 이야기하는 것을 더 선호하는데 이는 놀랄 만한 일은 아니다. 나는 최대한 공정하고 자세한 기사 작성을 책임지고 있는 특종기자로, 가끔 워싱턴 D.C.의 공립학교를 변화시키고자 하는 교육감의 시도에 관해 논쟁을 불러일으키는 기사를 작성하기 때문이다. 나는 정치적 측면과 정책적 측면이라는 두 가지 관점에서 교육감의 정책에 대해 샅샅이 분석하고 가끔 교육감이 공개하길 원치 않는 자료를 기사화하기도 한다. 한편 편집실에 앉아 있는 조앤은 변함없이 교육감을 지지하고 있으며 교육감을 보호하려는 것은 물론 어떻게 보면 그녀를 숭배하는 것 같기도 하다.

위의 글이 올라오고 얼마 지나지 않아 투르크는 원본 글을 삭제한 다음 '보호하려는'과 '숭배하는'이라는 부분을 삭제하고 다시 올렸다. 사실 투르크의 말은 옳았다. 조앤의 사설은 미셸 리 개혁에 관한 진실을 정확하게 밝혔다는 점에서 칭찬받아 마땅했지만 솔직히 너무 편파적인 어조이기는 했다. 하지만 메트로 섹션의 보도가 그 반대 방향으로 너무 치우친 것도 사실이었다. 〈워싱턴 포스트〉는 그런 식으로 균형을 잡고 싶었던 것일까?

〈워싱턴 포스트〉의 기사가 독자들을 헷갈리게 한 것만은 아니었다. 시장 예비선거가 두 달 앞으로 다가왔던 2010년 7월, 〈워싱턴 포스트〉는 워싱턴 D.C. 학생들의 최근 시험 성적에 대해 보도하면서 초등학생들의 성적이 떨어졌다며 미셸 리의 개혁은 '실패'했다고 보도했다. 워싱턴 D.C.는 한 언론사가 독점하고 있는 도시라고 할 수 있었기 때문에 그 기사는 미셸 리의 개혁이 '실패'했다는 최종 확인이나 마찬가지였다. 그리고 유권자들은 신문이나 텔레비전 뉴스를 통해 그 기사를 듣고 투표장을 찾았다. 나는 예비선거를 마치고 나오는 유권자들을 인터뷰하면서 다음과 같은 의견을 들었다.

'미셸 리가 그렇게 훌륭한 인물은 아닌가 봐. 학생들 시험 성적이 떨어졌다는군.'

(중등학교 시험 성적은 올랐지만) 초등학교 시험 성적이 떨어진 것은 사실이었다. 하지만 그것이 과연 미셸 리가 추진했던 개혁이 '실패'했기 때문일까? 워싱턴 D.C. 차터스쿨 재학생들이나 미셸 리가 통제할 수 없는 다양한 학교 재학생들도 그와 비슷하게 성적이 떨어졌다. 학년별로 살펴보거나 과목별로 살펴봐도 마찬가지였다. 예를 들면 워싱턴 D.C. 공립학교 6학년의 읽기 점수는 10.6퍼센트 하락했고, 차터스쿨 재학생들은 11퍼센트 하락했다. 우연의 일치일까? 아마 그렇지 않을 것이다.

시험 자체의 변화 외에 다른 어떤 이유도 설득력이 없다. 다양한 학교에 다니는 워싱턴 D.C. 전역의 6학년 학생들이 어쩌다 보니 시험 당일에 다 같이 실력을 발휘할 수 없었을까? 간단히 말하자면 이를 미셸 리의 개혁의 실패로 해석할 수 없다는 뜻이다. 내가 이 책의 편집을 끝낼 시점까지도 〈워싱턴 포스트〉는 그 기사에 대한 정정 기사나 확인 기사를 내보내지 않았다. 내가 시험에 관한 자료를 보내자 〈워싱턴 포스트〉의 스페이드는 이렇게 답변했다.

"시험 점수가 떨어진 이유에 대해서는 다양한 가능성이 존재합니다. 당신의 의견도 한 가지 가능성일 뿐이죠."

투르크는 미셸 리가 시험 점수로 자기 개혁의 유효성을 입증할 거라고 분명히 밝혔기 때문에 자신의 보도는 공정하다고 주장했다.

"미셸 리는 자료에 죽고 자료에 사는 사람 아닙니까!"

〈워싱턴 포스트〉의 지역 칼럼니스트들, 특히 워싱턴 D.C. 흑인들에 관한 칼럼을 주로 쓰는 사람들도 미셸 리를 둘러싼 떠들썩한 소문에 동조했다. 콜버트 킹은 워싱턴 D.C. 공립학교의 모든 발전이 미셸 리 이전 교육감 클리포드 제이니의 공이라고 계속해서 주장했다. 〈워싱턴 포스트〉의 칼럼니스트나 기자들 중에서 킹만 그런 주장을 한 것은 아니었다. 덕분에 그 소문은 워싱턴 D.C.에 널리 퍼졌다. 유니언 역에서 아무 택시나 잡아타고 미셸 리 교육감에 대해 물으면 미셸 리는 제이니의 꽁무니를 잡고 있는 것뿐이라는 대답을 들을 수 있을 것이다. 워싱턴 D.C.의 가난한 흑인 학생들의 성적이 반드시 전국에서 최하위를 기록해야 하는 것은 아니었다는 사실이 증명되었지만 이는 젊은 한국계 미국인 여성이 아니라 아프리카 출신 흑인 교육감에게 환호를 보내야 마땅한 업적으로 받아들여졌다.

하지만 한 가지 골치 아픈 사실이 있다면 바로 미셸 리 이전의 많은 아프리카계 미국인 교육감들은 미셸 리 재임 당시 워싱턴 D.C. 공립학교가 이루었던 성과를 결코 이루지 못했다는 점이다. 이는 너무써서 많은 사람들이 쉽게 삼키지 못하는 진실이었다. 제이니 이론이 등장한 것도 그 때문이었다. 제이니는 멋진 남자일 뿐만 아니라 (나는 뉴욕 로체스터에 있을 때 제이니에 대해 조금 알게 되었다) 철두철미하고 유능한 학교 관리자로, 워싱턴 D.C.를 떠난 후에는 뉴저지 주 뉴어크 교육감으로 활약했다. 또한 워싱턴 D.C. 교육감 재임 기간 동안 훌륭하다고 평가받는 매사추세츠 학력 기준을 도입하는 업적을 달성하기도 했다. 이는 워싱턴 D.C.에 꼭 필요한 일이었다.

그렇다면 미셸 리가 이룬 성과는 제이니가 기반을 닦았기 때문에 가능한 것이었을까? 이렇게 한번 살펴보자. 워싱턴 D.C.와 같은 교육구에서 학생들의 학업성취도를 조금이라도 높이는 것은 200조각 퍼즐을 맞추는 것과 유사하다. 새로운 학력 기준을 도입하는 것은 아마 그중에서 몇 조각을 맞추는 것과 같다고 할 수 있다. 만약 더 높은 기준을 도입하는 것이 학업성취도 향상의 비결이었다면 캘리포니아는 전국에서 학업성취도 향상 폭이 가장 커야 할 것이고, 시카고는 도심 지역 교육구의 자랑이 되어야 할 것이다.

하지만 그렇지 않았다. 이 문제에는 그보다 훨씬 많은 것들이 얽혀 있었다. 미셸 리 교육감 재임 당시 어떤 학교별 분석 자료를 살펴봐도 그러한 성과는 제이니의 업적과 상관없는 미셸 리의 개혁 덕분이라는 것을 알 수 있을 것이다. 미셸 리 교육감이 이룬 학업성취도 향상은 오로지 그녀 스스로 이룬 업적이었다.

킹은 또한 워싱턴 D.C. 공립학교 시험 성적이 가장 높은 점수를 기록했던 날은 바로 뉴욕과 워싱턴에 테러가 발생했던 2001년 9월 11일이었다고 주장하는 칼럼을 작성해 〈워싱턴 포스트〉의 사실 확인 에디터들을 분주하게 만들었다. 또한 예비선거 이후 〈워싱턴 포스트〉

의 칼럼니스트 로버트 매카트니는 볼티모어 교육감 앙드레 알론소 역시 미셸 리와 비슷한 교사 계약을 추진하고 무능한 교사들을 해고했지만 미셸 리와 같은 극적인 사건은 일으키지 않았다고 주장했다. 그 주장은 차기 시장 그레이의 마음에 들었고, 그레이는 며칠 후 투르크에게 알론소의 학교 개혁 스타일이 몹시 마음에 든다며 이렇게 말했다. "저는 쭉 그를 지켜보고 있었습니다."

하지만 알론소가 제시한 교사 계약안은 미셸 리가 추진했던 계약안과 완전히 달랐다. 그리고 그는 미셸 리처럼 무능한 교사들을 해고하지도 않았다. 게다가 그 칼럼이 실리고 얼마 지나지 않아 볼티모어 교사들은 알론소의 계약안을 거부했고, 그로 인해 〈워싱턴 포스트〉는 입장이 몹시 난처해졌다.

가장 능수능란하게 인종적인 관점에서 칼럼을 쓰는 〈워싱턴 포스트〉의 칼럼니스트 코틀랜드 밀로이는 미셸 리가 명백한 근거도 없이 룰렛을 돌려 무작위로 교사들을 해고한다고 주장했다(워싱턴 D.C. 교사 대부분이 흑인이라는 사실은 자세히 언급하지 않았다. 그리고 해고는 사실 근속 연수보다 교장의 추천을 토대로 이루어졌다. 노조가 분노했던 것도 바로 그 때문이었다). 밀로이는 미셸 리가 신나서 흑인 교사들을 해고하는 동시에 조지타운의 백인 학부모들과는 몹시 친하게 지낸다고 묘사했다. 또한 선거 후에 쓴 한 칼럼에서는 선거 전에 미셸 리에 관해 쓴 자신의 칼럼들을 간략하게 정리하며 하디 중학교 논쟁에 관해 다음과 같이 언급했다.

미셸 리는 백인들이 모여 사는 부유한 지역 주민들의 비위를 맞추기 위해 온 힘을 기울이고 있다. 만약 그들의 날개가 구겨져 펼쳐줘야 한다면 그녀는 집까지 찾아가 커피를 마시고 담소를 나누며 그들을 격려할 것이다.

그렇다면 도시 반대편에 사는 흑인 주민들이 손을 흔들며 우리를 잊지 말라고, 우리 생각도 좀 해 달라고 외칠 때는 어떤가? 미셸 리는 그들을 조롱하며 학교 개혁은 결코 '포근하고 안락'할 수 없다고 말한다.

미셸 리에게 이메일을 보낸 적이 있었다면(미셸 리는 이메일에 몇 분, 혹은 몇 초 안에 답장을 하는 것으로 유명하다) 밀로이는 그녀가 다른 어느 지역보다 흑인이 대부분인 8구역에서 지역 주민들을 가장 많이 만났다는 사실을 알았을 것이다. 하지만 그런 일은 없었다. 나는 〈워싱턴 포스트〉의 칼럼이, 적어도 미셸 리에 관한 기사에서는, 정확한 정보를 제공하지 않았다고 생각한다(하지만 내가 스페이드에게 〈워싱턴 포스트〉에 실린 칼럼이 사실 확인을 거친 것이냐고 물었을 때 스페이드는 칼럼도 기사와 마찬가지로 편집 과정을 거친다고 답했다).

이에 조앤 아르마오가 미셸 리를 돕기 위해 나섰다. 아르마오는 미셸 리가 추진했던 개혁의 거의 모든 성과가 저소득층 흑인 밀집 지역의 학교로 돌아갔다고 지적하며 미셸 리가 백인을 편애한다는 비난에 반박했다. 하지만 너무 흥분했는지 아르마오의 어조도 한쪽으로 치우치기는 했다.

미셸 리가 흑인 학생들의 학업성취도 향상에 관심도 열정도 없다는 주장은 그녀에 대한 중상모략임에 분명하다. 백인이나 라틴아메리카계 미국인, 그리고 특수교육 대상 학생들에 대해서도 마찬가지다. 그러한 비난은 학생들에게 제대로 된 교육은커녕 교과서조차 제대로 공급하지 못했던 악명 높은 공립학교들을 개선하기 위해 지난 3년 10개월 동안 미셸 리가 기울였던 노력을 심각하게 왜곡하는 것이다.

독자들은 〈워싱턴 포스트〉의 사설이 앞서 메트로 섹션에 실렸던 밀로이의 칼럼에 대한 반박이라고 생각했을 것이다. 하지만 이와 같은 경우, '중상모략'보다는 '명예훼손'이 더 정확한 표현일 것이다. 〈워싱턴 포스트〉는 수년 동안 보도의 '황금 시기'를 보내왔다. 하지만 미셸 리에 관한 보도에서는 아니었다.

주저하지 않고 갈 길은 간다

미셸 리에게 선거 전의 〈워싱턴 포스트〉 기사는 한마디로 악몽이었다. 그로 인해 미셸 리는 교육감직 수락을 고민할 때 사람들이 경고했던 인종 정치에 말려들고 말았다. 미셸 리가 여론의 뭇매를 맞고 있던 중요한 시점에 애틀랜틱 미디어 소유주이자 비영리 사회복지 단체 시티브리지 파운데이션을 운영하고 있던 데이비드 브래들리의 아내 캐서린 브래들리가 미셸 리를 돕기 위해 개입했다. 2010년 봄, 오바마의 전 공보국장 애니타 던이 시티브리지의 지원을 받아 미셸 리의 언론 대응 전략에 대해 조언하게 될 것이라는 발표가 있었다. 노련한 정치 보좌관이었던 던은 미셸 리가 급류에 휩쓸려 떠내려가지 않도록 그녀의 손을 잡아주었다.

던이 보기에 미셸 리는 자신에게 문제가 있다는 걸 잘 알고 있었다. 미셸 리는 266명의 교사 대량 해고 문제가 더는 통제하기 힘든 논란으로 번져 상황이 심각해졌다는 걸 깨달았다. 해고당한 교사들은 대부분 무능한 교사들이었지만 〈워싱턴 포스트〉 메트로 섹션이 논란이 되었던 잡지 인터뷰로 이야기를 끌고 나가면서 미셸 리는 여론전에서 결코 이길 수 없는 상황이었다.

그런데 시장 예비선거가 두 달 후로 다가온 시점에 미셸 리는 또다시 대량 해고를 준비했다. 미셸 리의 IMPACT 교사평가시스템에서 '부적격'이라는 평가를 받은 교사들이 해고 대상이었다. 그보다 더 안 좋을 수 없는 타이밍이었지만 펜티는 미셸 리에게 주저하지 말고 일을 추진하라고 했다. 하지만 과연 어떻게 한단 말인가? 미셸 리는 지난번 대량 해고로 인한 언론의 질타에 숨도 쉬지 못할 지경이었다. 미셸 리는 도움이 필요하다고 생각해 던에게 의지했던 것이다.

게다가 모든 사람들이 IMPACT 평가로 해고되는 교사가 정확히 몇 명인지 알고 싶어할 텐데 이를 정확히 산출할 수 없다는 것도 문제라면 문제였다. 해고 대상자들이 전부 교사도 아니었다. 이론상으로 워싱턴 D.C. 교육구 내 다른 학교에서 재임용될 수 있는 교사들도 있었다. 또한 해고당하기 전에 희망퇴직을 선택하는 것도 가능했다. 해고 대상자 수를 정확히 밝힐 방법은 없었다.

미셸 리와 던은 이내 전략을 수립했다. 모든 정보를 낱낱이 공개하기로 한 것이다. 교사 해고가 시간을 두고 조금씩 진행되면 언론과 노조 지도부는 미셸 리가 해고 대상자 수를 낮게 속였다고 비난할 것이기 때문에 두 사람은 해고 대상자 수를 최대한 높게 발표하기로 했다. 던은 이렇게 말했다.

"워싱턴 D.C.에서는 모든 정보를 최대한 투명하게 공개하는 것이 유리할 거라고 생각했습니다."

2010년 7월 23일, 미셸 리는 다음과 같은 소식을 발표한다.

'워싱턴 교육청 소속 교사 241명의 계약이 만료될 것이다. 165명은 낮은 교사 평가 때문이고 나머지는 자격이 부족하기 때문이다.'

미셸 리는 덧붙인 성명서를 통해 IMPACT에서 '부족'이라는 평가를 받은 교사 737명에게는 1년간의 유예 기간이 주어지고 그동안 실력을 쌓지 못하면 마찬가지로 해고될 것이라고 밝혔다.

"워싱턴 D.C. 공립학교의 모든 학생들은 모든 교실, 모든 학교, 모든 지역, 모든 구에서 유능한 교사에게 배울 권리가 있습니다. 그것이 바로 우리의 임무입니다."

그 발표 이후, 미셸 리와 던은 숨을 죽이고 반응을 기다렸다. 하지만 던과 같은 베테랑조차 예상치 못했던 반응이 나타났다. 일단 노조 지도부의 반응은 예상했던 대로였다. 미국 교원연맹 위원장 랜디 웨인가튼은 미셸 리의 교사 해고를 '임용과 해고가 반복되는 파괴적인 사이클'이라고 비난했다. 하지만 적어도 전국 단위에서는 미셸 리의 무능 교사 대량 해고에 대해 전반적으로 좋은 평가를 내렸다. 교사 해고로 언론의 좋은 평가를 받은 교육감은 아마 미셸 리가 처음이었을 것이다.

미셸 리에 대한 좋은 평가를 뒤집기 위해 가장 먼저 나선 사람은 워싱턴 교원노조 위원장 조지 파커였다. 그는 미셸 리가 개혁에 앞장서는 것처럼 보이고 싶어서 해고 대상자 수를 부풀렸다고 주장했다. 그는 '부적격'하다는 이유로 해고당한 교사는 아무리 봐도 165명이 아니라 76명밖에 되지 않는다고 주장했다.

〈워싱턴 포스트〉의 메트로 섹션은 심지어 무능하다는 이유로 해고된 교사 수가 그보다 더 적다는 사실을 발견했다며 교원노조보다 한 술 더 떴다. 미셸 리와 던은 크게 놀랐다. 사건은 두 사람이 가장 두려워했던 방향, 즉 논쟁을 피하기 위해 해고 대상자 수를 축소 보도했다는 비난과 정반대 방향으로 전개되고 있었다. 이제 두 사람은 해고 대상자 수를 과장했다는 비난을 받고 있었다. 던은 이렇게 말했다.

"수치를 부풀렸다고 비난받을 거라고는 꿈에도 생각지 못했죠. 말도 안 되는 비난이라고 생각했으니까요."

하지만 미셸 리의 세계에서는 가능한 일이었다.

미셸 리는 해고를 둘러싼 수치에 대해 자세히 설명하는 편지를 〈워싱턴 포스트〉에 보냈다. 몇 달 후 최종 수치가 집계되었는데, 미셸 리가 처음에 예상했던 것과 거의 다르지 않았다. 하지만 그 사실은 중요하지 않았다. 선거 전에 유권자들은 이미 미셸 리가 해고 대상자 수를 과장했다고 믿었다. 그리고 많은 유권자들이 해고당한 교사는 대부분 흑인이라고 생각했다. 이번에도 미셸 리는 빗자루를 들고 홍에 겨워 흑인 교사들을 쓸어내는 인물로 묘사되었다.

지금까지 2년 동안 미셸 리 반대파들은 실패한 것이 확실했던 과거의 시스템이 미셸 리가 현재 추진하고 있는 개혁보다 더 좋다고 감히 주장하지 못한 채 방어적인 태도만 보여왔다. 미셸 리 개혁의 가장 큰 수혜자가 흑인 학생들이라는 사실을 감안하면, 미셸 리에게 인종 정치의 잣대를 들이대는 것은 도전이나 마찬가지였다. 하지만 교사 대량 해고 과정에서 특정 인종을 선호했다는 문제까지 뒤섞인 하디 중학교 논쟁은 미셸 리의 반대파들에게 그녀의 개혁을 깎아내릴 수 있는 절호의 기회였다. 그들은 그 기회를 놓치지 않고 미셸 리가 백인 학생들을 편애한다고 주장했다.

이는 얼핏 봐도 앞뒤가 맞지 않았다. 워싱턴 D.C.의 백인 학생 비율은 7퍼센트밖에 되지 않으며 그중 태반이 초등학교를 졸업하고 타 교육구로 빠져나갔다. 미셸 리 개혁의 주요 대상은 흑인 밀집 지역에 있는, 흑인 학생이 대부분인 공립학교였다. 미셸 리는 워싱턴 D.C. 공립학교로 흑백에 상관없이 더 많은 중산층을 끌어들이기 위해 몇 안 되는 초등학교 내 소규모 프리스쿨 프로그램까지 개선하고자 했다. 하지만 수천 명의 예비선거 유권자들은 그렇게 생각지 않았다. 미셸 리의 개혁이 백인들에게 유리한 개혁이라는 소문은 그럴듯했고, 다음 장에서 언급하겠지만, 워싱턴 D.C. 7구역 여론조사 결과가 말해주듯, 사람들은 그 소문을 믿었다.

그렇다면 여기서 미셸 리가 워싱턴 D.C. 교육감직 수락을 고민하고 있을 때 캐티 헤이콕이 했던 경고를 다시 한 번 떠올려보자.

"인종 정치가 갈수록 기승을 부릴 거야. 그 자리에 갔다간 처참하게 당하고 말걸."

돌이켜 생각해보면 하디 중학교 논쟁이 바로 그 처참한 살육의 시작이었다. 그때가 바로 미셸 리 반대파들이 그녀에 대해 재정의했던 시점이었으며, 그 당시에는 몰랐지만 미셸 리가 돌이킬 수 없는 부상을 당했던 시점이기도 했다.

인종 문제로 묻혀버린
교육 혁신의 성과

2010년 9월 14일, 워싱턴 D.C. 시장 선거에서 애드리언 펜티에게 다시 표를 던질 생각이 있었던 사람이라면 틀림없이 애너코스티아의 수자 중학교 주변에 사는 유권자들이었을 것이다. 미셸 리가 워싱턴 D.C. 교육감이 되기 전인 2007년, 수자 중학교는 미국 최악의 교육구에 있는 최악의 중학교 중 하나였다. 복도는 아수라장이었고 늘 경찰이 상주했으며 학업성취도가 평균에 이르는 학생도 거의 없었다.

하지만 미셸 리가 임명한 교장, 돈 조던은 수자 중학교의 복도를 진정시키고 시험 성적을 빠른 속도로 향상시켰다. 애너코스티아 지역이 경제적 불황을 겪고 있는 동안에도 단기간에 기록적으로 이룬 성과였다. 2007년부터 2009년까지, 즉 수자 중학교 학생들의 성적이 빠른 속도로 향상되었던 바로 그 시기에 워싱턴 D.C. 가난한 흑인 학생들의 빈곤율은 31퍼센트에서 43퍼센트로 증가했다.

워싱턴 D.C.의 공화당 세력은 무시해도 될 정도로 미약했기 때문에 민주당 예비선거가 사실상 본선거나 마찬가지였다. 미셸 리와 시장 후보 빈센트 그레이의 불편한 관계를 고려할 때, 펜티 시장의 예비선거 패배는 곧 미셸 리 역시 교육감직에서 물러나야 함을 뜻했다. 만약 그렇게 되면 다른 도심 지역 교육구에서 수자 중학교에 모여 있는 인재들을 서로 모셔가려고 할 수도 있었다.

조던은 전국에서 가장 주목받고 있는 교육 개혁 실험실에서 교장으로서 뛰어난 능력을 발휘하고 있었다.

특히 다큐멘터리 〈슈퍼맨을 기다리며〉의 개봉과 함께 미셸 리 은하계의 반짝이는 별이 된 조던은 미국 전역에서 어디든 가고 싶은 지역으로 갈 수 있을 것이고, 수자 중학교 교감들 역시 다른 지역에서 교장으로 모셔갈 것이었다.

프린스 조지스 카운티의 한 학교에서 조던과 함께 근무했고 수자 중학교에서 수학 커리큘럼 코치로 일하면서 교사들이 수학을 제대로 가르칠 수 있도록 지도한 공을 인정받아 교감으로 승진되었던 라케이샤 웰스 역시 어느 학교에서든 환영받을 것이었다. 내가 인터뷰했던 교사들 중에는 미셸 리 때문에 수자 중학교에 지원했던 교사들도 있었다. 그들은 미국에서 가장 야심찬 학교 개혁의 중심지에서 온몸을 바쳐 일할 준비가 되어 있었다. 하지만 워싱턴 D.C.를 향한 전국의 스포트라이트가 사라진 후에도 과연 그들이 지금처럼 자신을 희생하려고 할 것인가?

마음을 헤아려야 하는 개혁

이처럼 앞으로의 승패가 예비선거에 달려 있는 상황에서 펜티는 수자의 107선거구에서 76표밖에 얻지 못했다. 반면에 상대 후보 빈센트 그레이는 443표를 얻었다. 솔직히 말하자면 펜티의 득표수는 내가 생각했던 것보다 훨씬 높았다. 투표를 하고 나온 수자 지역의 유권자들을 인터뷰하면서 나는 펜티를 지지하는 사람을 단 한 명도 보지 못했기 때문이다. 공교육 개혁이 그 지역의 아프리카계 미국인 유권자들을 움직인 유일한 요소는 아니었지만(내가 인터뷰했던 사람들은 대부분 펜티가 7구역과 같은 워싱턴 D.C.의 가난한 흑인 밀집 지역이 경제적으로 궁핍하다는 사실을 고려하지 않았다고 생각했다) 학교 개혁을 위한 펜티의 노력은 커다란 반향을 불러일으켰다. 하지만 긍정적인 반응은 아니었다.

심지어 음모론까지 활개를 쳤다. (미셸 리는 교육감직을 제안받기 전에 펜티 시장을 한 번도 만난 적이 없었지만) 미셸 리의 임명이 정실주의의 영향을 받은 것이라고 믿는 사람들도 있었다. 무엇보다 사람들은 교사 대량 해고에 대해 불쾌해했다. 사람들은 미셸 리가 교육감이 된 후 워싱턴 D.C. 공립학교 상태가 점차 나아지고 있다는 데에는 동의했지만 그러한 목표를 이루기 위해 반드시 교사들을 해고할 필요는 없었다고 생각했다.

버니스 블랙웰은 이렇게 말했다.

"저는 사람들을 곤경에 빠지게 만드는 인물은 누구든 환영하지 않아요. 가장 먼저 교사들과 이야기를 나누고 그들이 학교 개혁에 동참

할 의사가 있는지 확인했어야 합니다. 하지만 교육감은 물어보지도 않았어요. 그냥 갑자기 들이닥쳐 사람들을 몰아내기만 했죠. 월급을 많이 받는 사람을 몰아내고 적게 받는 사람을 데려오면 돈을 아낄 수 있을 테니까요. 제 아이들도 워싱턴 D.C. 공립학교에 다니고 있지만 큰 문제는 없어요. 문제는 학교가 아니라 부모들입니다."

베티 모건의 아이들은 선생님이 해고되자 울면서 집에 돌아왔다. 모건은 이렇게 말했다.

"저는 펜티를 지지하지 않아요. 가장 큰 이유는 선생님들 때문이 죠. 미셸 리는 일을 잘하고 있는 선생님들을 해고했어요. 성실한 교사들이었죠. 저는 이해할 수가 없어요. 우리 아이들에게 상처를 주는 건 곧 저한테 상처를 주는 거나 마찬가집니다."

마빈 터커도 이렇게 말했다.

"교사들이 해고되고 나서 교직 경험도 없고 학급 경영 능력은 물론 교사 자격도 없는 TFA 교사들이 몰려들었습니다. 공립학교 교사들이 전부 훌륭하다는 말은 아니지만 해고당한 교사들 중 대다수는 오랫동안 아이들을 가르쳤고 자격도 충분했습니다. 15년, 20년씩 아이들을 가르쳤던 교사들도 있었습니다. 그런 교사들이야말로 도심 지역 학교에서 어떻게 학급을 경영하고 어떻게 아이들을 가르쳐야 하는지 잘 알고 있는데도 말입니다."

나는 새로 온 교사가 기존 교사보다 나을 것이 하나도 없는데 왜 다른 사람의 일자리를 빼앗느냐는 질문을 받기도 했다. 또 어떤 여성은 내가 있는 방향으로 거칠게 손을 흔들며 왜 '내가' 일자리를 얻고 오랫동안 일해왔던 교사가 해고당해야 하는지, 그래서 좋은 점이 무엇인지 물었다. 나 역시 백인이었기 때문에 그녀는 백인이 대부분인 TFA 교사들과 나를 한통속이라고 생각했던 것이다.

워싱턴 D.C. 공립학교 교장들이 차터스쿨에서 불고 있는 개혁의 바람을 공립학교에도 일으켜주길 바라면서 채용했던 에너지 넘치는 교사들이 바로 TFA 교사들이었다. 하지만 워싱턴 D.C. 공립학교에 새로 채용된 교사 중 TFA 교사는 극히 일부일 뿐이었다. 그럼에도 불구하고 TFA 교사들은 내가 인터뷰했던 많은 사람들의 입에 오르내렸고. 한 흑인 잡지 기자는 TFA 교사들을 가리켜 수업 능력은 없으면서 지역 문화를 체험한 다음 실력을 발휘하기도 전에 일자리를 내팽개치는 백인들로 워싱턴 D.C.를 침범하는 '문화 관광객'이라고 표현했다. 결국 모든 사람들이 하고 싶었던 말은 바로 이것이었다.

'왜 우리 일자리를 빼앗는가?'

이와 같은 분위기를 조금 더 구체적으로 살펴보기 위해 나는 워싱턴 D.C. 시장 예비선거 과정에서 몇 차례 여론조사를 실시했던 클래러스 리서치Clarus Research에 7구역, 특히 수자 중학교 주변 지역을 집중적으로 살펴보는 여론조사를 의뢰했다. 예비선거 일주일 후에 진행된 여론조사를 통해 클래러스 리서치는 성공적인 학교 개혁이 지역 주민들의 정치적 견해에 어떤 영향을 미치는지 살펴보았다. 미셸 리가 추진했던 수자 중학교 개혁은 과연 주민들의 정치적 견해에 영향을 미쳤을까?

7구역 유권자들 중에는 미셸 리의 전반적인 업무 능력에 대해 찬성하는 사람보다 못마땅해하는 사람이 더 많았다. 전자는 38퍼센트였고, 후자는 49퍼센트였다. 하지만 공립학교 상태가 개선되었다고 말하는 사람과 더 나빠졌거나 기껏해야 그 전과 마찬가지라고 말하는 사람은 반 정도로 나뉘었다. 수자 중학교 학부모들은 대부분 공립학교 상태가 많이 나아졌다고 생각했고, 학부모는 아니지만 수자 중학교에 관심이 많은 유권자들 역시 미셸 리 교육감 덕분에 학교 상태가 조금이나마 나아졌다고 말했다.

하지만 공립학교 상태 개선에 대해 만족스러워했던 유권자들도 그 공을 미셸 리와 펜티에게 돌리지는 않았다. 워싱턴 D.C. 유권자 중 68퍼센트가 펜티 취임 당시 워싱턴 D.C. 공립학교들이 형편없었다고 생각했으며, 58퍼센트가 지금은 올바른 방향으로 변화하고 있다고 생각하는 등 이 부분에 대해서는 많은 사람들이 동의했다. 하지만 계속 질문을 하다 보면 유권자들은 펜티의 교육정책이 유권자들의 표심을 끌어들이지 못했으며, 그레이가 미셸 리를 해임해야 하고, 학교 개혁은 흑인보다는 백인을 위한 개혁이었으며 모든 교사들이 반드시 해고당해야 하는 것은 아니었다는 속내를 드러냈다.

수자 중학교에서 기존 교사들을 해고하고 새로운 교사들을 초빙할 필요가 있었다고 생각하는 사람은 22퍼센트밖에 되지 않았다(수자 중학교에 관심이 많았던 유권자들 중에서는 31퍼센트가 그렇게 생각했다). 하지만 내가 수자 중학교를 방문해 조던을 비롯한 교사들, 커리큘럼 코치들과 이야기를 나누어본 결과 기존 교사 해고는 분명 선택의 여지가 없는 일이었다. 이는 어떤 학교도 원치 않던 교사들을 수년 동안 그대로 두었던 수자 중학교 근처의 다른 학교들을 방문했을 때 더 확실해졌다. 그 학교들은 수학과 읽기에서 '능숙'한 학생 비율이 여전히 20퍼센트를 벗어나지 못했다. 그런 형편없는 학업성취도가 정치적 반발을 초래하는 것이 아니냐고 묻는 사람도 있을 것이다. 하지만 그 지역 유권자들을 화나게 한 것은 낮은 학업성취도가 아니었다. 바로 개혁이었다. 말하자면 교사들이 해고당해야 하는 개혁이었다. 시장이 주의해야 할 점은 바로 그것이었다.

필요한 것은 존중

펜티가 민주당 예비선거에서 패배하게 된 이유는 미셸 리 때문만이 아니었다. 사람들은 펜티 시장이 차갑고 오만하다고 생각했다. 펜티는 공립학교나 놀이터 상태 개선과 범죄 발생률 감소를 지역 주민들의 눈으로 확인하면 되지 구체적으로 설명해줄 필요는 없다고 생각하는 인물이었다. 펜티는 여론조사도 실시하지 않았고 자문위원들의 의견도 무시했다. 왜 흑인 교회를 방문하고 장례식에 참석하면서 시간을 낭비한단 말인가?

워싱턴 D.C. 흑인 유권자들에게 펜티는 아직도 인종 차별이 남아 있는 도시에서, 특히 경제 불황의 시기에 인종 평등의 원칙에만 집착하며 흑인들에게 관심을 기울이지 않는 전형적인 시장이었다. 예비선거를 앞둔 주말, 그레이가 흑인 교회 세 군데를 방문하며 선거운동을 펼친 반면 펜티는 철인 3종 경기에 참가했던 것만 봐도 알 수 있다.

펜티는 수십 년 간 흑인이 주름잡아 왔던 도시에서 최초로 백인 경찰국장과 흑인이 아닌 교육감을 임명한 사람이었다. 교육감으로 임명된 미셸 리는 무능하다는 이유로 워싱턴 교육청 직원들과 교사들을 해고하기 시작했고, 해고 대상자들은 아프리카계 미국인들이 태반일 수밖에 없었다. 이는 제조업 기반이 없는 행정 중심 도시로 공공 부문의 일자리가 중산층으로 진입하는 가장 확실한 사다리였던 워싱턴 D.C.의 전통을 훼손하는 것이었다. 〈워싱턴 포스트〉와 인터뷰를 했던 한 유권자는 내가 수자 중학교 지역에서 들었던 것과 비슷한 반응을 보였다. 은퇴한 흑인 장비기사로 워싱턴 D.C. 남동쪽 애너코스티아 지역에 살고 있으며, 2006년 펜티에게 표를 던졌던 윌슨 기븐스는 이렇게 말했다.

"그는 교사들을 해고했어요. 그거면 된 거 아닙니까? 그는 직장이 가족의 생계 수단이라는 걸 알고 있을까요? 해고당한 사람 중에 개인적으로 아는 사람은 없지만 할 말은 있습니다. 직장을 잃는다는 게 어떤 느낌인지 잘 아니까요. 해고당한 교사들과 그 가족들이 불쌍할 뿐이죠. 저는 그렇게 생각합니다. 그리고 이제 절대로 그를 믿지 않을 겁니다."

결국 펜티는 백인이 대다수인 선거구에서 53표를 얻었지만 흑인 다수 지역에서는 10표밖에 얻지 못했다. 그레이는 흑인 밀집 지역에서 108표를 획득한 반면 백인 밀집 지역에서는 5표밖에 얻지 못했다. 선거 이후 펜티는 급진적인 학교 개혁을 패배의 원인으로 꼽았지만 다시 시장이 되어도 그와 같은 정책을 펼칠 것이라고 말했다. 그리고 선거 후의 한 텔레비전 인터뷰에서 이렇게 말했다.

"미셸 리의 개혁이 워싱턴 D.C.를 발전의 최전선으로 만들었습니다. … 이것이 만약 전쟁이라면 누군가는 반드시 최전방에 서야 합니다. 그리고 그 사람들이 가장 먼저 죽게 되죠. 그것이 전쟁에서 승리하는 방법입니다."

펜티는 또한 그레이의 지원을 받은 지역 혹은 전국 단위 교원노조와의 계속된 대립 역시 패배의 요인이었다고 말했다.

"교원노조 자체가 나쁜 것은 아닙니다. 하지만 교원노조는 공립학교 개혁을 위해 힘든 결정을 내릴 때마다 앞장서서 이를 반대해온 이유를 설명할 수 있어야 할 것입니다. 만약 교원노조가 앞으로도 계속해서 개혁을 반대하는 데 앞장선다면 저는 선의보다 악의가 더 크다고 믿을 수밖에 없습니다."

하지만 내가 보기에 펜티의 패배는 노조와의 대립보다 인종 문제와 더 큰 관련이 있었다. 펜티 역시 흑인이었지만 예비선거 당일 그는 '백인' 후보자나 마찬가지였다. 나는 미국 교원연맹이 펜티를 물리치기 위해 100만 달러가 아니라 1달러밖에 쓰지 않았더라도 결과는 같았을 거라고 생각한다. 학교 개혁에 대한 워싱턴 D.C. 주민들의 태도는 인종에 따라 몹시 달랐다. 내가 수자 지역 유권자들에게 미셸 리에 대한 분노를 듣고 있는 동안 워싱턴 D.C. 북서쪽의 텐리타운에서 세 아이를 키우는 백인 학부모 앨리슨 티어니는 〈워싱턴 포스트〉와의 인터뷰에서 이렇게 말했다.

"저는 미셸 리의 개혁 때문에 펜티에게 투표했어요. 교사들을 해고시킨 것도 잘한 일이라고 생각해요. 해고당한 교사들 중 대부분은 아마 해고당할 만했을 겁니다. 한 곳에 너무 오래 있었고 또 변화가 필요했으니까요."

백인 유권자들은 미셸 리가 집안 곳곳을 청소하고 있다고 생각한 반면, 흑인 유권자들은 꼬박꼬박 월급봉투를 가져오는 가장이 빗자루에 쓸려 나와야 하는 이유를 납득하지 못했다.

혹인 유권자들은 심지어 7구역 여론조사에서도 언급했듯이 미셸 리가 백인들을 편애하고 있다며 비판의 날을 세웠다. 혹인 유권자들은 미셸 리가 백인을 편애하며 아무 이유 없이 혹인 교사들을 해고했다고 생각했고, 〈워싱턴 포스트〉의 지역 칼럼니스트들이 그러한 생각을 더욱 확대시켰으며, 이는 결국 빈센트 그레이에게 커다란 도움이 되었다. 빈센트 그레이 역시 자신은 어떤 '이해 당사자'들도 결코 배제하지 않는 개혁을 추구하겠다며 혹인 유권자들의 생각에 동조했다.

그 '이해 당사자'들이 누군지 알아내는 것은 그리 어렵지 않은 일이다. 바로 미셸 리에게 부당한 취급을 받았다고 생각하는 교사들이자 그레이를 지지하는 사람들일 것이다. 그들이 가장 걱정하는 것은 IMPACT에서 '부족'이라는 평가를 받아 2011년에 일자리를 잃을지도 모르는 737명의 교사들이었다. 그레이는 또한 그동안 소외되었던 지역, 특히 애너코스티아의 7구역과 8구역에도 관심을 보이겠다고 약속했다. 그 말이 무슨 뜻인지 알아내는 것 역시 어려운 일이 아닐 것이다. 애드리언 펜티나 미셸 리와 달리 자신은 백인을 편애하지 않겠다는 뜻이었다.

워싱턴 D.C.의 복잡한 인종 문제를 고스란히 목격했던 또 한 사람은 새크라멘토 시장이자 당시 미셸 리의 약혼자였던 케빈 존슨이었다. 전 NBA 스타였던 존슨은 예비선거 준비 기간 동안 선거운동에 참여해 펜티를 도왔다.

존슨은 (백인이 대부분인) 3구역과 (혹인이 대부분인) 5구역을 집집마다 방문하며 애너코스티아 지역 유권자들을 만났다.

"여성 유권자들은 대부분 애드리언 펜티에게 표를 주지 않겠다고 대답했습니다."

그 이유를 물으면 학교 개혁에 관한 문제가 늘 가장 먼저 언급되었다. 그들은 미셸 리가 훌륭한 일을 했으며 공립학교 상태가 더 나아졌다는 것은 인정했지만 그보다는 자신들의 의견이 묵살된 것에 대해 더 큰 반감을 가졌던 것이다.

미국 사회에서는 모든 문제의 표면에 늘 존중의 문제가 도사리고 있다고 존슨은 말했다.

"지금 진행되고 있는 일을 신뢰하지 못하면 이는 잠재적으로 그 사회에서 또 다른 문제를 일으킬 수 있습니다. … 간단히 말하자면 여기서 필요한 것이 바로 '존중'입니다. 상대의 말에 귀를 기울이고 그들이 무슨 말을 하고자 하는지 이해하며 지금 하고 있는 일을 추진하는 이유가 무엇인지 시간을 들여 설명하고 그에 대한 근거를 제시하는 것입니다. (펜티와 미셸 리가) 그런 과정을 거쳤다면 아마 더 많은 일을 할 수 있었을 겁니다."

미셸 리가 백인을 편애한다는 흑인들의 일반적인 인식은 터무니없는 생각이라고 존슨은 말했다.

"만약 그게 사실이라면 그녀는 워싱턴 D.C. 교육감이 되지도 않았을 겁니다. 그녀는 약자들을 위해 싸우는 사람입니다. 볼티모어에서 직접 경험했기 때문이기도 하죠. 교사로서 그녀는 아프리카계 미국인 학생들의 상태와 미국 교육제도의 부당함을 몸소 체험했습니다. 그리고 그에 대해 몹시 분노했죠."

존슨은 교사 해고가 (더불어 9장에서 언급한 하디 중학교 사건이) 음모론에 불을 붙였다는 데 동의했다. 워싱턴 D.C. 교사 대부분이 흑인이었기 때문에 어쩔 수 없는 일이었다.

"워싱턴 D.C.와 같은 대도시에서 흑인 중산층 계급은 대부분 교육계에 종사합니다. 교사이거나 교장이죠. 그렇기 때문에 교사 대량 해고는 곧 워싱턴 D.C. 흑인 중산층 계급이 흔들린다는 뜻입니다. 제 생각에는 그것이 인종 문제로 번진 것 같습니다. 옳고 그른 것이 무엇인지와 상관없는 현실적인 문제가 된 거죠. 실질적으로 생계에 영향을 미치니까요."

한편 인종 문제에 민감했던 그레이는 펜티와 미셸 리가 흑인 유권자들에게 신경 쓰지 않는다고 주장하며 '하나의 도시' 선거운동으로 유권자들의 표심을 얻을 수 있었다. 그러한 선거운동은 효과가 좋았고 그것이 바로 현실 세계의 정치였다. 하지만 그레이의 정치적 승리는 학교 개혁의 미래를 암울하게 만들 수 있었다. 시의회 의장으로 시장에 출마했던 그레이는 무능한 교사를 해고하겠다는 미셸 리의 정책을 방해하기 위해 모든 노력을 기울였다. 그 덕분에 미셸 리가 백인을 편애한다고 생각했던 유권자들의 표를 끌어 모아 예비선거에서 승리할 수 있었다.

하지만 그레이는 수자 중학교의 극적인 발전이 거의 모든 교사가 교체되었기 때문에 가능했다는 사실을 알아야 했다. 2009~2010학년도에 자신의 모교 던바 고등학교의 상태가 개선될 수 있었던 것도 미셸 리 덕분이라는 사실 역시 알아야 했다. 미셸 리가 손쓰기 전의 던바 고등학교는 상상하기 힘들 만큼 엉망이었다. 미셸 리가 프렌즈 오브 베드포드에 학교 운영을 맡기고 직원들의 반 이상을 해고한 후에야 던바 고등학교는 학생이나 교사 모두에게 안전한 곳이 될 수 있었다.

그렇다면 그레이는 미셸 리가 떠난 후에 워싱턴 D.C. 공립학교에 실질적으로 필요한 조치가 무엇인지 자신을 지지했던 사람들에게 털어놓을 것인가? 아니면 던바 고등학교와 수자 중학교에서 얻은 교훈을 비밀로 할 것인가? 솔직하게 털어놓는 것은 정치적으로 위험할 수 있다. 하지만 옳은 일인 것만은 확실하다.

미셸 리에 대한
수많은 오해와 진실

워싱턴 D.C.에서 미셸 리를 비방하는 사람들 중 아무나 붙잡고 이런 질문을 해보자.

'교육감 재임 기간 동안 미셸 리가 도대체 무슨 실수를 했는가?'

그러면 틀림없이 다음은 대답을 들을 것이다.

'미셸 리는 성공을 위해 어리석은 방법을 사용했다. 민감한 인종 문제를 제대로 인식하지 못했으며 워싱턴 D.C. 공립학교에 백인 학생들을 입학시키기 위해 조지타운의 부유한 백인들에게 굽실거렸다. 언론과 인터뷰를 할 때는 필요 이상으로 교장들과 교사들을 모욕했다. 징계만을 위한 교사평가시스템을 개발했으며 협력을 거부했다.'

역사를 해석할 수 있는 특권은 승자들에게만 주어진다. 그리고 당시 워싱턴 D.C.에서는 새로 당선된 시장이 그 특권을 거머쥐었다. 이는 곧 위에서 언급했던 것 외에도 훨씬 많은 불만이 미셸 리의 결점으로 사람들 입에 오르내리게 될 것이라는 뜻이었다. 하지만 교원노조 지도부를 제외한 미국의 교육 개혁가들은 대부분 미셸 리가 이룬 워싱턴 D.C. 공교육 개혁을 미국에서 근래에 가장 중요했던 교육 실험이라고 생각한다. 20년 동안의 전진과 후퇴가 반복된 후에야 마침내 학교 개혁가들은 교사의 자질이 학생들의 학업성취도 향상을 위한 핵심 요소라고 결론 내린 것이다. 그리고 미셸 리만큼 교사의 자질에 대한 개혁을 빠르고 강력하게, 심지어 효과적으로 추진한 사람은 없었다.

그렇다면 미셸 리의 개혁은 정말 효과가 있었는가?

미셸 리의 업적의 득과 실을 평가하기 위해서는 가장 먼저 워싱턴 D.C.에서 미셸 리의 공교육 개혁에 반대했던 사람들의 주장을 곧이곧대로 들으면 안 된다는 사실을 알아야 한다. 예를 들어, 펜티를 끌어내리고 미셸 리를 해임시키기 위해 100만 달러씩이나 투자했던 미국 교원연맹은 워싱턴 D.C.에서 미셸 리의 업적을 깎아내려 다른 지역 교육감들이 그녀와 비슷한 요구를 하지 못하도록 미리 차단하고 싶었을 것이다. 종신 재직권 박탈, 능력에 따른 급여 등 미셸 리가 성공적으로 도입한 정책들은 곧 노조의 존재 자체를 뒤흔드는 것이었기 때문이다. 미셸 리의 업적을 따라하려는 사람들에게 보내는 미국 교원연맹의 메시지는 바로 이것이었다.

'노조를 건드리면 당신도 비슷한 꼴을 면치 못할 것이다.'

하지만 교사의 자질 향상을 기본으로 했던 미셸 리의 학교 개혁 방안에 찬성했던 여러 개혁가들과 재단들은 그와 정반대의 입장을 표명했다. 그들은 교사의 자질을 신장시키기 위해서는 경쟁과 인센티브 제도를 도입해야 한다고 생각했으며, 워싱턴 D.C.가 그 모델이 되어 전국에 학교 개혁의 불길을 일으켜주길 원했다. 그들이 전국의 교육감에게 보내는 메시지는 바로 이것이었다.

'미셸 리와 그녀의 개혁이 곧 성공으로 가는 길이다.'

미셸 리가 3년 반 동안 워싱턴 D.C.에서 펼친 공교육 개혁은 세 가지 범주로 나눠 평가할 수 있다. 첫 번째는 교육 개혁의 성과이고, 두 번째는 미셸 리의 태도와 행동에 대한 대중들의 잘못된 인식이며, 세 번째는 실제로 그녀에게 부족했던 점이다.

3년이라는 시간 동안 이룬 놀라운 성과

미셸 리에게 부족했던 점에 대해 평가하기 전에 그녀가 이룬 확실한 업적을 먼저 살펴보자. 4년이 채 안 되는 기간 동안 미셸 리는 학생 수도 파악하지 못하고, 교과서도 공급하지 못하며, 비효율적인 급식시스템과 고장 난 보일러를 방치하는 것은 물론 학생들의 학업성취도조차 파악하지 못하는 등 거의 모든 업무에 태만했던 워싱턴 교육청을 바로잡았다. 또한 충분히 활용되지 않으면서 예산만 잡아먹는 학교들을 폐쇄했으며, 그동안 방만하게 운영되었던 특수교육제도를 제자리로 돌려놓았다.

미셸 리의 수준 높은 교사평가시스템인 IMPACT에 비하면 대부분의 교육구에서 사용하는 평가시스템은 초보자를 위한 수준 낮은 시스템에 불과했다. 미셸 리는 또한 수업 능력이 부족한 교사들을 해고했다. 공교육 개혁을 외치는 어떤 교육감도 결코 이루지 못한 일이었다. 우수한 차터스쿨 KIPP를 운영하는 수잔 셰플러는 이렇게 말했다.

"미셸 리는 현 체제에 공개적으로 도전하며 학생들의 필요를 최우선에 두지 않는 교육계 인사들에게 망신을 주었습니다. 공교육제도를 악용해온 교사들을 해고하고 많은 학교를 폐쇄했지요. 그녀는 워싱턴 D.C. 공립학교에는 숨어서 월급봉투만 가져가는 무능한 교사들이 더는 발붙일 곳이 없다는 것을 분명히 했습니다."

마지막으로 미셸 리는 아무도 상상할 수 없었던 일을 해냈다. 단 3년 만에, 전국에 있는 학생들의 학업성취도를 한눈에 가늠할 수 있는 '전국학업성취도평가National Assessment of Educational Progress, NAEP' 성적을 큰 폭으로 향상시킨 것이다. 도심 지역 학교 개혁 전문 집단인 '대도시학교회의'의 마이클 캐설리Michael Casserly는 이렇게 말했다.

"NAEP는 높은 점수를 목표로 준비할 수 있는 시험이 아닙니다. 미셸 리가 2007년과 2009년 사이에 NAEP에서 이룬 성과는 결코 흔한 일이 아닙니다. 사실 4학년과 8학년의 읽기와 수학 시험 성적 향상 폭은 같은 기간 동안 다른 어떤 지역 못지않거나 훨씬 컸습니다."

NAEP 성적 향상이 유일한 성과는 아니었다. 정치적으로 득을 보기에는 너무 늦었지만, 예비선거 한 달 후 워싱턴 D.C. 공립학교 입학생이 증가했다는 발표가 있었다. 40여 년 만에 처음 있는 일이었다.

미셸 리에 대한 편견과 오해들

대중들이 인식하는 미셸 리의 결점은 크게 두 가지로 나뉜다. 실제보다 과장되어 잘못 알려진 점과 실제로 그녀에게 부족한 점이다. 미셸 리에 대한 잘못된 인식에 대해 먼저 살펴보자.

미셸 리는 결코 다른 사람들과 협력하지 않는다?

사실이다. 미셸 리는 언젠가 '협력과 협조, 그리고 합의라는 단어의 의미는 몹시 과대평가되어 있다'고 주장했다. 모든 사람들이 미셸 리의 그 말을 잊지 못했을 것이다. 특히 빈센트 그레이는 선거운동 기간에 학교 개혁이 반드시 피를 흘리는 게임이 되어야 하는 것은 아니며, 자신은 워싱턴 D.C. 공립학교에 협력의 정신을 부활시키겠다고 약속했다. 세간에 종종 회자되는 미셸 리의 그 발언은 교육감 재임 2년 차에 정책을 생산하는 공무원들과의 회담에서 했던 말이었다. 미셸 리는 나중에 이렇게 덧붙였다.

"만일 최종 목표를 달성하는 과정에서 가장 중요한 가치가 바로 협력이라면, 다수의 사람들을 만족시킬 수 있는 유일한 방법은 아무 것도 바꾸지 않는 것입니다. 하지만 변화를 추구하고 싶다면 어떻게 해도 화를 내는 사람은 반드시 있을 수밖에 없습니다."

미셸 리의 그 원칙을 시험대에 올린 사건이 바로 학교 폐쇄였다.

2006년 5월, 당시 워싱턴 D.C. 교육감 클리포드 제이니는 기자회견을 열고 6개 학교를 폐쇄하겠다고 발표했다. 교육 부시장 빅토르 레이노소는 그 발표를 듣고 깜짝 놀랐다. 제이니가 더 많은 학교를 폐쇄할 거라고 생각했기 때문이다. 제이니는 레이노소에게 워싱턴 D.C. 공립학교의 절반 정도가 충분히 활용되고 있지 않으며 학생들을 제대로 교육시키는 데 예산을 사용하기 위해서는 20개 학교를 폐쇄할 필요가 있다고 말했었다. 하지만 제이니는 여러 지역 단체와 교원노조가 반대할 것을 고려해 6개 학교만 폐쇄하기로 결정한 것이었다. 제이니는 교육위원회의 만장일치 찬성을 얻는 것이 쓸데없는 학교를 전부 폐쇄하는 것보다 더 중요한 문제라고 생각했다.

레이노소는 다음과 같이 말하며 제이니를 압박했다.

"다수의 표를 얻을 수 있다면 소수의 생각은 중요하지 않습니다. 7 대 2 혹은 8 대 1이 될지도 모르는 표결 결과를 만장일치로 바꾸기 위해 어려운 결정을 앞두고 한 발 물러날 수 없습니다. 합의라는 미명 아래 임무를 방기해서는 안 됩니다."

하지만 제이니는 결심을 굽히지 않았다. 레이노소에 따르면 제이니는 '괜히 방해를 받아 일을 망치고 싶지 않다'고 말했다고 한다.

결국 제이니는 우여곡절 끝에 5개 학교를 폐쇄할 수 있었다. 그와 반대로 미셸 리는 한번에 23개 학교를 폐쇄했다. 학교 폐쇄 과정에서 미셸 리와 클리포드 제이니의 업적을 비교하는 것은 그야말로 불공평한 일이다. 미셸 리는 펜티가 쥐어준, 제이니보다 훨씬 큰 권한을 갖고 있었다. 하지만 국민에게 권한을 위임받은 공무원들과의 타협이라는 관점에서는 두 사람의 업적을 비교할 수 있을 것이다.

미셸 리와 달리 제이니는 완벽한 합의를 고집했다. 예를 들면 미셸 리는 학교 폐쇄를 발표하기 전에 시의원들에게 이를 알릴 수도 있었다. 시의원들에게 분노의 화살을 맞을 것을 생각하면 협력의 자세를 보이는 것이 정치적으로 현명한 태도였다. 전국의 어떤 교육감이라도 의회에 먼저 보고했을 것이다. 하지만 미셸 리는 시의원들이 학교 폐쇄에 반대할 것이라고 생각했기 때문에 미리 합의를 끌어내기 위한 노력을 하지 않았다. 학교 폐쇄를 위한 가장 확실한 방법이었다.

단기적으로 살펴보면 미셸 리는 원하는 학교를 모두 폐쇄할 수 있었다. 물론 장기적으로는 그녀의 패배였다. 학교 폐쇄 과정에서 모욕을 받았다고 생각한 시의원들은 교사 해고와 예산 문제에서 사사건건 미셸 리에게 반대했으며, 이는 결국 빈센트 그레이가 펜티에게 도전하겠다고 결심한 계기이자 그를 승리로 이끈 견인차가 되었다.

그렇다고 협력의 가치가 과장되어 있다는 미셸 리의 생각이 틀렸다고 못 박을 수 있을까? 이에 대해서는 논란의 여지가 있지만 한 가지는 확실하다. 워싱턴 D.C. 차기 교육감이 누구든 그는 학교 구실도 제대로 못하면서 예산만 잡아먹는 23개 학교를 폐쇄할 필요가 없다는 점이다.

미셸 리는 피도 눈물도 없는 독재자다?

인종 문제로 미셸 리를 걸고넘어지는 사람들이 흔히 하는 주장이다. 〈뉴욕타임스〉의 칼럼니스트 밥 허버트는 펜티가 재선 공천에서 탈락한 후 다음과 같은 내용의 칼럼을 썼다.

펜티는 무자비한 미셸 리를 교육감으로 임명한 공로로 백인들의 환호를 받았다. 워싱턴 D.C. 공립학교에 문제가 많다는 사실은 인정하지만 미셸 리는 보기 힘든 만행으로 워싱턴 D.C. 공립학교를 공격했으며, 그 과정을 몹시 즐기는 듯했다. 수백 명의 교사들이 해고당했고 미셸 리의 단호한 처사에 대한 학부모들의 걱정은 무시당했다. 무례한 행동이었다.

허버트는 칼럼에서 미셸 리에 대한 불만을 세세히 언급했다. 미셸 리가 무자비해 보이는 것은 사실이었다. 그렇지 않다면 인정사정 안 봐주는 사감 선생님 모습으로 〈타임〉의 표지를 장식하는 일도 없었을 것이다. 솔직하게 한번 이야기해보자. 미셸 리에 대한 불만은 오랫동안 사람들의 입에 오르내렸다. 미셸 리는 자기 딸들이 다니는 학교의 교장까지 해고했다. 심지어 텔레비전 카메라가 돌아가는 와중이었다. 워싱턴 D.C. 주민들이 펜티에게 표를 던지지 않은 것은 제멋대로 굴었던 미셸 리에 대한 복수였다. 그리고 확대 해석하자면 펜티에 대한 복수이기도 했다. 선거 이후에 〈워싱턴 포스트〉의 칼럼니스트 코틀랜드 밀로이는 다음과 같은 기발한 제목의 칼럼을 썼다.

'딩동! 펜티가 사라졌다. 사악한 시장이 물러났다!'

밀로이는 미셸 리가 '우리의 얼굴에 침을 뱉었다'고 썼다.

미셸 리가 무자비하고 무례한 것이 사실일 수도 있다. 미셸 리는 일을 제대로 하지 못하거나 자기 시간을 낭비하게 만드는 사람은 누구든 해고할 것이라고 말하기도 했다. 또 의사결정 과정에서 일부러 시의원들을 배제했다. 게다가 끊임없이 싸움을 걸었다. 노조는 말할 것도 없고 심지어 자신을 지지하는 사람들과 싸우기도 했다. TFA 설립자이자 가까운 동료였던 웬디 콥도 나와 인터뷰를 하면서 싸우기 좋아하는 미셸 리에 대해 언급한 적이 있다. 웬디 콥은 눈을 크게 뜨고 이렇게 말했다.

"심지어 공교육 개혁을 외치며 우리를 지지하는 사람들과 싸우기도 했다니까요."

미셸 리는 차터스쿨 운영자들에게는 전반적으로 협력적인 태도를 보였다. 하지만 워싱턴 D.C.의 우수한 차터스쿨 운영자들한테 화가 났다고 말하기도 했다. 그들이 차터스쿨보다 더 많은 급여를 지불하겠다는 미셸 리의 새로운 급여 체계로 인해 차터스쿨 교사들을 공립학교로 옮길지도 모른다고 걱정했다는 것이다. 미셸 리는 나에게 이렇게 말했다.

"저는 그게 진심인지 궁금했습니다."

미셸 리는 차갑고 낮은 목소리로 차터스쿨들이 지난 수년 동안 워싱턴 D.C.의 '말도 안 되는 관료제'를 악용해 워싱턴 D.C. 공립학교에서 가장 훌륭한 교사들을 빼내갔다고 말했다.

"하지만 우리가 경쟁력을 갖추기 시작하자 경쟁 자체를 하지 않으려고 하는 거죠. 자기들의 이익이 침범받지 않는 범위에서만 학교 개혁을 원하는 겁니다."

미셸 리는 몹시 화가 나 있었다. 심지어 그들은 모두 미셸 리의 친구들이었다.

하지만 그런 불같은 성격만으로 미셸 리를 모든 면에서 제멋대로구는 사람이라고 규정하는 것은 지나치다. 미셸 리는 TNTP를 교육 개혁의 기수로 만들고 많은 교육감들의 신임을 받아 각 지역 교사 채용의 일부를 책임졌다. 미셸 리에게 사람들을 설득하는 수완이 없었다면 어떻게 이런 일이 가능했겠는가? 미셸 리의 매력을 인정하지 못하는 사람들은 그녀의 동료들과 한 번도 이야기를 나눠보지 않았거나 그녀가 직원회의를 주재하는 모습을 한 번도 보지 못한 사람들일 것이다. 여기서 내가 하고 싶은 말은 바로 이것이다. 미셸 리는 매력을 포기해야 할 때를 알았다. 아이들에게 득이 되지 않는 일을 하는 사람을 대할 때가 바로 그런 때였다. 그것이 바로 〈타임〉의 표지를 장식했던 미셸 리의 모습이다.

결국 매력만으로는 한계에 부딪칠 수밖에 없다. 교육부 장관 아른 던컨을 살펴보자. 모든 사람들이 그에게 호감을 갖고 그를 좋아한다. 그가 함부로 나서는 사람이 아니라는 데에도 많은 사람들이 동의할 것이다. 시카고 교육감으로 일할 당시 그는 지역 단체부터 교원노조까지 모든 사람들과 좋은 관계를 유지했다. 오바마 대통령도 그것 때문에 그를 교육부 장관으로 임명했을 것이다. 오해가 없길 바란다. 던컨 역시 시카고 교육감 재임 시절 힘든 결정을 많이 내렸고 많은 사람들로부터 더 나은 선택을 했다고 인정받았다. 그리고 교육부 장관 임무 또한 훌륭하게 수행하고 있다. 하지만 멋진 남자 던컨과 제멋대로 구는 미셸 리의 차이는 바로 이것이다. 던컨은 학생들의 NAEP 성적을 결코 향상시키지 못했지만, 미셸 리는 향상시켰다는 것이다.

미셸 리는 워싱턴 D.C. 공립학교에 백인을 입학시켜야 한다는 생각에만 사로잡혀 있었다?

예비선거 당일 진행했던 인터뷰에서도 알 수 있듯이 대중들의 이런 인식이 미셸 리에게는 독약이나 마찬가지였다. 사람들은 미셸 리가 백인을 편애하며 워싱턴 D.C. 중산층을 구성하는 나이 많은 흑인 교사들을 필요 이상으로 해고했다고 잘못 생각했다. 흑인 여성 유권자 중에 미셸 리를 지지하는 사람이 25퍼센트밖에 되지 않았던 것도 그 때문이었다. 이러한 불만이 어디서 기인했는지 알아내는 것은 어렵지 않은 일이다. 바로 흑인 중산층이 크게 분노했던 하디 중학교 사건에서였다.

캐피틀 힐, 애덤스 모건, 포기 바텀 등 다양한 인종이 모여 사는 중산층 지역에서 오랫동안 인기 없었던 공립학교에 새로운 프리스쿨 프로그램을 제시했을 때도 비슷한 불만이 터져 나왔다. 새로운 프리스쿨 프로그램은 어린아이들을 공립 프리스쿨에 입학시켜 고학년이 될 때까지 계속 그 학교에 다니게 만들려고 도입한 프로그램이었다. 미셸 리는 공립학교의 인종적, 경제적 고립을 완화시키고 싶어 했다. 이는 자유주의 단체에서 흔히 내세우는 목표이기도 했다.

또한 '백 투 스쿨 나잇back-to-school nights(새 학년이 시작될 때 학부모들을 초청해 1년 동안의 교육방침이나 학교 운영계획에 대해 설명하는 자리─옮긴이)' 행사에 학부모들이 적극적으로 참여해 더 수준 높은 교육을 요구하길 원했다. 어떤 도심 지역 교육감이라도 중산층 학부모들이 거주 지역 내의 공립학교에 아이들을 보내는 것을 반길 것이다. 백인 인구가 증가하고 있는 워싱턴 D.C.에서 백인들을 공립학교로 유치하는 것은 합당할 뿐만 아니라 꼭 필요한 일이기도 했다.

하지만 워싱턴 D.C.의 많은 흑인 유권자들은 이를 주택 고급화의 징후로 받아들이며 두려워했다. 다시 말해 다른 곳으로 이주하라는 노골적인 메시지로 받아들였다. 미셸 리가 무능하다는 이유로 두 팔을 걷어붙이고 해고했던 교사들이 대부분 흑인이었다는 사실 또한 흑인 유권자들의 두려움을 증폭시켰다. 그리고 그들은 예비선거에서 미셸 리와 펜티에게 다음과 같은 메시지를 확실히 전달했다.

'당신들이 나가!'

하지만 미셸 리와 펜티가 선거에서 패배했다고 미셸 리의 원칙이 틀렸다고 할 수는 없다. 워싱턴 D.C. 교육구는 어떤 도심 지역 교육구와 마찬가지로 인종에 상관없이 더 많은 중산층을 끌어들일 필요가 있었다.

미셸 리는 지나칠 정도로 교사의 자질만 강조한다?

이 책을 쓰기 위해 조사를 시작할 때만 해도 나 역시 그렇게 생각했다. 미셸 리는 왜 다른 점은 고려하지 않고 오직 교사의 자질만 강조하는가? 커리큘럼 개혁은 어떤가? 나는 2009년에 〈브로드 프라이즈 인 어번 에듀케이션〉의 저널리스트 자격으로 미국 전역의 우수한 교육구들을 방문할 기회가 있었다.

캘리포니아의 롱비치 교육청은 엄청난 시간을 들여 교사들에게 새로 개발한 수학 프로그램 사용법을 가르쳤다. 그리고 교사들의 프로그램 실행 능력을 평가해 부족한 점을 보완할 수 있도록 도와주는 또 다른 프로그램을 고안했다. 마찬가지로 오랜 시간을 들여 교사들이 프로그램을 더 잘 활용할 수 있도록 재교육했다. 그 모든 과정에서 교사들은 자극을 받기도 했지만 지쳐 나가떨어지기도 했다.

텍사스의 알다인과 플로리다의 브로워드 카운티 교사들은 학생들이 뒤처지는 것을 방지하기 위해 짧은 기간 안에 '테스트 앤 티치test-

and-teach'와 '테스트 앤 리티치test-and-reteach' 기술을 습득했다. 알다인 나인스 그레이드 스쿨 교사들은 낙제하거나 출석 일수가 부족해 학생들이 '이수하지 못한' 학점을 귀신같이 찾아내 이를 만회할 수 있도록 도왔다. 대수학을 잘하지 못하는 학생들을 예로 들면, 귀에 들어오지도 않고 낙제 비율만 높이는 심화수업 대신 보충수업과 일반수업을 동시에 듣게 한다.

조지아 주의 귀넷 카운티 교육구는 엄격한 커리큘럼을 만들고 이를 정확하게 평가할 수 있는 방법을 개발했다. 방금 언급한 교육구들이 최고 중의 최고라면 워싱턴 D.C.를 구하기 위해 나선 미셸 리는 왜 그처럼 효과 빠른 커리큘럼 개혁을 추진하지 않았을까?

일단 학교들을 방문하고 교육 전문가들을 인터뷰하다 보니 그에 대한 답이 명확해졌다. 미셸 리가 맡은 워싱턴 D.C.는 롱비치보다 10년은 족히 뒤처져 있는 교육구였다. 워싱턴 D.C. 교육청의 데이터시스템은 엉망이었다. 미셸 리는 학생 수처럼 간단한 자료조차 정확하게 파악할 수 없었다. 미셸 리가 취임 즉시 우수한 교육구에서 도입했던 효과 빠른 커리큘럼 개혁을 실행할 수도 있었다는 생각은 그야말로 환상이었다.

문제는 데이터시스템뿐만이 아니었다. 롱비치는 10여 년 동안 체계적으로 자리 잡힌 교사채용시스템으로 수업 첫날부터 능력을 발휘할 수 있는 우수한 교사들을 채용해왔다. 교사 대부분은 근처의 롱비치 주립대학교에서 롱비치 교육청 임원들에게 맞춤교육을 받은 교사들이었다. 알다인은 미국에서 가장 뛰어난 교사훈련기관과 계약을 맺어 우수한 교사들을 공급받았다. 귀넷은 전국에서 내로라하는 교사들이 앞다투어 지원하는 곳이었다. 성공이 더 큰 성공을 낳았던 것이다.

그에 반해 워싱턴 D.C.에는 4,500명의 교사가 있었지만 롱비치와 같이 수준 높은 수업을 할 수 있는 교사는 그중 약 3분의 1뿐이었다. 따라서 미셸 리의 커리큘럼 자문위원들이 선택할 수 있는 폭은 그다지 넓지 않았다. 한정된 교사진으로 커리큘럼을 짜야 한다는 것은 곧 '오픈 코트 리딩Open Court Reading'과 같이 교사의 능력에 상관없이 책에 쓰인 대로 가르치기만 하면 되는 커리큘럼을 도입해야 한다는 뜻이었다. 마이클 무디를 비롯한 미셸 리의 자문위원들도 그 부분에 대해 몹시 걱정했다. 교사들은 학생들이 실력을 키우지 못해도 교재 탓으로 돌리면 그만이었다. 무디는 이렇게 말했다.

"우리는 교사들의 사고방식 또한 변화시키고 싶었습니다. 교사들이 주인의식을 가질 수 있도록 말이죠. 어떤 상황에서도 학생들의 학업성취도에 가장 큰 영향을 끼치는 것은 바로 교사라는 사실을 강조하고 싶었습니다."

워싱턴 D.C.에는 이미 수준 높은 표준 커리큘럼이 있었다. 모든 교사들은 학생들이 그 학년도에 무엇을 배워야 하는지 알고 있었다. 단지 효과적으로 가르치지 않았을 뿐이다. 그래서 미셸 리는 수업의 질을 향상시키는 데 집중했다. 미셸 리와 함께 일했던 TFA 교사들 또한 그래야 한다고 생각했다. 미셸 리가 볼티모어에서 이룬 성과나 다른 TFA 교사들이 각자 힘든 상황에서 아이들을 가르치면서 얻은 성과 역시 학생들의 피부에 와 닿는 효과적인 교수법을 통해 얻은 것이었다.

워싱턴 D.C. 공립학교 교사들의 수업 능력을 향상시키는 임무는 미셸 리의 수석 보좌관 제이슨 캄라스가 맡았다. 캄라스는 수자 중학교에서 수학을 가르칠 때 '올해의 교사'로 선정된 적이 있었다. 반 전체가 한시도 가만히 있지 못하는 상황에서 캄라스는 미셸 리가 볼티모어에서 사용했던 방법처럼 교실 안에 작은 배움의 오아시스를 만들었다. 수업에 가장 지장을 주었던 한 학생도 함께 체스를 두는 캄라스에게는 마음을 열었다. 그 학생의 엄마로부터 살짝 들은 이야기를 캄라스가 말해주었다.

"그 아이는 이 정신 나간 선생이 왜 자기랑 체스를 두는지 궁금했을 겁니다. 하지만 제가 자기에게 관심을 기울이고 있다는 사실을 곧 알아차렸죠."

그 학생은 나중에 기술자가 되었고, 두 사람은 아직도 연락을 주고받고 있다.

지금 캄라스는 워싱턴 D.C. 교사들에게 '스냅'을 불어넣는 일에 몰두하고 있다. 미국에서 가장 우수한 학교라면 어느 교실에서든 스냅이 있는 교사를 발견할 수 있을 것이다. 워싱턴 D.C. 교사들을 그 방향으로 이끌기 위해 캄라스가 개발한 것이 바로 IMPACT였다. 교원노조는 IMPACT를 징계만을 위한 교사평가시스템이라고 비난했지만 그보다는 까다로운 수업 모델이라고 설명하는 것이 옳을 것이다. IMPACT의 세세한 단계를 따라 하다 보면 좋은 평가를 받을 수 있을 뿐만 아니라 수업 능력 또한 높일 수 있기 때문이다.

도심 지역 학교 개혁 전문가 마이클 캐설리에 따르면, 미국 전역에 IMPACT와 같은 정교한 프로그램이 있는 교육구는 얼마 없었다. 아른 던컨의 수석 보좌관으로 덴버에서 혁신적인 급여·평가 제도를 성사시켰던 노조 간부 브래드 줍은 이렇게 말했다.

"IMPACT는 훌륭한 수업 방식을 자세히 묘사하고 동시에 교사들의 수업 능력을 정확하게 판단해 관리할 수 있는 바람직한 시스템입니다."

교사 평가 부분에 대해 말하자면 IMPACT는 아홉 시간까지 교사들을 관찰하고 평가해 전문성을 높이기 위해 교사 개개인에게 꼭 필요한 것이 무엇인지 정확히 조언을 해줄 수 있었다. 줍의 말대로 'IMPACT는 교사의 전문성을 극대화하는 데 실질적으로 큰 도움이 되는 프로그램'인 것이다.

알다인이나 롱비치 교육구의 학교 개혁에 대해 감탄하면 감탄할수록 나는 학교 개혁의 열쇠가 무엇인지 미셸 리가 일찍이 그리고 정확히 판단해 강조했다는 결론에 도달했다. 바로 IMPACT를 통한 교사의 자질 향상이었다.

미셸 리는 자신만 아이들을 우선시한다고 오만한 모습을 보였다?

미셸 리 반대파들을 가장 분노하게 만든 것은 바로 '나는 아이들의 이익을 최우선에 두기 때문에 언제나 내가 옳다'는 미셸 리의 주장이었다. 그 말은 '내 방법에 동의하지 않는 것은 아이들에게 관심이 없기 때문이다'라는 뜻과 다를 바 없었다. 시간이 지나도 변하지 않는 미셸 리의 그런 태도가 갈수록 적들을 분노하게 만들었다.

논리적으로 생각하면 미셸 리가 틀렸다. 아이들을 위해 무엇이 가장 좋은가에 관한 두 집단의 의견은 당연히 일치하지 않을 수 있다. 흥미로운 점은 그 말이 왜 그렇게 많은 사람을 화나게 만드는지 미셸 리가 제대로 이해하지 못했다는 것이다. 이를 통해 미셸 리가 어떤 사람인지 조금은 알 수 있을 것이다.

하지만 입장을 바꿔 한번 생각해보자. 미셸 리는 아이들의 이익을 가장 먼저 생각한다고 외치면서 결국 자기 잇속만 챙기는 사람들 틈으로 뛰어들었다. 그 틈에서도 미셸 리는 '이것은 아이들을 위해 좋은가, 나쁜가?'라는 한 가지 원칙을 토대로 모든 결정을 내리기 위해 노력했다. 결국 이것이 정치적 역효과를 불러왔고 그녀의 퇴임을 재촉했다. 그런데 내가 미셸 리에 관한 책을 쓰면서 알게 된 바에 따르면, 그녀는 그 정치적 역효과에도 불구하고 원칙에서 벗어난 결정을 내린 적이 단 한 번도 없었다.

미셸 리는 이렇게 생각했다. 워싱턴 교원노조 간부들은 철저한 교사평가시스템을 거부하면서 어떻게 아이들을 최우선에 두고 있다고 할 수 있는가? 학부모들은 형편없고 텅 빈 학교를 폐쇄하지 말라고 외치면서 어떻게 아이들을 최우선에 두고 있다고 할 수 있는가? 시의원들은 무능한 교사들을 다시 복직시키려고 하면서 어떻게 아이들을 최우선에 두고 있다고 할 수 있는가? 워싱턴 D.C. 흑인 저소득층 학생들이 다른 도시의 또래들보다 2년씩이나 뒤처져 있다는 사실을 기억한다면 위와 같은 행동이 어떻게 아이들의 이익을 최우선에 두는 행동이라고 할 수 있는가?

워싱턴 D.C.에서는 학생들에게 분명 도움이 되지 않는 행동에 대해서도 '이것이 아이들을 위해 가장 좋은 것이다'라고 자연스럽게 통용돼왔다. 그래서 미셸 리를 비판하는 사람들은 자기만 아이들을 최우선에 둔다는 미셸 리의 주장이 그저 비꼬기 위해 한 말이 아니라는 사실을 결코 이해하지 못했다. 아마 지금도 마찬가지일 것이다.

펜티가 재선 공천에서 탈락한 직후, 미셸 리는 워싱턴 D.C. 뉴지엄에서 열린 〈슈퍼맨을 기다리며〉 토론회에 참가했다. 영화를 상영한 후 진행한 토론에서 미셸 리는 선거 결과가 학생들에게 '엄청난 해를 끼칠 것'이라고 말했고, 언론은 미셸 리의 그 발언에 다시 한 번 크게 분노했다. 미셸 리는 왜 아이들에게 해를 끼칠 인물이라며 빈센트 그레이를 모욕했을까? 미셸 리는 왜 아이들까지 토론에 끌어들인 것일까? 그레이도 그 이유를 밝히라고 요구했다.

미셸 리는 나중에 〈워싱턴 포스트〉에 편지를 보내 유권자들이 교육 개혁을 뒤엎어야 한다는 뜻으로 선거 결과를 받아들일 경우 그렇다는 뜻이었다고 해명했다. 하지만 이 부분에서는 웃지 않을 수 없다. 내가 보기에 미셸 리는 속마음을 들켜버린 것이었다.

그레이는 몇 년 동안 미셸 리의 공교육 개혁에 이의를 제기해왔다. 그레이 지지자들은 곧 미셸 리의 적이었다. 미국 교원연맹은 미셸 리가 이룬 개혁을 없었던 일로 만들기 위해 그레이의 선거운동에 엄청난 돈을 쏟아부었다. 그레이가 어떻게든 자신의 개혁을 최대한 무마하려 한다는, 심지어 뒤엎으려 할지도 모른다는 미셸 리의 걱정도 기우는 아니었다. 그리고 미셸 리의 관점에서 이는 곧 성인들을 최우선에 두고 아이들을 마지막에 둔다는 뜻이었다. 미셸 리의 사고방식으로는 학생들이 엄청난 해를 입게 될지도 모르는 상황이었던 것이다.

너무 성급하게 교사들을 해고했다?

미셸 리가 인정사정없는 인물이라는 것은 부정할 수 없는 사실이다. 약 4년 동안 워싱턴 D.C. 교사들 중 대략 절반이 (해고, 사임, 퇴직 등으로) 자리를 떠났고, 교장 중 3분의 1이 해고당해 워싱턴 D.C.를 떠났다. 롱비치, 알다인, 몽고메리 카운티, 메릴랜드 등의 우수한 도심 지역 교육구에서도 놀랄 만한 수치다. 다음에 누가 해고당할지는 전적으로 교육감에게 달려 있었다. 펜티의 허락을 구할 필요도 없었다.

우선 미셸 리가 워싱턴 D.C. 교육감으로 부임했던 2007년의 상황부터 살펴보자. 당시 워싱턴 D.C.는 로스앤젤레스와 더불어 미국에서 최악의 교육구였다. 자세히 들여다보지 않아도 훤히 알 수 있는 상황이었다. 워싱턴 D.C. 공립학교 내에서는 전혀 학습이 이루어지지 않고 있었다. 워싱턴 D.C. 교사들은 오랫동안 흑인 중산층 계급을 구성해온 가장 중요한 요소였다. 하지만 교사들은 오랜 기간 동안 삶을 바쳐온 바로 그 아이들에게 전혀 도움이 되지 못하고 있었다. 그리고 그 문제를 해결하기 위해 손 하나 까딱하지 않는 교장들이 너무 많았다.

내가 조사한 바에 따르면 워싱턴 D.C. 공립학교 교장들이나 교사들은 심지어 무엇이 문제인지도 몰랐다. 그들은 학생들의 형편없는 학업성취도가 대부분 학교에서 통제할 수 없는 요소 때문이라고 생각했다. 한 부모 밑에서 가난하게 자라는 아이들이기 때문에 어쩔 수 없다는 것이었다. 미셸 리는 이 문제를 해결하기 위한 대책이 필요하다고 생각했다.

우선 교장들에 대한 대책은 빠른 해고와 임용이었다. 7장에서 설명했듯이, 미셸 리의 원칙은 짧고 굵게 가는 것이었다. 새로 임용된 교장은 1년 안에 학교를 통제해야 했다. 복도를 안전한 공간으로 만들고 화장실 청결 상태를 감독하고 학생들의 무단결석을 적어도 어느 정도 통제할 수 있어야 하며, 가장 중요하게는 교사의 권위를 회복해야 했다. 여기서 실패하면 학교를 떠나야 했다. 학교 통제에 성공하면 다음 1년 동안 학업에 불을 붙여야 했고, 거기서 실패해도 마찬가지로 학교를 떠나야 했다.

이론상으로는 그랬다. 하지만 현실적으로 봤을 때 새로운 교장 임용의 성공 여부는 대체 가능 인력의 자질에 전적으로 달려 있었다. 공교육 개혁의 기수라는 미셸 리의 명성 덕분에 전 국민의 관심을 받으며 자신의 능력을 증명하고 싶은 수많은 지원자들이 워싱턴 D.C.로 몰려들었다. 미셸 리는 이렇게 말했다.

"문제는 우리의 기준이 엄청나게 높았다는 것입니다."

그로 인해 그토록 많던 지원자들은 순식간에 줄어들었다. 만약 합격자 수가 너무 적으면 (1년이 지나도) 여전히 소란을 가라앉히는 데 애를 먹고 있는 교장이나 어느 정도 소란을 가라앉히고 학업적인 면으로 넘어가기 위해 노력하고 있는 교장들의 해고가 1년 유예되었다.

게다가 문제를 더 복잡하게 만든 것은 새로 임용한 교장들이 생각보다 일을 잘해내지 못한다는 것이었다. 2009~2010학년도에 스핀간 고등학교에 새로 부임한 교장은 엉망이었던 학교 상태를 전혀 개선시키지 못했다.

학생들은 소란스럽게 복도를 배회하며 마약을 하거나 담배를 피웠고, 교실로 들어와 학생들과 교사들을 위협했다. 미셸 리는 스핀간 고등학교 교사가 직접 보낸 이메일을 읽고서야 사태를 파악했다. 그리고 스핀간 고등학교 교사들만 모아 회의를 열었다.

"모든 교사들이 태도도 바람직하고 친절했지만 그 학교 학생들은 통제 불능이기 때문에 누군가 죽게 될지도 모른다고 두려워하고 있었습니다."

미셸 리는 즉시 교장을 교체하고 무능한 교장을 임용했던 책임을 시인했다. 미셸 리는 '1루까지는 갈 줄 알았는데 못 갔다'고 말했다.

그렇다면 미셸 리의 시스템은 과연 공정하고 효과적이었을까? 꼭 그렇다고 할 수는 없을 것이다. 보통 사람이라면 만족시키기 힘든 기준이었을 테니 말이다. 내가 존슨 중학교를 방문했을 때 교장 데이비드 마커스는 학교를 통제하지 못했다는 이유로 해고당할 거라는 사실을 전해들은 직후였다(7장 참조). 상처받은 마커스는 달관한 듯 보였다. 그는 이런 학교를 변화시키기에 1년은 턱없이 부족하다고 말했다. 학교를 둘러보고 나서 나는 마커스의 말에 동의할 수밖에 없었다. 보통 사람이라면 결코 그 요구를 충족시키지 못할 것이 분명했다.

그렇다고 미셸 리가 틀렸다고 할 수 있을까? 미셸 리가 교장들을 계속 들볶았던 이유는 수자 중학교의 돈 조던과 같이 불가능해 보이는 목표를 이루었던 인물을 봐왔기 때문이다. 미셸 리는 좀처럼 성과를 내지 못하는 교장들에게 늘 조던의 성공을 예로 들었다.

"조던은 무능한 교사들을 해고할 방법을 찾았을 겁니다. 조던은 모든 방해물을 없애고 수업의 질을 높이는 데에만 집중했을 겁니다."

그렇다고 조던만 특별히 뛰어난 것도 아니었다. 워싱턴 D.C.의 다른 교장들도 조던과 비슷한 업적을 달성하고 있었다. 그들이 할 수 있다면 다른 사람들도 할 수 있다는 것이 미셸 리의 생각이었다. 그렇기 때문에 그 '다른 사람'을 충분히 찾아내는 것이 관건이었고, 이는 아무도 확신할 수 없는 문제였다.

교사 해고는 차라리 쉬운 문제였다. 미셸 리는 워싱턴 D.C. 공립학교 교사 중 다른 도심 지역 소수민족 학생들과 최소한 동등한 실력을 갖출 수 있도록 지도할 수 있고 또 지도하고자 하는 교사가 전체 교사의 3분의 1밖에 되지 않는다고 주장했다. 나는 그녀의 주장에 반박할 만한 자료를 어디에서도 찾지 못했다. 가장 유능하고 뛰어난 여교사들이 더 나은 직종으로 이직하면서 최근 몇 십 년 동안 교사의 수준이 점점 떨어지고 있다는 미국의 우려를 고스란히 보여주는 곳이 바로 워싱턴 D.C.였다. 학급 석차, 입학시험 점수, 교사 자격시험 점수 등으로 판단해볼 때 교사 지원자들의 수준은 특히 도심 지역에서 큰 폭으로 떨어지고 있었다. 미셸 리는 교사 해고로 많은 비난을 받았고, 그것이 펜티가 선거에서 패배한 이유였다. 하지만 (너무 잔인하고 정치적으로도 옳지 않은 발언일지도 모르지만) 사실 미셸 리가 해고한 교사 수는 너무 많은 것이 아니라 너무 적었다.

미셸 리 교육 혁신의 실수들

끈기와 인내심 측면에서 세계 최고의 토론자로 명성을 떨치고 있는 사람이라면 자신의 실수를 인정하기가 쉽지 않을 것이다. 하지만 미셸 리는 놀라울 만큼 열린 자세로 자신의 실수를 인정했다. 미셸 리는 언젠가 내게 이렇게 말하기도 했다.

"제가 무슨 실수를 했는지 알지 못하면 후임 교육감들이 어떻게 제가 했던 실수를 반복하지 않을 수 있겠어요?"

미셸 리는 공교육 개혁에 대한 지역사회의 합의를 이끌어내지 못했다

워싱턴 D.C.에서 미셸 리가 맡았던 핵심 임무를 간단히 말하자면, 워싱턴 D.C. 공교육제도를 성인 중심에서 학생 중심 제도로 바꾸는 것이었다. 하지만 그 임무를 완수하기 위해서는 가장 먼저 아이들을 위해 희생할 필요가 있다는 사실을 성인들에게 납득시켜야 했다. 마이클 캐설리는 이렇게 말했다.

"공립학교 개혁을 위해 다 같이 힘을 모아야 한다는 지역사회의 폭넓은 인식이 필요합니다. '아이들을 위한 공립학교 개혁에 함께할 수 있는가?'라는 질문에 긍정적으로 답할 수 있어야 한다는 말입니다."

하지만 미셸 리가 워싱턴 D.C. 교육감으로 있는 동안 그런 일은 결코 일어나지 않았다. 선거 결과로 확연히 드러났듯이 공립학교 개혁에 대한 미셸 리의 비전을 위해 희생할 수 있다고 생각하는 유권자들은 그야말로 극소수에 지나지 않았다. 그렇다면 그에 대한 책임은 누가 져야 하는가?

얄궂게도 가장 먼저 책임을 져야 하는 사람은 바로 미셸 리를 교육감으로 임명했던 애드리언 펜티였다. 펜티는 공교육 개혁을 위해 엄청난 예산을 지원하고 필요한 사람은 누구든 해고할 수 있는 권한을 미셸 리에게 쥐어주었으며 개혁으로 인한 정치적 소용돌이에서도 눈 하나 깜짝하지 않았다. 이는 미셸 리가 두고두고 감사해야 할 커다란 희생이었다. 또한 펜티가 모든 일을 망쳤다는 내 의견에 미셸 리가 결코 동의하지 못할 이유이기도 하다.

하지만 미셸 리의 임무는 워싱턴 D.C. 공립학교에 다니는 아이들을 구하는 것이었고, 성인들에게 희생이 필요하다는 사실을 납득시키는 것은 바로 펜티가 해야 할 일이었다. 캐설리는 이렇게 말했다.

"저는 펜티가 여러 가지 면에서 몹시 훌륭한 시장이라고 생각하지만 다른 사람들의 말에 좀처럼 귀를 기울이지 않는 정치인이라고 생각합니다. 대중의 기대를 형성하고 유도하고 정의하는 것이 바로 정치 지도자의 역할입니다. … 교육 개혁에 대한 지역사회의 책임과 합의를 이끌어내는 것이 펜티의 임무인데도 저는 펜티가 그 임무를 방기했다고 생각합니다."

어쩌면 펜티는 허름한 건물이 보수되고 학생들의 성적이 오르고 우수한 교사들이 전국에서 몰려와 아이들을 가르치거나 학교를 운영하고 싶어 하는 등의 확실한 공립학교 개선 실태를 두 눈으로 확인할 수 있으면 되지 않겠느냐고 생각했을지도 모른다. 교사 대량 해고에 대해 적극적으로 설명하고 공립학교 개선 실태를 널리 알리는 대신 펜티는 미셸 리가 홀로 힘든 상황을 헤쳐나가게 내버려두며 방어적인 태도로 일관했다.

펜티의 역할까지 떠맡을 수 없었던 미셸 리는 자신의 개혁을 알리기 위해 직접 나서야 했다. 그리고 〈타임〉의 표지를 보면 미셸 리의 그 노력이 얼마나 성공적이었는지 알 수 있다.

백악관 공보국장 출신으로 미셸 리를 돕기 위해 나섰던 애니타 던은 이를 극복할 수도 있었을 거라고 말했다.

"미셸 리에 대한 감정과 상관없이 워싱턴 D.C. 공교육 개혁에 긍정적인 반응을 이끌어낼 수도 있었을 겁니다. 개혁에 대한 평가가 미셸 리에 대한 찬반 투표로 인식되면 사람들은 개혁의 긍정적인 면을 발견하고도 이를 쉽게 받아들이지 못합니다."

내가 인터뷰한 바에 따르면 수자 중학교에서 투표했던 유권자들이 바로 그랬다. 도심 지역 학교 중에서 그만큼 상태가 개선된 학교가 없었음에도 불구하고 말이다.

사람들은 수자 중학교의 어떤 긍정적인 변화도 미셸 리 덕분이라고 생각하지 않았다. 단지 학교의 질과 관계없다고 생각하는 교사 대량 해고 문제에만 사로잡혀 있었다.

미셸 리가 눈치채기도 전에 펜티의 실수는 곧 그녀의 실수가 되고 말았다. 미셸 리는 더 적극적으로 대처하거나 펜티에게 더 많은 것을 요구했어야 했다. 하지만 미셸 리는 펜티에게 기대지 않았다. 직접 주민들을 만나 개혁에 대해 설득했지만 자신의 측근들이나 이해할 수 있는 언어를 사용해 대중의 공감을 얻어내지는 못했다. 미셸 리를 지지했던 에듀케이션 트러스트의 캐티 헤이콕은 이렇게 말했다.

"저는 오랜 경험과 관찰을 통해, 특히 흑인 사회에서는 절차가 몹시 중요하다는 사실을 두 사람도 알고 있다고 생각했습니다. 서로에 대한 존중과 연장자들의 의견이 몹시 중요하다는 것을 말이죠. 하지만 미셸 리와 펜티 시장은 그 두 가지 모두 신경 쓰지 않았습니다."

그렇다면 미셸 리가 그 부분에 대해 조금 더 주의를 기울이고 펜티가 좀 더 적극적으로 나섰다면 충분했을까? 투표하고 나온 유권자들의 의견으로 판단해보자면 아마 그렇지 않았을 것이다. 사람들은 교사 대량 해고 문제로 미셸 리의 개혁 전체를 거부했다. 불경기와 고급 주택화가 한창일 때 흑인 유권자들은 워싱턴 D.C. 교사들의 대량 해고를 흑인 강제 이주를 위한 책략으로 받아들일 수밖에 없었고 어떤 해명도 그들의 마음을 바꾸지 못했을 것이다.

미셸 리는 불필요한 싸움에 말려들었다

학교 폐쇄는 확실히 미셸 리에게 불리하게 작용했다. 사람들은 자기 지역 학교에 애착을 갖고 있다. 학생 수가 100명밖에 안 되더라도 말이다. 사실 사람들은 학생 수가 적은 것이 더 좋다고 생각한다. 학교 폐쇄는 미셸 리와 워싱턴 D.C. 시의회의 관계도 악화시켰다. 학교 폐쇄 과정에서 시의원들은 아무런 도움도 되지 않는 무지한 사람들로 비춰졌다. 펜티 시장도 새로 생긴 워싱턴 내셔널스 야구 경기장의 정부 지정좌석 입장권을 나눠주지 않는 등의 사소한 일들로 시의원들을 무시했다. 물론 미셸 리는 학교 폐쇄에 관한 시의원들의 적대감을 완화시킬 수도 있었다. 학교 폐쇄를 발표하기 전에 시의원들에게 미리 보고할 수도 있었고, 청문회에서 시의원들에게 지나치게 적대적인 모습을 보이지 않을 수도 있었다.

미셸 리는 시의원들의 위선적인 모습을 특히 싫어했다. 워싱턴 교육청이 너무 많은 학교를 운영하느라 예산을 낭비하고 있다는 사실을 사적인 자리에서는 인정했던 시의원들도 자기 구역 학교 폐쇄에 대해서는 공개적으로 비난했다. 또 시의원들은 예산 삭감으로 해고당한 교사들이 무능하다는 사실을 알면서도 그들의 재임용을 주장했다. 하지만 성공적인 정치인들에게 위선은 빼놓을 수 없는 덕목이 아닌가. 그런데도 미셸 리는 시의원들의 위선에 왜 그렇게 불쾌해했을까? 그리고 굳이 펜티처럼 시의회를 무시하는 것으로 복수해야 했을까? 아니나 다를까, 그 때문에 미셸 리는 곧 정치적 소용돌이에 휩싸이고 말았다.

사실 하디 중학교 사건은 꼭 필요한 싸움은 아니었다. 하디 중학교 개혁에 대한 미셸 리의 논리는 흠잡을 데 없었다. 그 지역 학생들을 워싱턴 D.C. 공립학교로 더 많이 흡수하고자 하는 노력은 분명 합당한 처사였다. 하지만 이 사건은 시기를 잘못 탄 불필요한 싸움이었다.

언론 대응 전략이 부족했다

무시무시한 〈타임〉의 표지는 말할 것도 없다. 막 전국의 스포트라이트를 받게 되었을 때 노련한 홍보 전문가와 함께 사진을 찍는 것이 아니라면 그런 일은 늘 일어나는 일이다. 더구나 미셸 리는 이미지에 신경 쓰는 사람이 아니었다. 미셸 리는 자기 뜻대로 자기만의 길을 찾았다. 하지만 시간이 지나면서 그런 방법이 신중하지 못했다는 것이 여실히 드러났다.

잡지 〈패스트 컴퍼니〉와의 인터뷰를 생각해보자. 그 인터뷰에서 미셸 리는 예산 삭감으로 해고당한 교사들 중에 학생들을 때리거나 학생들과 성관계를 가진 교사들이 있었다고 말했다. 그 발언은 미셸 리 반대파에게 선물이나 마찬가지였다. 나중에 미셸 리는 전후 관계를 다 무시하고 그 발언만 인용했다며 〈패스트 컴퍼니〉에 항의했다. 하지만 여기서 더 적절한 질문은 바로 이것일 것이다.

'비즈니스 관련 잡지와의 인터뷰에서 교사 해고 문제를 언급한 이유는 도대체 무엇일까?'

〈패스트 컴퍼니〉 독자들은 워싱턴 D.C. 흑인 밀집 지역의 학부모들, 다시 말하자면 미셸 리가 자신의 개혁에 대해 납득시켜야 할 사람들은 분명 아니었을 것이다.

더 놀라운 점이 있다. 미셸 리는 PBS 방송국의 교육 담당 기자 존

메로우가 하루 종일 자신을 따라다니며 무엇을 촬영하든 내버려두었다. 메로우는 자신의 저서 《C학점 이하 Below C Level》에서, 미셸 리가 촬영기사한테 다음과 같이 말하는 것을 듣고 몹시 놀랐다고 기록한다.

"곧 누구를 해고할 생각인데 같이 가서 보실래요?"

메로우가 지적했듯이, 영화 촬영기사들에게 '보다 see'라는 단어가 의미하는 바는 오직 한 가지뿐이다. 촬영기사들은 해고 장면을 촬영해도 좋다는 뜻으로 미셸 리의 발언을 받아들였다. 그리고 미셸 리는 정말 카메라가 돌아가는 중에 "지금 당신의 교장직을 박탈합니다"라고 말했다. 오스카상을 수상한 감독 데이비스 구겐하임은 그 장면을 자신의 다큐멘터리 〈슈퍼맨을 기다리며〉에 삽입했고, 그 덕분에 수많은 사람들이 그 해고 장면을 목격했다.

등 뒤에서 촬영했기 때문에 해고당한 사람이 실제로 누구인지 확실히 알 수 없었다는 사실은 아무도 신경 쓰지 않았다. 그날 미셸 리의 행동은 누가 봐도 신중하지 못하고 무례한 처사였다.

내가 이 책을 쓰면서 미셸 리에 대해 더 잘 알게 되고 그녀를 존경하게 된 것도 사실이다. 하지만 미셸 리가 전국 단위 인터뷰에서 워싱턴 D.C. 교육감으로서 자신의 입지를 위태롭게 하는 말만 고집했던 이유는 정말 이해하기 어려웠다. 미셸 리는 언론 보도 덕분에 좋은 점도 있었다고 말한다. 특히 많은 재단에서 능력에 따른 추가 급여로 사용할 수백만 달러를 기꺼이 지원하겠다고 나선 것도 전부 언론 보도 덕분이었다. 또한 언론에서 주목했던 덕분에 전 국민의 관심을 받으며 자신의 능력을 증명해 보이고 싶은 유능한 교사들이 워싱턴 D.C.로 몰려들기도 했다. 미셸 리는 이렇게 덧붙였다.

"물론 그 때문에 몹시 골치 아팠던 것도 사실이죠."

미셸 리를 향한 전국의 긍정적인 관심을 보고 잘 모르는 사람들은 간혹 '뛰어난 자기 홍보 기계'라고 그녀를 칭찬하기도 하는데, 미셸 리는 그런 반응에 그저 웃을 뿐이었다.

"말이 된다고 생각하세요? 우리는 전부 아마추어들이에요. 문제 해결 방법도 모르고 그 흔한 전략도 없어요. 그냥 그렇게 된 거죠."

한번은 미셸 리가 잡지 〈워싱터니언Washingtonian〉 기자에게 왜 그렇게 언론이 자기를 주목하는지 물었더니 그가 이렇게 답했다고 한다.

"좋은 기삿거리를 제공하니까요. 다른 공무원들 입에서는 좀처럼 듣지 못할 발언을 하잖아요."

그 말은 사실이었다. 나는 워싱턴 D.C.의 한 행사에서 미셸 리의 발언을 처음 들었는데, 그때 그녀는 워싱턴 교육청의 무능한 직원들에 대해 아주 생생하게 묘사하고 있었다. 기자들은 교육계 인사들로부터 듣기 힘든 미셸 리의 솔직한 발언을 좋아했다. 하지만 인터뷰에서 결국 인용되는 부분은 언제나 미셸 리의 가장 날카로운 발언이었다. 시간이 흐르면서 결국 그 날카로운 발언들이 미셸 리를 죽였지만 그녀는 이를 너무 늦게 깨달았다. 미셸 리는 이렇게 말했다.

"제가 존경하는 사람들이 핵심 내용에서 벗어나는 발언을 절대 하지 않는 이유를 이제야 알 것 같아요."

그렇다고 미셸 리가 그 후로 메모만 들여다보며 단조롭고 진부한 이야기만 한 것은 아니었다. 이는 펜티 시장이 선거에서 참패한 이후에도 마찬가지였다. 그녀는 어머니에게 물려받은 천성대로, 있는 그대로 단순하고 명쾌하게 사실을 전달했다.

미셸 리는 우수한 교사들까지 몰아냈다

워싱턴 D.C. 교사 중에는 미셸 리의 개혁을 전적으로 지지하는 교사도 많았으며, 그중에는 2만 5,000달러까지 보너스를 받을 수도 있는 '매우 우수'한 교사도 다수 있었다. 기존 제도에서는 21년을 일해도 연봉이 고작 8만 7,500달러밖에 되지 않았겠지만 새로운 급여 체계에 따르면 9년을 일하면 연봉이 13만 달러까지 오를 수 있었다. 하지만 새로운 급여 체계를 받아들이지 못한 교사가 훨씬 더 많았다.

워싱턴 교원노조는 미셸 리의 IMPACT 교사평가시스템을 매우 싫어해 미셸 리가 미국 교육부에 '최고를 위한 경주' 지원금을 신청할 때 지지 서명도 해주지 않았다(어쨌든 워싱턴 D.C.는 7,500만 달러의 지원금을 받았다). 노조의 적대감은 예상했던 문제였다. 진짜 문제는 일부 우수한 교사들의 마음까지 잃게 된 것이었다.

미셸 리의 자문위원회에 참가했던 한 '매우 우수'한 교사는 미셸 리가 전국의 언론을 상대로 도심 지역 학교에서 발생하는 여러 가지 문제의 원인은 바로 교사라고 했던 말에 대해 언급했다. 그는 미셸 리가 오랫동안 교사로 근무하며 7시 이전에 퇴근한 적이 거의 없던 자기 같은 교사들까지 한꺼번에 비난했다고 생각했다. 미셸 리는 우수한 교사들까지 비난하려던 것은 아니었음을 확실히 밝혔어야 했다며 자신의 실수를 인정했다.

"교사의 자질에 대해 이야기할 때마다 저는 워싱턴 D.C. 공립학교에 유능한 교사가 얼마나 많은지에 대해서도 언급했지만 그 부분은 절대 기사화되지 않았습니다. 물론 듣기 좋은 말만 할 수도 있겠죠. 그러면 맥락과 상관없이 특정 부분만 인용되는 일도 없을 테고요. 하지만 그렇게 하면 더 큰 그림을 보지 못합니다. 저는 실제로 무능한 교사가 존재하며 그런 교사는 학교를 떠나야 한다는 현실에 대해서도 이야기할 필요가 있다고 생각합니다. 그런 의미에서 유능한 교사들까지 제 말에 동요하는 것은 무척 안타까운 일이죠. 제 의도는 그게 아니니까요.”

돌이켜보면 미셸 리는 TNTP 수장으로서 각 지역 교육감들에게 하지 말라고 했던 실수를 자신이 한 것이었다. 바로 다른 사람들이 자신을 정의하도록 내버려둔 것이다.

“저는 교육감들에게 일반 교사나 노조와의 의사소통을 게을리하지 말라고 했습니다. 하지만 제가 바로 그런 실수를 했죠.”

노조와 언론이 결국 여론을 형성했다. 어떻게 생각해도 미셸 리가 유능한 교사들까지 잃은 것은 사실이었다.

일선 학교를 충분히 지원하지 않았다

우수한 교육구들은 대부분 교사에게 도움이 되는 방대한 온라인 자료를 제공한다. 교사들은 온라인 자료를 통해 수업 내용뿐만 아니라 수업 시간을 배분하는 방법에 대해서도 도움을 받을 수 있다. 또한 우수한 교사들이 작성한 수업지도안을 내려받을 수도 있다. 수업 내용을 잘 이해하고 있는지, 보충수업이 필요한 학생은 누구인지 정확히 알려주는 간단한 진단평가도 사용할 수 있다.

미셸 리가 부임했을 때 워싱턴 D.C.에는 탄탄한 커리큘럼은 있었지만 그밖에 교사들을 지원해줄 다른 프로그램은 거의 없는 상황이었다. 워싱턴 D.C.는 다양한 교육 자료는 물론 진단평가, 우수한 수업지도안 등 모든 면에서 우수한 교육구들보다 10년 정도 뒤처져 있었다. 미셸 리가 이를 개선하기 위해 뛰어들었지만 교사들은 교육청에서 내려오는 온갖 개혁 방안에 더 혼란스러워할 뿐이었다. 그 문제는 일선 학교에서 고스란히 드러났다. 한 경험 많은 학습 코치는 그 상태를 두고 '사공이 너무 많다'고 표현했다.

익명을 요구했던 그 코치는 전면적인 개편이 필요하거나 결국 외부 단체가 운영을 맡게 된 열악한 학교 몇 군데서 근무하는 동안 몇 가지 문제를 발견했다고 말했다. 교육청의 여러 부서에서 각 학교에 다양한 교사 훈련 프로그램을 수도 없이 보냈다. 심지어 서로 상충하는 프로그램도 있었다. 교사들은 온갖 문서를 작성해 참석해야 하는 수많은 회의 때문에 쓰러질 지경이었다. 하지만 교사들에게 정말 필요한 것은 쏙 빠져 있었다. 학업 기준을 충족시킬 수 있는 커리큘럼과 그에 대한 완벽한 수업지도안, 수업 시간 배분 안내였다. 캐티 헤이콕은 이렇게 말했다.

"교사들이 사용할 수 있는 구체적인 수업지도안이 턱없이 부족했습니다. 수준 낮은 노동력으로 일을 추진해야 하는 상황에서 단기간에 효과를 거둘 수 있는 유일한 방법은 교사들이 사용할 수 있는 정확한 수업지도안을 최대한 많이 제공하는 것뿐입니다. 저는 미셸 리가 더 나은 커리큘럼 전문가를 둬 처음부터 교사들에게 더 많은 자료와 지원을 제공할 수도 있었을 거라고 생각합니다."

미셸 리는 롱비치나 알다인처럼 우수한 도심 지역 교육구와 워싱턴 교육구의 격차가 여전히 몹시 크다는 데 주저하지 않고 동의했다.

"만약 알다인이 10이라면 우리는 10에 훨씬 못 미쳤어요. 처음에 워싱턴 D.C.가 0이었다면 지금은 한 3까지 올랐을까요? 아마 그 정도 될 겁니다. 지금도 여전히 갈 길이 멀죠."

2007년 미셸 리가 부임했을 때 워싱턴 교육구는 자기 신발 끈조차 제대로 묶지 못하는 교육구였다. 거기다 쓸모없는 데이터시스템을 정리하고 필요 없는 학교를 폐쇄하고 교과서를 공급하는 데만 해도 오랜 시간이 걸렸다. IMPACT를 개발하는 데에는 더 오랜 시간이 필요했다.

"우선순위가 달랐다면 우리도 지금 알다인과 같은 수준으로 올라설 수 있었을까요? 저는 그렇게 생각하지 않습니다. 제가 처음 도착했을 때의 상태에서라면 불가능한 일이었을 겁니다."

물론 그렇지 않았을 수도 있다. 하지만 커리큘럼 개혁이라는 쉽지 않은 문제는 이제 워싱턴 D.C. 차기 교육감의 몫으로 남았다.

저는 혁명을
시작할 겁니다

예비선거 약 2주 후, 나는 워싱턴 교육청에 있는 미셸 리의 사무실에서 그녀와 마지막 인터뷰를 진행했다. 내가 도착한 시각은 오후 2시였고 미셸 리는 양손에 전화기를 들고 통화를 하는 중이었다. 책상 위에는 감자튀김이 가득 담긴 기름투성이 종이봉투가 놓여 있었다. 그 옆에는 햄버거 대신 설탕이 두껍게 얹힌 거대한 컵케이크가 자리 잡고 있었다. 전부 손도 대지 못한 상태였다. 너무 바빠서 먹을 시간이 없었겠지만 어쨌든 미셸 리가 점심으로 선택한 메뉴였다. 예비선거로 워싱턴 D.C. 유권자 대부분이 등을 돌린 후였지만 일에 대한 미셸 리의 욕심과 열정 덕분에 워싱턴 D.C. 공교육 개혁은 여전히 진행 중이었다.

물론 미셸 리의 개혁이 지속될 수는 없을 것이다. 시의회 의장이자 예비 시장인 빈센트 그레이가 미셸 리의 개혁에 계속해서 적대감을 드러내왔고, 또한 누구보다 앞장서서 미셸 리에게 반대해왔던 네이션 사운더스가 워싱턴 교원노조 위원장으로 당선되었으니 말이다. 사운더스는 미셸 리를 마녀 취급했던 반체제 교사들의 웹사이트(워싱턴 교원노조 부위원장에 출사표를 던져 사운더스와 함께 당선된 캔디 페터슨이 운영하는 사이트였다) '워싱턴 티처'의 열렬한 지지를 받아 당선되었다. 미셸 리가 사임을 선언했을 때 '워싱턴 티처'에는 '사악한 동쪽 마녀'가 도로시의 집에 깔려 있는 이미지가 올라오기도 했다. 보이는 것은 빨간 신발과 줄무늬 스타킹뿐이었다.

하지만 미셸 리 덕분에 워싱턴 D.C. 공립학교 학생들이 사상 최초로 제대로 된 교육을 받게 되었다고 생각해 애드리언 펜티에게 표를 던졌던 유권자들은 그녀에 대한 지지를 멈추지 않았다. 그리고 시장 당선자 그레이가, 미셸 리를 반대하고 자신을 지지했던 많은 사람들에게 어떻게 보답할 것인지 두려워하며 촉각을 곤두세우고 있었다. 이 책이 거의 마무리되던 2010년 겨울은 그레이의 향후 행보를 추측하기에는 이른 시기였다. 하지만 미셸 리가 워싱턴 D.C. 안팎에 무엇을 남겼는지에 대해서는 충분히 결론 내릴 수 있었다.

미셸 리가 워싱턴 D.C.에 남긴 것

워싱턴 D.C. 유니언 역에서 워싱턴 교육청까지는 걸어서 10분이 채 걸리지 않는다. 나는 이 책을 쓰는 동안 그 길을 수없이 오갔다. 막 자료조사를 시작했던 2010년 이른 봄에는 그 길을 지나는 게 별로 달갑지 않았다. 유니언 역에 조금 일찍 도착한 날이면 나는 기차를 기다리는 사람처럼 역 안 대기실에 앉아 있었다. 그리고 인터뷰 약속 시간 15분 전에 역에서 빠져나와 1번가를 걷기 시작했다. 걸인들을 피하고 귀청이 떨어질 듯 시끄러운 공사장의 소음과 먼지 구름을 빠져나와 멍한 눈동자에 슬픈 표정의 사람들이 모여 있는 그레이하운드 버스 정류장을 지나쳐야 하는 길이었다. 워싱턴 교육청은 현대식 건물이었지만 그 주변에서는 택시도 잡기 힘들고 테이크아웃 커피 전문점도 보기 힘들었다.

하지만 자료조사가 끝날 무렵 그 길은 엄청나게 변해 있었다. 공사가 끝나고 새 단장한 거리에는 반짝이는 새 건물들과 아파트가 모습을 드러냈고, 레스토랑과 샌드위치 가게가 문을 열었다. 워싱턴 교육청 바로 건너편 자리는 이 지역의 더 없는 영광인 해리스 티터 식품점이 차지했다. 도심 지역 재개발이 거의 멈춰버린 디트로이트 같은 도시와 달리 정부 관련 직업이 넘쳐나는 워싱턴 D.C.는 점차 고급화되고 있었다.

그와 함께 도시의 인종 구성도 변하고 있었다. 2000년 워싱턴 D.C. 인구는 흑인이 61퍼센트, 백인이 34퍼센트였다. 하지만 2008년까지 흑인 2만 7,000명이 워싱턴 D.C.를 떠났고, 백인 4만 명이 유입되어 흑인 인구 비율이 54퍼센트까지 떨어졌다. 2020년이 되면 워싱턴 D.C.는 더 이상 흑인 비율이 높은 도시가 아닐지도 모른다. 이는 워싱턴 D.C.의 가난한 흑인들이 불안해하고 있는 부분이기도 하다.

2010년 예비선거에서 그 흑인 유권자들은 대부분 애드리언 펜티의 반대편에 섰다. 펜티가 주택 고급화에 찬성하고 흑인들에게 신경 쓰지 않는 인물이라고 생각했던 것이다. 하지만 펜티가 물러난다고 해서 주택 고급화나 도시의 인종 구성 변화가 늦춰지지는 않을 것이다. 중요한 문제는 바로 이것이었다.

'워싱턴 D.C. 공립학교들이 과연 워싱턴 D.C.의 희망이 될 수 있을까?'

전체 학생 수의 3분의 1 이상이 차터스쿨에 다니는 워싱턴 D.C.는 모든 공립학교를 차터스쿨로 전환하는 것도 고려할 만했다. 하지만 그것은 시장으로 취임한 펜티가 원하는 바가 아니었다. 워싱턴 D.C.에는 우수한 차터스쿨도 몇 개 있었지만 모든 차터스쿨이 다 훌륭하지는 않았다. 초등학교는 대부분 일반 공립학교가 차터스쿨보다 뛰어났다. 그런 이유로 미셸 리가 우수한 차터스쿨 운영자들과 긴밀한 관계를 유지하고 있었던 것과 상관없이 미셸 리와 펜티는 워싱턴 D.C. 공립학교를 개선하기 위해 차터스쿨로 전환하는 방법에만 의지해서는 안 된다고 생각했다. 미셸 리는 우수한 차터스쿨들이 독자적인 교육구 행세를 하고 싶어 한다고 말했다.

"건강보험이나 급식, 통학버스 등 모든 것을 독자적으로 해결하면서 작은 교육구 기능을 하는 학교들이 생겨나서는 안 됩니다. 공교육의 질을 높이기 위해서는 중앙집권적 역량이 필요합니다."

미셸 리는 워싱턴 D.C. 교육감으로서 바로 그런 역량을 키우고 싶어 했다.

우수한 차터스쿨 운영자들도 일반 공립학교를 개선하되 공립학교의 면모를 유지해야 한다는 데에는 찬성했다. KIPP의 수잔 셰플러는 이렇게 말했다.

"워싱턴 D.C. 차터스쿨들이 우수한 건 사실이지만 일반 공립학교도 반드시 있어야 합니다. 워싱턴 D.C. 주민들은 학교를 선택할 수 있는 걸 중요하게 여기니까요. 차터스쿨의 목표는 일반 공립학교를 없애는 것이 아니라 학부모와 학생들에게 다양한 선택권을 제공하기 위해 함께 노력하는 것입니다. 차터스쿨에 대한 미셸 리의 태도는 언제나, 우리보다 더 잘할 수 있다면 그렇게 하라는 것이었습니다."

물론 우수한 차터스쿨과 경쟁할 수 있는 공립학교를 만들겠다는 것은 세우기는 쉽지만 이루기는 어려운 목표였다. 2007년 미셸 리가 맡았던 워싱턴 교육구는 백인에 비해 확실히 흑인이 우세한 지역이었다. 워싱턴 D.C.에는 다른 도시에서 볼 수 있는 백인 노동자 계급이 거의 없었고, 흑인이든 백인이든 전문직 종사자들의 아이들은 대부분 초등학교만 워싱턴 D.C.에서 다니고 다른 지역에 있는 중등학교로 진학했다. 워싱턴 D.C. 공립 중고등학교는 인종적으로나 경제적으로 고립되어 있었으며, 미래의 전문인을 양성하는 데 결코 도움이 되지 못했기 때문이다.

워싱턴 교육구를 변화시키기 위해서는 수천 가지 세세한 부분에 대한 개혁은 물론 두 가지 장기적인 전략이 필요했다.

첫째, 경제적·인종적으로 고립되어 있는 지역의 흑인 학생이 대부분인 공립학교를 확실히 개선시키는 것이다.

둘째, 가까운 지역에 거주하는 흑인과 백인 중산층 계급을 더 많이 입학시키는 것이다.

첫 번째 전략에서 관심을 기울여야 하는 학교들은 주로 애너코스티아 강 동쪽 지역에 밀집해 있었고, 미셸 리는 그 첫 번째 전략을 실행하기 위해 대부분의 시간을 할애했다. 거기서 가장 중요한 것은 바로 쉽게 포기하지 않는 개혁적인 교장이나 전면적인 학교 재단장의 경험이 있는 외부 '파트너'들을 데려오는 것이었다. 미셸 리는 몇몇 학교에서 이를 실행했다. 그 덕분에 던바 고등학교는 조금이나마 안정되었고 미약하지만 학업적인 면에서도 발전을 보였다. 수자 중학교 역시 매우 많이 개선되었다.

그렇다면 외부 파트너들과 개혁에 적극적인 교장들을 초빙하고자 했던 그 첫 번째 전략은 미셸 리가 떠난 후에도 지속될 것인가? 어쩌면 그럴 수도 있을 것이다. 그렇지 않으면 워싱턴 D.C. 공립학교들은 전국에서 최하위를 자랑하던 미셸 리 이전의 상태로 되돌아갈 수밖에 없을 테니까. 하지만 이는 정치 지도자들이 얼마나 큰 정치적 반대를 무릅쓸 수 있는지에 전적으로 달려 있다.

기존 교사 계약에 따르면 한 학교에서 해고당한 교사들도 워싱턴 교육구 내 다른 학교에서 일자리를 보장받았다. 던바 고등학교나 수자 중학교의 개혁적인 교장들이 원하는 바를 달성했다 해도 교육구 내 다른 공립학교에서 그들이 해고한 교사들을 떠맡아야 한다는 것이다.

하지만 2010년에 새로 도입된 교사 계약에 따르면 해고당한 교사들은 다른 학교에서 아이들을 가르칠 수 없게 되었다. 분명 잘된 일이라고 할 수 있겠지만 자세히 살펴보면 또 그렇지도 않다. 많은 교장들이 여러 학교에서 적극적으로 개혁을 추진하고 있다는 것은 곧 더 많은 교사들이 해고당할 것이라는 뜻이고, 결국 그로 인해 예비선거에서 흑인 유권자들의 표를 잃게 될 것이라는 뜻이기도 하다.

워싱턴 교육구로 더 많은 중산층을 끌어들이겠다는 두 번째 전략은 성공한다 해도 쉽게 뒤집힐 수 있다. 학부모들이 워싱턴 D.C. 공립학교가 자녀들의 미래를 위협하고 있다고 일단 결론을 내리면 눈 깜짝할 사이에 학생 수가 줄어들 수도 있기 때문이다. 워싱턴 교육청에서 몇 블록만 나가도 그런 상황을 엿볼 수 있다.

윌슨 초등학교가 있는 매사추세츠 애버뉴 북쪽 지역에는 다닥다닥 붙은 수십 채의 연립주택도 있고, 현관 앞에 유모차가 놓여 있는, 젊고 부유한 백인 가족이 사는 집도 있다(예비선거 전에는 마당에 펜티의 포스터가 붙어 있는 집도 있었다). 조금만 걸으면 예로부터 고급 주택지였던 캐피톨 힐에 닿을 수 있고 가까운 전철역도 두 개나 있으니 백인들이 자리 잡을 만도 했다.

하지만 그 지역에 살지 않으면 윌슨 초등학교에 아이들을 보내볼까 고민하는 흑인 중산층 가족도 있다는 사실은 쉽게 알 수 없을 것이다. 뉴욕의 사립학교 입학처장으로 일하다가 2009년에 워싱턴 D.C.로 이사 온 사만다 캐루스도 그런 경우에 속했다. 캐루스는 워싱턴 D.C. 근교의 한 대학에서 학생들의 진로 상담을 책임지게 되었고 그녀의 남편은 박사과정에 등록했다. 2010년에 캐루스의 아들은 3학년이었고 딸은 유치원에 다닐 나이였다.

두 사람은 윌슨 초등학교에서 세 블록 떨어진 매사추세츠 애버뉴 북쪽 지역에 집을 구입했다. 윌슨 초등학교 재학생은 96퍼센트가 흑인이었고, 91퍼센트가 무료로 급식을 제공받거나 급식비를 할인받고 있었다. 인종적 고립과 가난에도 불구하고 윌슨 초등학교는 워싱턴 D.C.에 있는 대부분의 초등학교보다 우수했다. 2009년 캐루스 가족이 윌슨 초등학교에 대해 고민하고 있을 때, 읽기에서 워싱턴 교육청의 기준을 충족시키거나 그보다 뛰어난 학생은 71퍼센트였고, 수학에서는 76퍼센트였다.

그래도 두 사람은 뉴욕에 있는 공립학교처럼 인종 구성도 다양하고 실력도 우수한 학교를 원했다. 그래서 동네에서 약간 벗어난 지역의 공립학교나 차터스쿨에도 문의해보았지만 두 아이를 동시에 보낼 수 있는 학교는 없었다. 결국 두 사람은 미셸 리의 개혁에 대한 믿음으로 윌슨 초등학교에 아이들을 보내기로 결정했다.

윌슨 초등학교는 과연 캐루스가 만족할 수 있는 학교였을까? 캐루스는 이렇게 말했다.

"날마다 남편과 그런 얘기를 나눴어요. 저희는 여러 가지 문제를 종합적으로 고민한 다음 이 지역으로 이사를 왔죠. 윌슨 초등학교를 선택한 이유는 우선 첫인상이 좋았기 때문이고, 미셸 리의 개혁에 대한 믿음도 있었기 때문이에요. 물론 이런 일이 늘 뜻대로 되지는 않는다는 사실은 잘 알죠."

캐루스는 학부모회의 집행위원회에 합류해 교사들과도 가까이 지냈다. 그리고 그해 중반, 두 사람은 자질이 약간 부족하다고 생각했던 딸아이의 선생님 한 명이 해고당했을 때도 만족스러워했다. 하지만 백 투 스쿨 나잇에 3학년인 아들의 반 학부모들이 4분의 1밖에 참석하지 않은 것을 보고 몹시 낙담했다. 학부모들의 참여가 생각보다 활발하지 않았다. 두 사람은 미셸 리의 사임에 대해 이렇게 말했다.

"몹시 불안해요. 지금까지 방치되었던 교육구를 다시 살려낸 사람이 바로 미셸 리니까요.”

하지만 두 사람은 당분간 아이들을 그 학교에 그대로 보내기로 했다. 학교 개혁이 지속될 거라고 생각하기 때문이다. “지난 3년 동안 미셸 리가 일구었던 변화가 결국 결실을 맺을 수 있길 바라요.”

한편 워싱턴 D.C. 반대편에 사는 소프트웨어 사업가 모나 세갈과 그녀의 남편 필립 하겐은 프랜시스 스티븐스 에듀케이션 캠퍼스를 믿어보기로 했다. 프랜시스 스티븐스는 재학생 90퍼센트 정도가 흑인이며, 70퍼센트에 가까운 학생들이 무료 급식을 제공받거나 급식비를 할인받았다. 2010년, 프랜시스 스티븐스 학생 중 수학에서 워싱턴 교육청의 기준을 충족시킨 학생은 40퍼센트밖에 되지 않았고, 읽기에서는 45퍼센트였다.

프랜시스 스티븐스는 몹시 부유한 지역 가장자리에 위치해 있었으며 몇 블록만 나가면 화려한 호텔과 사무실이 즐비했다. 그 지역 학생들은 대부분 프랜시스 스티븐스가 아니라 근처의 ‘타 교육구’ 학교에 다녔다. 프랜시스 스티븐스는 그 지역 학생 유치를 위해 미셸 리가 프리스쿨 프로그램을 도입했던 학교 중 하나였다.

인도인의 피가 섞인 세갈에게는 프리스쿨에 다니는 아들과 젖먹이 딸이 있었다. 그녀는 17년째 포기 바텀 지역에 살고 있었으며 걸어갈 수 있는 거리 내에서 직장은 물론 삶의 대부분을 꾸려왔다. 아침마다 다른 지역에 있는 프리스쿨로 아들을 데려다주는 것만 예외였다. 하지만 출퇴근 시간 워싱턴 D.C.의 교통 상황은 가끔 로스앤젤레스보다 더 끔찍해서 견디기 힘들었다. 마침 미셸 리가 프랜시스 스티븐스에 새로운 프리스쿨 프로그램을 도입했고, 세갈은 이에 흥미를 느껴 같은 고민을 가진 학부모들과 모임을 꾸렸다. 미셸 리도 새로 도입할 프리스쿨 프로그램에 대해 논의하기 위해 몇 차례 그 학교를 방문한 적이 있었다. 세갈은 이렇게 말했다.

"저는 미셸 리의 지원이 몹시 중요했다고 생각해요. 그녀가 뒤에서 힘을 보태고 있다고 생각하면 마음이 놓였어요. 그러니 미셸 리의 사임에 동요하는 사람도 많겠죠. 하지만 이 문제는 결국 아이들을 마음 편히 그 학교에 보낼 수 있는가라는 질문으로 귀결된다고 생각해요. 문제는 미셸 리가 아니라 교사들인 거죠."

2009~2010학년도에 맞춰 프랜시스 스티븐스는 프리스쿨 두 개 반을 신설했다. 각 반의 인원은 세갈의 아들을 포함해 각각 열다섯 명이었다. 교육 수준이 높았던 프리스쿨 학부모들은 대부분 새로운 프리스쿨 프로그램에 만족해했다고 세갈은 말했다. 그 아이들은 과연 상급 학년까지 그 학교에 다닐 것인가? 세갈은 이렇게 말했다.

"모든 학부모들이 해마다 고민할 거예요. 다른 학교도 염두에 두고 있을 테고요. 다른 공립학교나 사립학교는 물론 교외에 있는 학교들까지요."

세갈은 섣불리 결과를 예측하지는 않았다. 다만 학부모들은 누가 시장이고 누가 교육감인지보다 아이들과 직접 상호작용하는 교사들에 대해 더 많이 걱정한다고 말했다. 세갈은 또한 그레이가 지지자들의 요구를 받아들여 '어떤 이유로든' 해고당했던 교사들을 복직시킨다면 학부모들의 마음이 급격히 돌아설 수 있다고 덧붙였다.

미셸 리가 세운 두 가지 전략의 접근 방식은 서로 달랐지만 미셸 리가 물러난 후에도 그 두 가지 전략이 지속될 수 있는지의 여부는 단 한 가지에 달려 있다.

'빈센트 그레이가 과연 교사의 자질에 관한 미셸 리의 까다로운 잣대를 계속 유지할 것인가?'

미셸 리의 반대파 중에서도 특히 교원노조는 그레이를 당선시키기 위해 엄청난 노력과 돈을 쏟아부었다. 교원노조는 아마 자기들이 이 싸움에서 승리했으며 그레이가 결국 교사의 자질 향상이라는 미셸 리의 개혁의 핵심 가치를 약화시키는 방향으로 갈 것이라고 생각하고 있을지도 모른다. 하지만 그레이는 지금까지 그렇게 하겠다는 의중을 밝힌 적이 없다. 그리고 미셸 리의 친한 친구이자 부교육감이었던 카야 헨더슨을 임시 교육감으로 임명했다. 몹시 고무적인 일임에 분명하다.

계속 진행되어야 할 교육 혁신

만약 그레이가 헨더슨을 워싱턴 D.C. 교육감으로 임명한다면, 그리고 미셸 리의 개혁을 계속 추진하기로 결정한다면, 다음 4년 동안 헨더슨을 중심으로 한 워싱턴 D.C. 공립학교 개혁은 미셸 리가 추진했던 것과 비슷한 방향으로 진행될 것이다. 하지만 섣불리 확신할 수 없는 그 시나리오가 일단 채택된다 해도 미셸 리가 워싱턴 D.C. 공립학교를 과연 어느 수준까지 끌어올리려고 했는지에 대한 의문이 남는다. 미셸 리의 사임 발표 몇 주 후에 나는 만약 교육감직을 유지할 수 있었다면 앞으로 어떻게 할 작정이었는지 미셸 리에게 물었다. 미

셀 리는 교사의 자질에 대해서는 계속 강조하겠지만 교사 이직률은
안정될 거라고 말했다.

"능력에 따른 급여 체계에서 살아남는 교사들이 있을 겁니다. 실
제로 인상된 급여를 받게 되면 말뿐인 개혁이 아니라는 것을 알게 되
겠죠. 그렇게 되면 유능한 교사들이 워싱턴 D.C.를 떠나고 싶어 하지
않을 것이고, 우수한 교사들이 워싱턴 D.C.로 모여들 겁니다. 그리고
IMPACT를 통해 무능한 교사를 퇴출하고 실력 향상이 필요한 교사들
을 훈련시킬 수 있겠지요. 이 두 가지, 즉 우수한 교사에 대한 보상과
실력이 부족한 교사의 자질 향상, 혹은 퇴출이라는 두 가지만 보장된
다면 4년 후 워싱턴 D.C.는 어떤 도심 지역 교육구보다 훌륭한 교사
진을 확보할 수 있을 겁니다."

교사진이 안정되면 교장들의 이직률 또한 안정될 것이라고 미셸
리는 말했다. '새로운 교사 계약에 따라 이제 워싱턴 D.C.는 우수한
교사들이 계속 머물고 무능한 교사들은 퇴출되어 더는 학생들 앞에
서지 못하는 환경을 갖추게 될 거라는 겁니다. 그렇게 되면 워싱턴
D.C.에서 일하고 싶어 하는 교장들이 미국 전역에서 모여들고, 그들
은 직접 뽑은 유능한 교사들과 함께 일할 수 있을 것'이라고 말했다.
또한 인종에 상관없이 더 많은 중산층을 끌어들이려는 노력에도 박
차를 가해야 할 거라고 덧붙였다.

"더 우수하고 엄격한 커리큘럼을 도입할 겁니다. 프리스쿨은 물론
외국어 교육과 IBInternational Baccalaureate(국제공통 대학입학 자격시험―옮
긴이) 준비도 강화할 겁니다. 그런 우수한 프로그램이 자리 잡게 되면
많은 학생들이 워싱턴 D.C. 공립학교로 되돌아오거나 이곳에서 학

업을 계속할 것입니다."

40년 만에 처음으로 워싱턴 D.C. 공립학교 입학생이 약간 증가했으며 미셸 리는 그 증가 추세가 지속될 거라고 예측했다. 즉 지금부터 3, 4년 후 이 모든 개혁이 자리를 잡으면 입학생은 그보다 훨씬 많이 증가할 것이라는 것이다.

미셸 리는 또한 더 많은 차터스쿨을 설립할 수 있는 권한을 의회에 요구하겠다고 했다. 하지만 이는 의회와의 또 다른 충돌을 의미했다.

"저는 워싱턴 D.C.에 있는 우수한 차터스쿨들을 방문해 워싱턴 교육구의 열악한 공립학교들을 맡아달라고 부탁할 겁니다. 하지만 공립학교 운영을 맡은 외부 파트너들이 가질 수 있는 권한과 자율성에는 여전히 한계가 많습니다. 워싱턴 교육청의 인사과를 통해 교사들을 고용해야 하는 등의 문제가 있으니까요."

하지만 의회가 과연 미셸 리에게 그 권한을 넘겨줄 것인가?

"반대가 있겠죠. 아마 제가 미국 공교육을 망치고 있다고 믿는 사람들일 겁니다. 그들은 차터스쿨 설립을 공교육 민영화라고 생각하니까요."

미셸 리가 미국 공교육에 남긴 것

학교 개혁가들은 미셸 리에 대해 입을 모아 이렇게 말한다.

'우리 역시 미셸 리가 추진했던 개혁을 따라할 것이다. 단지 그 모든 드라마는 제외하고 말이다.'

말하자면 '미셸 라이트Michelle Lite'라고 할 수 있다. 그레이도 미셸 라이트 개념을 마음에 들어했다. 그레이는 예비선거 직후 볼티모어의 앙드레 알론소를 존경한다고 언급하면서 그는 드라마 없이도 미셸 리와 같은 개혁을 이룰 수 있을 거라고 덧붙였다. 다른 교육감들역시 그와 비슷한 온건한 개혁을 추구했다. 사임 발표 며칠 후 미셸 리는 탬파에서 열린 대도시학교회의의 전국 모임에 참석했다. 미셸 리는 도심 지역 학교 관리자들에게 이렇게 말했다.

"인기 없는 인물이 될 각오를 하셔야 합니다. 제가 지금 아주 잘하고 있는 일이죠."

하지만 그곳에 모인 사람들이 전부 그런 각오를 하지는 않았다. 탬파가 속해 있는 힐스버러 카운티 교육감 역시 또 다른 자리에서 미셸 라이트 개혁을 추구할 것이라고 밝혔다. 다만 힐스버러 카운티 교육감 메리엘렌 엘리아는 무능한 교사들에 대한 미셸 리의 강경책에 '절대적으로' 반대한다고 말했다.

"우리는 같은 이슈에 대해 서로 다른 접근법을 갖고 있습니다."

힐스버러 교육구는 빌 앤 멜린다 게이츠Bill & Melinda Gates재단으로부터 2억 200만 달러의 보조금을 받아 교사 멘토링과 전문성 제고를 강조하는 교사평가시스템을 개발하기도 했다.

그야말로 매력적인 생각이 아닐 수 없다. 그 모든 드라마가 없는 미셸 리라니 말이다. 누가 그 의견에 반대하겠는가? 하지만 자세히 들여다보면 그렇게 간단한 문제가 아니다. 엘리아는 탬파 공립학교 개혁 초기에 종신 재직권이 보장된 교사 중 단 5퍼센트만 퇴출시키면 될 것이라고 추산했다. 한편 미셸 리는 실력 향상이 필요한 교사를 포함하든 제외하든, 수준 높은 개혁에 대처할 수 있는 교사가 기껏해야 3분의 1 정도밖에 되지 않는 교육구에 둥지를 틀었다. 그렇다 보니 볼티모어의 알론소를 바라보며 그와 비슷한 개혁을 추진하겠다던 그레이의 비전은 환상이라고밖에 할 수 없다. 알론소는 워싱턴 D.C.에서 미셸 리가 추진했던, 교사의 책임을 강조하는 깐깐한 교사 계약안 협상도 시도한 적이 없었다.

그렇다고 미셸 라이트 정책은 말도 안 되니 모든 도심 지역 교육구에서 워싱턴 D.C.와 비슷한 전면적인 개혁을 추진해야 한다는 뜻은 아니다. 아마 전체 교사의 5퍼센트만 해고하면 되는 힐스버러 카운티 같은 교육구에서는 미셸 라이트 정책이 가능할 것이다. 도심 지역 교육구들의 상황이 전부 비슷하다고 생각하는 경향이 있지만 교육구마다 상황은 전부 다르다.

실제로 도심 지역 교육구는 크게 세 종류로 나눌 수 있다. 워싱턴 D.C., 볼티모어, 디트로이트, 로스앤젤레스 그리고 세인트루이스와 같은 교육구는 전면적인 재정비가 필요한 최하위 그룹에 속한다. 최하위 그룹에 속한 교육구들은 무능한 교사들이 너무 오랫동안 머물렀던 탓에 큰 피해를 입었다. 이런 교육구에서 커리큘럼 개혁에만 초점을 맞추는 것은 쓸데없는 노력이나 마찬가지다.

두 번째는 플로리다의 마이애미 데이드 카운티, 조지아의 애틀랜타, 캘리포니아의 프레즈노, 그리고 미네소타의 세인트 폴 등으로 첫 번째 그룹보다는 다소 유능한 교사진을 보유하고 있으며, 데이터시스템과 커리큘럼 개혁으로 시작해도 어느 정도 성공할 수 있는 교육구라고 할 수 있다. 도심 지역 교육구 중에서 가장 우수한 그룹은 로스앤젤레스 외곽의 롱비치 통합 교육구와 휴스턴 외곽의 알다인 독립 교육구 등으로 유능한 교사들을 꾸준히 채용한 덕분에 효과적이고 능률적인 교수 프로그램으로 빠른 시일 내에 교사들의 전문성을 높인 곳들이다.

이 세 그룹의 격차는 엄청나다. 최상위 그룹과 최하위 그룹의 격차는 최소 10년 이상 벌어져 있다고 할 수 있다. 그렇기 때문에 최상위 그룹에 속한 롱비치 교육구는 미셸 리의 워싱턴 D.C. 공교육 개혁에서 교훈을 얻을 필요가 없지만, 다른 그룹에 속한 교육구들은 따라서 배워야 할 것이 많다. 그중에서 가장 중요한 것은 바로 교사의 자질 향상을 최우선에 두어야 한다는 점이었다.

미셸 리는 워싱턴 D.C.에서 약 400명의 교사를 무능하다는 이유로 해고했다. 그 수치는 비슷한 도심 지역 교육구에서 해고당한 교사보다 390명가량 많은 수치였다. 그리고 '스냅'이 있는 교사들을 찾아 임용했던 미셸 리의 정책은, 연방 정부에서 주관하는 시험 성적이 상당히 오른 것만 봐도, 대단하다고 할 수 있다. 물론 그로 인한 정치적 역풍으로 펜티와 함께 물러나야 했지만 말이다. 그렇다면 최하위 그룹에 속한 교육구들은 여기서 과연 어떤 교훈을 얻어야 할 것인가? 무능한 교사들은 반드시 해고해야 할까? 교사들을 해고하면 자신도 해고당할 수 있는데 말이다. 이에 대한 답은 교육감들의 결심이 얼마나 굳은가에 달려 있을 것이다. 그들은 과연 제대로 된 공립학교를 얼마나 간절히 바라고 있을까?

한편 도심 지역 공립학교 실태에 대한 사람들의 불만이 점차 높아져 더는 숨기기 어려운 지경에 이르렀다. 당시 미셸 리의 약혼자이자 새크라멘토 시장인 케빈 존슨은 미셸 리와 펜티의 정치적 패배가 교육 개혁을 바라는 다른 시장이나 주지사들에게 위협이 되지 않을까라는 나의 질문에 웃으며 대답했다.

"더 이상 공립학교를 두고 볼 수 없다는 분노의 분위기가 미국 전역에 퍼져 있습니다."

사임 의사를 표명한 미셸 리에게 전국의 러브콜이 도착한 것이 그 증거라고 그는 말했다.

"저는 르브론 제임스나 코비 브라이언트(미국 NBA 스타들―옮긴이) 말고 미셸 리만큼 많은 곳에서 손을 내미는 사람을 본 적이 없습니다. 전혀 과장이 아닙니다. 저는 미국 전역의 주지사들, 대도시 시장들, 여러 재단과 대학들 등 당신이 상상할 수 있는 모든 분야의 사람들과 이야기를 나누고 있습니다. 그 지역에 학교 개혁에 대한 요구가 있는지 물으면 그들은 모두들 그렇다고 대답할 겁니다."

물론 미셸 리에게 쏟아진 제안은 어쩌면 그녀가 다른 교육구에서 쉽게 따라할 수 없는 독보적인 인물이라는 사실을 반영한 것일 수도 있다. 하지만 역으로 말하면 많은 도심 지역 교육구가 열악한 상황에 처해 있다는 방증이기도 하다. 벨웨더 에듀케이션의 공동 창립자이자 에듀윙크 웹사이트를 만들었던 앤드루 로더햄은 이렇게 말했다.

"미셸 리에 대한 제 기본적인 생각은 이렇습니다. 만약 그녀의 의지와 끈기가 공교육제도를 진정으로 변화시키는 데 반드시 필요했다면 아이들은 큰 어려움에 처할 수밖에 없다는 것입니다. 그녀는 대부분의 사람들이 할 수 없거나 하지 않으려는 일을 했습니다. 워싱턴 D.C.의 모든 개혁에 한 가지 공통점이 있다면 바로 미셸 리가 마지막

한 마리의 개가 죽을 때까지 결심을 굽히지 않았다는 점입니다. 바로 끈기에 대한 이야기입니다. 그리고 그렇게 해야 한다는 것은 많은 지역의 엄청난 문제를 생각해볼 때 몹시 애석한 일이 아닐 수 없습니다. 더 많은 미셸 리가 나타나기까지 아주 오래 기다려야 할지도 모르니까요."

어쩌면 그 말이 맞을 수도 있다. 하지만 미셸 리에게 손을 내밀고 있는 시장이나 주지사들은 자신들이 정치적 문제 역시 초래하고 있다는 사실을 인식해야 한다. 그리고 만약 미셸 리가 손을 잡아주지 않으면 미셸 리를 대신해 교사의 자질을 확실하게 높일 수 있는 사람을 찾아야 할 것이다.

이 책에서 가장 눈에 띄는 부분은 아마 교사와 교장의 자질에 관한 두 가지 이야기일 것이다. 첫 번째는 특수교육 부서를 제대로 운영하지 못해 수십만 달러를 지출하게 만드는 등 업무 능력이 부족했던 워싱턴 교육청 직원들이 미셸 리에게 해고당했을 때의 이야기다. 그 일에 관해 미셸 리가 처음 들었던 말은 이것이었다.

'이 지역에서는 무능하다는 이유만으로 직원을 해고하지 않습니다. 그냥 학교로 보냅니다.'

이에 대해 잠깐 생각해보자. 그리고 10년, 혹은 20~30년 동안 그런 일이 일어났다고 생각해보자.

두 번째 이야기는 워싱턴 D.C.의 열악한 공립학교 상황을 개선시키거나 학교가 개편되는 것을 피할 수 있도록 도와주었던 한 워싱턴 교육청 자문위원을 인터뷰하면서 들은 이야기다. 그 자문위원은 학생들이 교실에서 그저 빈둥거리도록 내버려두었던 교사들에 대해 이야기해주었다. 수업지도안은 당연히 없었다. 그녀는 또한 교사들에게 '일하기 쉬운 일터'를 만드는 것을 최우선에 두고 있던 교장과 충돌했던 이야기도 해주었다. 교사들이 '일하기 쉬운 일터'를 만들겠다는 것은 곧 학교 상태 개선을 위한 외부인의 조언을 받아들이지 않겠다는 뜻이었다. 수업을 참관했던 한 커리큘럼 코치는 어떤 교사가 교장에게 보낸 쪽지를 우연히 보게 되었는데, 다음과 같은 내용이 적혀 있었다고 한다.

'이 사람이 제 교실에 얼씬거리지 못하게 해주세요. 그 사람 때문에 편하게 일을 할 수가 없어요.'

그 두 학교에 대해 이야기하면서 그 자문위원은 몹시 흥분했다. 그녀는 워싱턴 D.C. 공립학교들의 열악한 상태는 상당 부분 교사들과 교장들 때문이라며 목청 높여 말했다.

"문제는 아이들이 아니라니까요!"

맞는 말이다. 문제는 아이들이 아니었다. 워싱턴 D.C.의 가난한 흑인 아이들을 다른 도심 지역 교육구의 비슷한 조건의 아이들보다 많게는 2년씩 뒤처지게 만든 원인은 단 한 가지였다. 중요한 것은 슬로웨 초등학교에 걸린 표지판의 내용이 아니었다. 애초에 그 표지판을 내걸었던 사람들이 바로 그 원인이었다.

미셸 리 교육 혁신의 새로운 시작

2010년 12월, 미셸 리는 '오프라 윈프리 쇼'에 출연해 자신의 향후 행보에 대해 밝혔다. 그리고 〈뉴스위크〉 특집 기사의 주인공이 되었다. 미셸 리의 미래는 바로 '스튜던츠 퍼스트 Students First'였다. 미셸 리는 오프라에게 이렇게 말했다.

"저는 혁명을 시작할 겁니다."

미셸 리의 당면 목표는 첫해에 100만 명의 지지자들과 10억 달러의 자금을 모으는 것이었다.

"교과서 출판업체와 교원노조, 심지어 급식업자들까지 교육 관련 정책을 좌우하고 영향력을 끼치기 위해 노력하고 있습니다. 워싱턴 교원노조가 속해 있는 워싱턴 D.C. 공공 부문 노조는 펜티를 낙선시키기 위해 엄청난 금액을 지출했습니다. 새로 당선된 워싱턴 교원노조 위원장도 교사들의 고용 보장을 최우선에 두겠다고 말했지만 학생들의 입장에서 학생들을 대변하고 학생들에게 도움이 되는 정책을 생산하는 조직은 지금껏 없었습니다."

미셸 리는 스튜던츠 퍼스트가 두 가지 분야에서 활동을 펼칠 거라고 설명했다. 바로 실질적인 측면과 정치적인 측면이었다. 실질적인 측면을 예로 들면, 워싱턴 D.C. 공교육 개혁의 많은 부분, 특히 IMPACT 평가시스템과 능력에 따른 급여 체계를 공교육 개혁에 관심 있는 많은 교육구에 전파하는 것이었다. 미셸 리는 개혁을 바라는 교육구를 향해 이렇게 말했다.

"모든 교육구에서 이미 있는 것을 다시 만드느라 시간 낭비할 필요는 없다고 생각합니다. 또한 모든 교육구는 각자 실정에 맞는 새로운 계약 협상을 추진해야 하지만 노조가 사사건건 걸고넘어질 겁니다. 연방교육국에서 보고 들은 게 있으니까요."

334

정치적인 측면에 관해 미셸 리는 워싱턴 D.C.에서 힘들게 얻은 교훈을 잊지 않겠다고 말했다. 미셸 리와 애드리언 펜티는 교육 개혁의 성과를 얻는 대신 선거에서 패했다.

"용기를 내 앞장서는 정치인들을 든든하게 뒷받침할 수 있는 환경을 조성할 필요가 있습니다. 이번 시장 선거를 통해 배운 점이 있다면 교원노조가 재정적인 측면으로나 투표를 독려하는 등의 실질적인 측면 모두에서 결정적인 역할을 했다는 것입니다. 물론 잘못된 행동은 아니죠. 그렇기 때문에 저는 개혁을 추구하는 집단 역시 그와 비슷한 노력을, 어쩌면 더 큰 노력을 기울여야 한다고 생각합니다."

미셸 리가 말했던 것처럼, 스튜던츠 퍼스트는 학교 개혁을 둘러싼 정치적 논쟁이 있을 때마다 투표 독려에서부터 개혁에 찬성하는 학부모 조직까지 다방면에서 적극적인 활동을 펼칠 것이다.

"워싱턴 D.C.에서는 개혁에 찬성하는 학부모들이 적극적으로 나서서 의견을 피력할 수 있도록 돕지 못했습니다."

요컨대 미셸 리는 워싱턴 D.C.에서의 싸움을 전국으로 확대할 생각인 것이다. 이는 곧 짧지만 엄청난 뜻을 내포하고 있는 메시지를 미국 전역에 전파하겠다는 뜻이다. 그 메시지는 바로 이것이다.

'문제는 아이들이 아니다.'

지은이 _ 리처드 위트마이어

교육전문 베테랑 기자. 〈USA 투데이〉의 에디터로 활동한 바 있으며 '미국 교육 작가 협회'의 회장을 역임했다. 〈워싱턴 포스트〉, 〈월 스트리트 저널〉, 〈USA 투데이〉, 〈폴리티코〉, 〈U.S. 뉴스 앤 월드 리포트〉, 〈뉴 리퍼블릭〉 등에 수 많은 교육 관련 논평을 썼다. 지은 책으로 《왜 남학생들이 뒤떨어지는가 *Why Boys Fail*》 등이 있다.

옮긴이 _ 임현경

이화여자대학교 영어교육과를 졸업했다. 학교에서 아이들을 가르치고 연극무대에 섰으며 아이와 함께 여행을 떠나는 등 다양한 경험을 한 뒤 전문번역가의 길로 접어들었다. 현재 번역가들의 네트워크 '컨트라베이스'에서 활동하고 있으며 옮긴 책으로 《불안의 늪에서 행복을 꽃피워라》, 《속도에서 깊이로》, 《마즐토브》 등이 있다. www.contrabase.net

미셸 리, 잠든 교실을 깨워라

1판 1쇄 인쇄 2012년 1월 10일
1판 1쇄 발행 2012년 1월 16일

지은이 리처드 위트마이어
옮긴이 임현경
발행인 고영수
발행처 청림출판
등록 제9-83호(1973. 10. 8)
주소 135-816 서울시 강남구 도산대로 남25길 11번지(논현동 63)
        413-756 경기도 파주시 교하읍 문발리 파주출판도시 518-6 청림아트스페이스
전화 02)546-4341 **팩스** 02)546-8053

www.chungrim.com
cr1@chungrim.com

ISBN 978-89-352-0903-3 03370